户外运动与拓展训练

主　编　胡炬波　厉丽玉
副主编　陈　柔　林　雅
参　编　章　松　周晓亚　俞疏影　楼一峰　马　勇

ZHEJIANG UNIVERSITY PRESS
浙江大学出版社

图书在版编目(CIP)数据

户外运动与拓展训练 / 胡炬波,厉丽玉主编. —杭州：
浙江大学出版社，2017.8(2023.1重印)
ISBN 978-7-308-17060-4

Ⅰ.①户… Ⅱ.①胡… ②厉… Ⅲ.①体育锻炼—研
究 Ⅳ.①G806

中国版本图书馆 CIP 数据核字(2017)第 154819 号

户外运动与拓展训练

胡炬波 厉丽玉 主编

丛书策划	吴昌雷
责任编辑	吴昌雷
责任校对	陈静毅 沈炜玲
封面设计	北京春天
出版发行	浙江大学出版社
	(杭州市天目山路 148 号 邮政编码 310007)
	(网址：http://www.zjupress.com)
排　版	杭州隆盛图文制作有限公司
印　刷	杭州杭新印务有限公司
开　本	787mm×1092mm 1/16
印　张	17
字　数	425 千
版 印 次	2017 年 8 月第 1 版 2023 年 1 月第 9 次印刷
书　号	ISBN 978-7-308-17060-4
定　价	38.00 元

前　言

学校体育教育的任务是为人的终身体育奠定良好的基础,同进还要有利于学生更好地掌握体育知识和技能,提高综合素质。在我国,由于传统体育教育项目设置上的经典化、教学方法手段上的常规化、场地设备支撑的标准化,让年轻学子的体育行为始终处在一个相对封闭的固定环境中,运动场地是人工建造的,技术动作是有固定模式的,对抗行为要求符合统一的竞赛规则,活动实施必须满足一定的自然条件,这些都已为人们所熟知并内化在体育意识中。然而当大自然的阳光不再颐和,当前行的道路不再平坦,当身处荒山野岭周围不再有关注和掌声,当喘息和流淌的汗水中还伴随着对生存意志的考量,你所获得的运动体验就已经远远超越单一体能的磨砺,而是自然、智慧、团队、冒险、技巧、体力、意志、知识、装备、生存等等综合能力的考验。户外运动与拓展训练就是这样一种能给人们带来全新运动感受的运动方式。

高等职业教育构建的人才结构体系是一种以职业素质为本、以技术应用能力为主线,使知识、能力、素质有机结合的整体结构。户外运动和拓展训练在有计划、有目的、有安全保障的情况下让学生走出校园,走入社会,走入大自然,让传授知识、培养能力、提高素质有了一个可供实施的课程平台,最终使学生的知识、能力、素质得到协调发展。

本书分上篇与下篇,共13章,全面系统地介绍户外运动与拓展训练的主要内容、方法手段,以及开展此类运动的基本常识、组织与实施过程,其中户外运动以环节分类方式提供全景式运动准备与过程知识,拓展运动以项目分类方式提供实施训练的具体路径,结合近年实践展示具有借鉴价值的实施案例和可操作的训练方法。

本书以在校学生的普及性专业知识为主,每章节首页均有卷首的"实操案例"和卷尾的"经验性训练",同时附有复习思考题,非常适合缺少实践经验的在校学生学习之用,对户外运动和拓展训练爱好者也有参考价值。

本书在第一次印刷的基础上,对全书的"实操案例"和"经验性训练"的具体内容做了调整,删减了部分章节内容,扩展并新增了上篇第六章第一节和第二节的内容以及下篇第五章的内容,并对全书文字做了细致查校。

在本书的编写过程中，我们还参阅了大量其他的文字图书资料，以及互联网上相关公司网站、相关人士的博客，所借鉴和吸收的资料均已列出，在此深表谢意。对编写组成员在浙江省高职高专重点教材立项过程和编写过程中所付出的心血，以及浙江大学出版社的帮助，一并致谢。

编者

2017.6.10

C ONTENTS 目录

下篇　拓展训练

上 篇

<<< **第一章**

户外运动概述

实操案例

2005 年 4 月 29 日,国家体育总局正式将"山地户外运动"设立为我国正式开展的体育项目,隶属于登山项目下属分项,其业务工作由国家体育总局登山运动管理中心管理。虽然户外运动这种早已受到众多群众欢迎的活动暂时找到了自己的归属地,然而,很多人还是很难将户外运动当成一项单纯体育运动来认识。

的确,户外运动和传统的体育项目有比较大的区别。

首先,传统的体育项目都有比较固定的场地和设施,活动都是在限定的范围内。竞技体育一般需要比较严格标准的场地和设施,普通人进行大众体育时也至少需要一些简易的场地条件,如我们在室外打羽毛球玩,也至少需要一个大致的场地范围,有时候还需要在中间拉一根线作为网子。场地和设施条件的控制,是传统体育项目的重要特点之一,其目的主要在于控制运动时的可变化的环境因素。然而户外运动则恰恰相反,户外运动是完全以自然环境为活动场所,而它的魅力就在于自然环境永远是无法控制的,它总是处于不断的变化中,即使同一个地方,不同季节、时间去,它的环境都会不同。

其次,传统体育项目的另一个重要特点是其规则的要求性,也即标准化。没有规矩不成方圆,传统体育项目所有的项目无不强调规则的重要意义。规则的主要目的是为了方便竞争,也就是说,传统体育更强调一种"文明的竞争"。当然,无可否认体育的重要魅力在于其竞争性。然而,过于严格苛刻的规则有时候会丧失体育自然身体活动的魅力,而太过强调竞争性又常常让参加的人感到体育运动中的等级概念,也经常容易受到挫折。户外运动则不同,它从一开始就更加强调一种参与和挑战,而不是与他人的竞争。它赋予人更多的自由性和自主性,参加者可以根据具体情况随时改变活动形式和计划。让人们在与自然的接近中,领会更多融入自然的感觉。

第一节 户外运动的起源与发展

一、户外运动的起源与发展

何谓户外？凡走出家门的，就叫户外。在当今，"户外"更合理地被解释为"与我们城市相对立的一种生活形态，而不仅仅是一个探险和挑战"，其目的是放松、驱散疲劳、释放生活和工作压力。

户外运动也就是走出家门的运动。一般情况下我们所指的户外运动只是狭义的户外运动，就是户外登山、露营、穿越、攀岩、蹦极、漂流、冲浪、滑翔、攀冰、定向、远足、滑雪、潜水、滑草、高山速降、自行车、越野山地车、热气球、溯流、拓展、飞行滑索等运动。

户外运动起源于欧美早期的探险和科考，最早可以追溯到 18 世纪。

据史料记载，法国著名科学家德·索修尔为探索高山植物资源，渴望能有人帮他克服当时看来是不可逾越的险阻——登上阿尔卑斯山顶峰（在法国境内的勃朗峰，海拔 4810 米，是西欧的第一高峰）。他于 1760 年 5 月在阿尔卑斯山脚下的夏木尼镇贴出一则告示："凡能登上或提供登上勃朗峰之巅线路者，将以重金奖赏。"但直到 26 年后的 1786 年 8 月，夏木尼镇一位名叫巴卡罗的医生才揭下此告示，他经过两个多月的准备，与当地山区水晶石采掘工人巴尔玛结伴，于 8 月 6 日首次登上了勃朗峰。

1787 年 8 月 3 日，由德·索修尔本人率领、巴尔玛做向导的一支 20 多人组成的登山队，再次登上了该峰，揭开了现代登山运动的序幕。在整个登山过程中，他们进行了有关人体生理、自然环境等多方面的考察，取得了许多高山科学的宝贵资料。后来，人们把登山运动称为"阿尔卑斯运动"，把 1786 年作为登山运动的诞生年，把阿尔卑斯山下的夏木尼镇作为登山运动的发源地，德·索修尔、巴尔玛等人则成为世界登山运动的创始人，并得到了国际登山界的公认。

在 18 世纪，有一些传教士为了传教，不得不穿越山区；另一些科学家开始走入山区，做一些自然生态的研究；除了这些人外，还有一些因工业革命而形成的实业家和企业家等社会新阶层，在有了一定的资金同时，为了追求另一种刺激，开始把登山当成一种休闲方式。在当时，首登（某座山头被人类第一次登顶）就成为所有登山者追求的目标，当那些在阿尔卑斯山区中，比较平缓而容易到达的山头都被首登过后，剩下的就是有着相当难度的大山了。当时的登山者，为了克服这些终年积雪的冰岩地形，进而发展出一整套技术。只是那时无论技术上还是装备上都还相当简陋。一直到第二次世界大战前后，为了符合特种地形作战上的需求，军队开始发展了这些技术，攀岩和野营才逐渐有了雏形。而真正形成分类的体育项目还是在 20 世纪 70 年代以后了。这些项目的历史虽然很短，但在随后的几十年中已经成为各个发达国家很普及的运动，其中野外露营更是欧美国家上至老人下至童子军都十分喜爱的活动。

早期的户外运动其实是一种生存手段，采药、狩猎、战争等活动无一不是人类为了生存或发展而被迫进行的活动。二战期间,英国特种部队开始利用自然屏障和绳网进行障碍训练,其目的是为了提高野外作战能力和团队合作能力。这是人类第一次系统地把户外活动有目的地运用到实际中。二战中发生多起海难,后来经过统计发现在海难中能逃生的人群的年龄群以分布在以 28～38 岁的居多,经过专家研究发现在这一年龄群中人员大多心理成熟,有各式各样的生活经历,有良好的团队精神,而恰恰是这些因素能帮助他们逃生。

二战后,随着战争的远离和经济的发展,户外活动开始走出军事和求生范畴,成为人类娱乐、休闲和提升生活质量的一种新的生活方式。1989 年,新西兰举办首次越野探险挑战赛后,各种形式的户外活动和比赛在全世界如火如荼地开展起来,在欧洲每年都有众多的大型挑战赛举行。在美国,户外运动的参与人数和产值位居所有体育运动的第三位。英国素称"户外运动之乡",也是近代竞技运动的重要发源地。18 世纪 60 年代开始出现的工业革命,使蒸汽机和纺织机广泛地应用在生产上,促进了工业生产的飞跃发展。尽管当时以军事为目的的兵式体操运动正席卷整个欧洲,但英国新兴的资产阶级为了解决由大机械生产、生产节奏加快及城市人口剧增等引起的一系列社会问题,在全国积极推行发展户外运动和游戏,如狩猎、钓鱼、射箭、旅行、登山、赛艇、帆船、游泳、水球、滑冰、疾跑、跳远、跳高、撑竿跳高、投石、掷铁饼、羽毛球、板球、地滚球、高尔夫球、曲棍球、橄榄球、足球等。户外运动作为理想的体育休闲手段,正以一种更加自由、随意的运动方式,倍受英国大众的青睐。

根据上述户外运动的发展过程,我们将户外运动的概念界定为:户外活动是指以自然环境为场地的,带有探险性质或体验探险性质的体育活动项目群。

二、户外运动的分类

(一)按户外运动开展的场地分

按照户外运动开展的自然场地,可将户外运动划分为:山地户外运动、海岛户外运动、荒漠户外运动、高原户外运动、人工建筑户外运动。

1.山地户外运动
①丛林系列:如定位与定向、丛林穿越、丛林宿营、丛林急救等。
②峡谷系列:如溯溪、溪降、搭索过河、漂流等。
③岩壁系列:如攀岩、岩降、攀冰等。
④其他系列:如群众登高活动。

2.海岛户外运动
①荒岛生存系列:如觅食、觅水、宿营、联络、求援等。
②滩涂运动系列:如滑沙、沙地(上升器)拔河、结绳负重等。
③峭壁运动系列:如海上攀岩、悬崖跳水、溜索等。
④近岸水域系列:如木筏环岛、水中滚木等。

3.荒漠户外运动
①沙漠运动系列:如沙漠穿越、沙漠生存等。

②戈壁运动系列：如戈壁穿越、戈壁生存等。

③荒原运动系列：如穿越项目、生存项目等。

4.高原户外运动

①高山探险系列：如登山、高山滑雪等。

②高原探险系列：如高原徒步、高原峡谷穿越、江河源头探险。

5.人工建筑户外运动

①垂向户外系列：如攀楼、攀塔等。

②水平户外系列：如自行车、汽车公路穿越、公路徒步穿越、公路穿越等。

（二）从体育竞技角度分

从体育竞技角度区分户外运动，可分为以下四大类：

①山地运动：如登山、攀岩、攀冰、山地（定点）徒步越野、岩降、器械越野、滑雪等。

②峡谷运动：如溯溪、搭绳渡河、山涧漂流等。

③野外生存：如露营、生存技能、自救互救、救援等。

④荒漠运动：如荒漠定位与定向、畜力越野、非动力机械越野、徒步越野、信号与联络等。

第二节　户外运动的价值与规则

户外运动是一种综合了体育锻炼、休闲娱乐、旅游探险等内涵为一体的运动形式。户外运动是一种积极健康的生活方式，体现了一种乐观向上的人生态度，是人们精神追求的一种表现。它不仅陶冶情操、增长见闻、扩大胸怀、锻炼身体、修养身心，同时也是对自我的一种挑战。人们通过户外运动，能更好地认识自身的潜能，增强自信，直面挑战，勇于克服困难。通过户外运动，人们能深切感受人与人之间在困境中相互依存，相互帮助的团队合作精神。这不仅是受回归自然及自然广义思潮的影响，同时也是我们与生俱来的需要，那就是热爱生活，自然的生活。

一、户外运动的价值

在户外人们倡导"自然、环保、健康、自由"的生活态度，崇尚"平等、真诚、互助"的人文精神。户外休闲运动的兴起，使人们通过亲近自然、挑战自我的形式，还原人类生存的本质意义，对人的生理及心理健康有着极大的促进作用。

（一）户外运动与生理健康

户外运动作为体育活动，对人体机能的发育发展及体质的增强有着极其重要的促进作用，反过来开展户外运动也需要有一定的身体素质为基础，因此，户外运动与身体健康密不可分。

1.户外运动对神经系统的影响

现代科学研究证实，人体作为一个统一的整体进行正常的生命活动，离不开神经系统的调节。从神经生理学观点来看，人体在运动过程中，肌肉与肌腱的收缩和牵张以及身体各部位的空间位置等随时变化着的信息，都以神经冲动的形式连续不断地传向中枢，到达大脑皮质。适当的运动是外周主要的生理刺激，能使大脑皮质兴奋和抑制过程更加协调，从而提高神经系统的工作效率，加强对各脏腑组织功能的调节作用。

2. 户外运动对呼吸系统的影响

现代科学研究证实，运动时交感神经兴奋、支气管平滑肌松弛、呼吸道阻力减少，可反射性地使呼吸加快、加深，使呼吸肌活动增强，更多的肺泡参与气体交换，使肺通气量和摄氧量较静止时增加近10倍。户外运动可使呼吸功能增强，保持肺组织的良好弹性，使人体供氧充足。

3. 户外运动对心血管系统的影响

运动对心血管的影响持续数秒钟以上时，即引起人体复杂的心血管功能调节，其调节幅度取决于运动的强度，其作用在于满足运动肌肉对能源物质的需要与代谢产物的清除，以维持正常的肌肉工作运动时交感神经兴奋和儿茶酚胺分泌等，心肌收缩力加强，每搏输出量增加，从而使心脏每分输出量增加。运动肌肉中的毛细血管扩张，血流速度加快，动脉血压也随之变化，收缩压上升，舒张压轻微升高或略有下降。静脉血管由于受到肌肉反复收缩舒张而产生"按摩"效应，促进了静脉血液回流。这些变化增强了血管的弹性。另外，运动时肌肉血管开放而其他脏器血管相应收缩，引起血流的重新分配。一般中等强度运动可以使心脏排血量增加3倍，肌肉血容量增加10倍，肌肉摄氧能力提高3倍，从而使做功肌获得的氧增加90倍。因此，长期坚持有规律的适度运动可使肌肉更加协调和完善，使安静时心率减慢、血压平稳，在定量运动中能以相对较低的心率、排血量与血压反应相适应，增加心脏的储备能力，以保证在剧烈运动中应对相对更强烈反应的需要。

4. 户外运动对消化系统的影响

户外运动能使胃肠道蠕动增强，促进粪便排泄，且腹式呼吸时膈肌大幅度运动，对腹腔脏器起到了良好的按摩作用。运动有利于胆汁合成和排出，可降低肌肉中的胆固醇，增加胆固醇排出。

5. 户外运动对代谢的影响

户外运动可促进体内新陈代谢，对脂类代谢、蛋白质均有良好的影响。长期定量运动可提高体内脂蛋白酶活性，加速三酰甘油和极低密度脂蛋白的分解，增加高密度脂蛋白的含量，提高人体氧化利用脂肪酸的能力。有研究报道，虽然血液中总胆固醇含量无明显差别，但进行慢跑等项目的运动员体内高密度脂蛋白含量明显高于不运动者，而低密度和极低密度脂蛋白含量少于不运动者。已知高密度脂蛋白具有清除脂肪堆积的功能，而极低密度脂蛋白会促进脂肪在血管壁的沉积。运动时由于体内产热增加，下丘脑的体温调节中枢和外周温度感受器的调控，使75%的热能主要通过出汗方式排出。运动使水、电解质代谢明显加强。

6. 户外运动对内分泌、免疫功能的影响

运动应激反应作为肌体受到刺激后发生的非特异性适应反应，主要特征为交感－肾上腺髓质及垂体－肾上腺皮质的功能增强，引起血中各种相关激素和神经肽水平的改变。已有越来越多的证据表明，以下丘脑－垂体－肾上腺皮质轴为代表的神经内分泌系统的激活会影响机体免疫功能。户外运动对人的这些内分泌的正常调整、提高免疫功能具有积极的作用。

7.户外运动对运动系统的影响

运动对维持骨的结构有重要的促进作用,可以提高骨密度,增加骨皮质厚度与硬度,增加骨质储备。运动对软骨起着维持营养的作用。因为软骨并无直接血管供应,其营养主要来自软骨下骨组织的血液以及关节液。而关节液进入软骨主要依靠运动对软骨产生的"挤压"效应,从而使关节液"渗入"软骨,营养软骨。不同方式的运动对骨骼肌功能的影响不同。

耐力性运动可增加肌细胞内线粒体数量和体积,提高线粒体酶活性,在运动中节省糖原利用,乳酸形成相对减少,增加肌耐力;而力量性运动可使肌肉横断面积明显增大、肌纤维增粗、肌力增强。运动可使体内主动肌、拮抗肌、辅助肌更为协调地工作。

(二)户外运动与心理健康

心理健康是个体在各种环境中能保持一种良好适应能力和效能的状态。一个人不仅仅是生物体,更是一个社会成员。而健康的心理是一个社会人适应社会的基本条件。根据体育心理学研究结果,各项体育运动都需要较高的自我控制能力、坚定的信心、勇敢果断和坚韧刚毅的意志性格等心理品质作为基础。因此,有针对性地进行运动锻炼,是纠正心理缺陷、培养健全人格的有效心理训练方法。户外运动不仅有益于身体健康,它对保护人们的心理健康更具有不可估量的作用。

1.户外运动与情绪调控

目前我国正处于城市化加速发展的时期,城市化的生活增加了个人与家庭的距离,加重了人际关系的淡漠。户外运动可以使人们的紧张情绪得到一定程度上的释放。在激烈紧张的学习和生活中,人们需要一定的宣泄途径以求得心理健康。户外运动的刺激性、放纵性、挑战性和冒险性,使它成为释放情感、净化心灵的最佳途径之一。参加户外运动,人们可以用独特的方式宣泄心理压力,获得正面的心理能量。通过对比舒适的都市生活和艰辛的户外运动,使我们可以尝试生活的不同含义,从而更加珍爱生命。

2.户外运动与智力发展

经常参加体育锻炼,不仅使锻炼者的注意力、记忆力、想象力、反应能力、思维能力等得以改善和提高,还可以令其情绪稳定、性格开朗。而这些非智力因素对人的智力具有促进作用。人的智力依赖于大脑和中枢神经系统的功能。良好的体质,特别是良好的神经系统,是智力发展的物质基础。户外运动是在外界有充足氧气的环境中进行的,能保证大脑的能源供应。其次,户外运动练习总是伴随着复杂的智力活动,给大脑和神经系统提供各种信息,不断对大脑细胞进行刺激,使大脑神经细胞发育健全。大脑神经细胞的分支和突起增多,有利于提高大脑皮层活动的强度、协调性和灵活性,可以培养敏锐的感知能力、良好的注意力和记忆力。户外运动对于智力的影响是有着积极意义的。

3.户外运动与人际交往

户外运动中,我们与人和自然和谐相处,满足了人的交往与情感的需要,使我们的内心充满愉悦;当我们战胜困难获得成功,从中发现自己的个人价值,也就获得了成就感和自我实现的喜悦。户外运动的过程可以不断提高我们的情感体验。户外运动中体现出来的互相关心、互相帮助的团队协作精神和征服大自然、挑战自我、实现自我的大无畏精神，将会增加我们对社会的适应性。

二、户外运动的规则

户外运动中不可预测的因素很多，万一情况发生了什么变化，或者超出了原来的计划范围，倘若事先没有准备，就要花费大量的时间来应付各种意料不到的困难。如果预先做好了大量的准备工作，即使遇到很多困难，我们也仍然可从容不迫地克服它们。如果我们能针对将可能会面临的特殊环境做出一整套详细、周密的行动方案和各方面的准备工作，户外中的安全性、舒适性、愉悦性都可以大大提高。因此在从事户外运动时，必须遵循相关的规则：

①时刻要有危险意识。初入户外运动者必须认真对待，从学会"害怕"开始，尊重生命。

②要储备个人体能。在户外一旦遇到恶劣的环境，身体里的潜在病症可能会被激发出来，后果不堪设想。

③要具备基本、必要的救生和自救技能，具备一定的相关知识，学会使用地图等定位工具。户外运动绝对不能仅凭一腔热情。

④选择安全、专业的户外装备。户外运动是一项对装备有专业要求的运动，前期需投入一定经费，同时要选择适合自己的场地，如果不是专业的驴友，不要轻易尝试高山、悬崖等专业运动场地。

⑤建议新手尽量选择正规户外团体。专业户外俱乐部一般会有活动预案，具备完善后勤保障和联络系统。相比之下，自发团体活动盲目性和随意性就很大，出现问题的概率会大大增加。

【复习思考题】

1. 户外运动的概念如何界定？
2. 怎样对户外运动进行分类？
3. 户外运动的价值体现在哪些方面？

第二章

户外运动的基本准备

实操案例

2006年7月份,21岁的年轻女子小丽在参加一次露营活动时,不幸被山洪冲走死亡。为此,小丽的父母将组织者及一同出游的12名驴友告上了法院,请求法院依法判令被告支付给原告人身损害赔偿费152854元;赔偿原告精神抚慰金20万元;以上被告负连带赔偿责任。

2006年6月底,看到网上发布召集组团到某地进行露营活动的消息后,被告便邀请原告的女儿小丽一起参加这次户外露营活动。7月8日,在被告的召集下共有13名成员前往某露营地。参加队员按被告要求向其交纳了60元的费用。当晚该团队在河床裸露的石块上扎帐露营。

7月8日晚至9日凌晨,在该团队露营的一带连下几场大暴雨,9日清晨7时许山洪暴发,此时原告的女儿小丽住一个帐篷内,尚在熟睡,在毫无防备的情况下,被山洪冲走。险情发生后,在当地政府组织的搜救队的搜寻下,在下游离事发地约3公里的河床找到小丽的遗体。原告认为,此次出游的组织者兼领队未持有任何经营旅游业的合法证照,亦未考虑7月正值雨季等气候灾害等因素,且未安排人员守营。被告是一个具有较丰富经验的户外活动者,此次邀请小丽同团出游理应对小丽的随队出游负安全防范义务,但其却未提醒和要求小丽撤离危险地带,最终导致悲剧发生。作为同行的其他被告,由于同处一团队,他们之间应形成一个相互关照、相互救助的义务关系。然而,他们竟无一人告知小丽紧急撤离。为此,原告认为此次出游的组织者兼领队及其他参团成员负有不可推卸的责任。

第一节 周密计划

户外运动的无穷吸引力,缘于爱好者对大回归自然的渴望以及挑战极限、超越自我的体验心境。诚然,户外活动能欣赏到沿途美景,可严酷的环境对参与者体力、经验、装备和团队意识等方面也存在考验。专业户外运动员在从事这项运动过程中都会出现不可预知的事故,何况是初学者。俗话说,良好的开端是成功的一半。在开展野外活动之前,必须制订一个详细的活动计划,制订计划一方面是使野外活动的目的性明确,即确定活动内容,另一方面可以帮助组织者考虑得更周全。计划的周密与否直接影响到活动开展的效果。

一、选择活动地点

(一)收集信息资料

对于将去的地方,我们应该尽可能地掌握和了解更多的信息,了解目的地的交通、住宿、民俗、历史、文化、建筑。多研究当地人们的生活习惯和特点,多了解当地的风俗和各种禁忌,准备一份详细的地图并认真地阅读,多读一些相关资料,比如河流的走向和流速、水的落差、速度以及有无险滩;山的高度、坡度;植被的种类、特点与分布情况;气候条件、日夜温差及变化特点、何时天亮、何时天黑、月亮阴晴圆缺、何时潮起潮落、风力风向如何等情况。对于这些情况,我们了解得越多,在户外因地制宜地搭房、取火、野炊、采药和取水等技能才能更强。

(二)明确活动目标

每次户外活动的目标都不一样,在出行之前要明确活动目标,只有在明确每次活动的目标后,才能实现户外活动功能作用的最大化。没有目标的户外活动,首先在安全上存在隐患,其次会使活动本身没有什么乐趣。因此,明确活动目标是在出行之前必须要做的准备。

(三)明确活动内容

在明确活动目标之后,要做的就是根据活动目标,明确活动内容。每一项户外运动的项目达到的效果都是不一样的,活动内容就需要参照活动地点收集的资料特点予以匹配,在安全原则下,把风险控制在可承受的范围内。

二、合理制订计划

在有了以上这些基本条件后,我们就应该对户外行程制订一个合理的行动计划。总体来说,我们的整个行动可以分为行动前准备阶段、行动开始阶段和行动结束后恢复阶段。对于每个阶段,都应该有一个明确的任务和目标,并列出详细的进程表,对于这一阶段中可能出现的各种情况都应该进行全面的预想并做好充分的准备。对于每一阶段的每一次行动,在出发前我们也应该有一个细致而周密的计划,并严格按照计划进行落实。也就是说,对于整个户外行程我们应该有个整体计划,每一个小的行动我们都应该有详细的计划,这样,我们才能扎扎实实地走好每一步,牢牢掌握住户外运动的主动权。

制订计划的基本要求:

1.熟悉

①要保持头脑清醒,量力而行;

②思路清晰；

③任何环节都要做到心中有数。

2.周详

①交通及线路问题；

②食宿问题；

③装备物资情况；

④医疗保障情况；

⑤行程的安排；

⑥经费问题；

⑦人员情况。

3.共知

①做书面计划，所有参与人员共知认同；

②有备份方案；

③机动人员。

三、树立安全意识

户外运动不可预测的因素很多，风险随时都有，危险随时可能发生，不可掉以轻心。我们首先要树立安全防范意识。

（一）安全防范意识

在户外运动过程中，安全最为重要。树立安全防范意识，才能使安全得以保障。户外运动中意外受伤时有发生，出行之前务必充分准备：首先尽可能多地了解将要去的地方的有关信息，比如当地的气候、往返交通、食宿、山区道路及安全设施等情况。此外，最好找到一张比较详细的地图，制订出自己的行程、路线、饮食休息地点及往返交通等计划。其次是学习户外安全急救与防范知识，以及户外用品的正确使用方法等等。了解野外生存知识等均会减少意外的发生。一旦发生意外，如果了解救护的基本常识，准确、充分地利用事发后最为关键的时间，正确及时地组织施救，不但可以减少损伤的程度，挽救生命，还能最大限度地保证出行目的的实现。

（二）保持良好心态

户外运动具有一定的危险性，参加者有时候可能会在突然间陷入十分危险的境地。然而，面对危险和困难，你不仅需要各种生存的技巧，同时更需要有顽强的意志。学会控制自己的情绪，调节自己的心理，在任何情况下都保持一种良好的心态，是克服困难、走出险境的重要前提。

（三）风险可以化解

户外运动的风险并不可怕，关键在于是否有应付风险的思想准备和安全措施。要想快乐地参加户外活动，首先要做好充分的准备工作。这包括两个方面：一是做科学理智的户外运动实践者，必须遵循循序渐进的原则；二是加强自身的体能训练与经验积累，最大限度地防范风险。

第二节 身心准备

一、体能锻炼

从事户外运动,首先要有健康的体魄和充沛的体能。有目的的锻炼和体能训练是非常重要的因素。所以,在决定进行户外运动之前,应制订一个详细的计划,做好充分的体能准备。

1.健康检查

在参加户外运动,尤其是涉及登山、高空运动等项目之前,很有必要进行一次身体健康检查和体能测试,以便更好地了解自己的身体状况并制订相应的锻炼计划。即使是在熟悉的环境中进行的有危险性的户外运动,也需要事先进行健康检查,即使是感冒之类的小恙也不可疏忽大意。

2.符合户外运动特点的几种锻炼方法

(1)长跑

长跑是采用慢速度、长时间、长距离的有氧锻炼方法。呼吸节奏为:二步一呼、二步一吸或三步一呼、三步一吸,节奏不能起伏过大。练习方法:开始时每周 3～5 次,每次 20 分钟左右,距离 3000～4000 米;2～3 周后,时间逐渐增长。最后增加到 40～50 分钟,距离逐渐增加至 8000～10000 米或更长,每天运动量可以不恒定,但运动量增加要遵循循序渐进的原则。

(2)爬、跑楼梯(山坡)

爬、跑楼梯(山坡)练习应分组练习(10 层为例),上下跑一趟为一组,练习 4～5 组,组间休息几分钟。随着运动能力增强,练习组数可增加到 8～10 组,练习时间也由开始的每次运动 20～30 分钟增加到每次 40～50 分钟。

(3)游泳

游泳是户外运动必须掌握的基本技能之一。可选择长距离游(500～1000 米),应根据身体状况选择游距,并在练习中不断克服"极点"。

(4)跳绳

跳绳持续时间不长,强度较高,可提高心肺功能,发展腿部力量,增强力量、耐力、灵活性和协调性。120 个每组。

(5)负重

负重行走作为适应性练习,可选择背负 25～35 公斤重物,距离 3～4 公里(途中设置障碍如楼梯、沙地、水沟)为一组,练习 2～3 组。

二、心理适应

户外运动作为一项艰苦的活动,是对意志和体力的考验。装备及健康的身体是不可缺少的,同时参加户外运动的心理准备也是必需的,在户外运动过程中一个重要的因素是将自己整个身心融入这个大自然中,在"美丽而又危险的大自然之旅中"洗涤着我们的心灵。但野外生存的乐趣经常是伴随艰苦而来。想野外生存的人要有心理准备接受大自然的一切:既享受微风轻拂,也要承受狂风暴雨;既欣赏高山的美丽花朵,也要接纳刺人的灌木;既聆听鸟雀鸣唱,也要忍耐蜇人的昆虫的考验。户外运动是用艰辛的方式来获得一种特殊的体验,因此要真正享受到这种乐趣,做好心理准备与调整是不容忽视的。所以,我们要努力提高自己的心理承受能力,集中精力克服客观存在的困难,在过程中陶冶和磨炼身心。

第三节 装备购置

一、户外装备及作用

户外装备是指户外运动爱好者在户外运动中需要使用到的器械、服装等物品。户外运动既不同于居家生活,也不会如普通旅游那样有完善的补给条件,户外的环境往往比较恶劣多变。所以在户外运动中,装备占有相当重要的地位,参与者为了保证活动的顺利进行和自身的安全,需备有合适的户外装备。比如野外穿越往往需要露营,这时参与者应该携带合适的露营装备;又比如溯溪运动,因为活动环境处于水中,需要装备有良好的防水性;而高海拔登山则对装备有着极高的保暖、抗风要求。

户外装备按使用范围可以分为个人装备和公用装备。个人装备包括背包、睡袋、防潮垫、户外衣物、登山杖等;公用装备是指一个团队集体使用的物品,主要包括帐篷、炉具、对讲机、登山绳等。公用装备可以是个人所有但是由团队分享使用。

户外装备按照户外用途又可以分为基础装备和专业装备。基础装备一般指大多数户外运动常用的、大多数户外爱好者都会拥有的装备,例如背包、睡袋、帐篷、户外服装、指北针、灯具等;专业装备是指在特殊的活动中需要使用到的装备,例如高海拔登山的高山靴、冰爪、冰镐,攀岩,运动中的安全带、攀岩鞋,探险活动中的海事卫星电话,滑雪运动的滑雪板等。

针对户外运动的特殊性质,对于户外装备的设计和质量也有着特别的要求。比如冲锋衣除了要求材料有防雨性外,还需要透气、耐磨、防风等,另外在设计上也有别于一般的风雨衣。应该说,户外装备是根据参与者的实际需要来设计生产的,消费者应该根据自己的需要来利用户外装备,以便于达到物尽其用的效果。在登山和探险等户外活动中,装备就是运动者的生命,如果装备不适合或者使用不当,轻则会导致运动者受伤,重则会有生命危险。

二、基本装备

(一)背包

背包是户外最重要、最基础的装备之一。户外活动中,通常都需要携带大量物品,如:帐篷、睡袋、衣物、食品等,这时一个专用的背包就可以发挥很大的功效。早期的背包背负系统设计不合理,将重量集中在双肩上,长期使用之后会造成肩、腰部的酸痛疲乏,而随着设计水准的不断提高,如今专业的户外背包既可以省却手提的麻烦,又可以保持行走的稳定,更为重要的是合适的背包能够最大限度地减轻旅行者在负重情况下的身体疲劳。一个舒适的背包,是旅途中最得力的助手。

1. 分类

不同大小和设计的背包可以适合不同领域的户外运动,如高海拔登山、攀冰、自行车和雪地运动所使用的背包都有特殊的外挂点,以方便携带冰镐、头盔、水袋、滑雪板等用具。

(1)根据使用范围分类

①登山包(mountaineering)。一般是指高海拔山峰的攀登活动时所使用的背包。因为其环境特点,除了需要可靠的质量外,背包还需要特殊的设计,比如专门的外挂点,方便携带冰镐、冰爪、绳索等技术装备。

②越野包(trekking)。一般是指长途的负重穿越,往往需要在野外露营时所使用的背包。对于背包要求较高,不但需要方便实用,还需要具有耐用性、较好的负重能力和舒适度。

③徒步包(hiking)。一般是短途行走,负重减少,基本不用携带露营装备时所使用的背包。背包大小适中即可,多在 20~40L,需要舒适结实且具有一定的功能性。

④旅行包(travel)。一般是指在城市、旅游景点观光游览时所使用的背包。对于设计无特殊要求,方便、结实、实用即可。除了双肩背包以外,也有采用单肩设计的。

⑤骑行包(bike)。自行车运动专用背包,大小一般为 10~20L,主要设计要求为紧凑贴身,不能影响骑行,并且尽可能地降低风阻,背负部分需要有良好的透气性。自行车背包一般没有水袋口,背包外部有专门挂扣头盔的地方。

⑥儿童包(kids)。根据儿童的身体特点,专为他们设计的背包,更加舒适,尺寸也适合儿童的幼小身体。

(2)根据结构功能分类

①软式背包(soft packs/day packs)。此类背包基本为中、小型背包,没有任何内外支架,一般没有背负系统,基本就是平时上学、逛街时使用的背包,用于户外的软式背包会在功能性和耐用性方面做一些特殊设计,如水袋口或耳机口等。软式背包属于多用途背包,比较适合轻装登顶、一日的郊区徒步或攀岩活动。

②外支架背包(external frame back packs)。此类背包拥有非常牢固的外部支架,早期的背包均为此种类型,骨架的结构均为 H 型,在背包和肩膀及臀部之间起着良好的支撑作用。背包和背负系统(可调节肩带、腰带、胸带等)均固定在背包的框架上。

③内支架背包(internal frame back packs)。这类背包将支架移至背包内部,使得支架和背包更紧密地融为一体,体积大大减小,同时也能更好地将负重在肩膀和臀部之间进行分配。此类背包的骨架材质多为铝合金或碳纤维,外观为流线型设计,符合人体功能学,能贴紧背负者的背部,行进时身体易保持平衡,不易跌倒。如今绝大多数使用的都是内支架背包。

2.结构功能

结构功能是一个背包的灵魂,也是一个背包品牌设计力量、生产实力等方面的集中表现。

(1)容积

背包的容积常以"升"(L)为单位。根据用途不同,需要的容积也不等。比如:一般2~3天的越野活动,男性背包大小需要60~70L,女性需要50~60L。不同生产商所标示的背包容积的标准也往往会有所不同。同样是50L的标示,不同厂家生产的包会有一些大小上的差别。另外,为了提高背包的适应性,很多厂家生产的背包都有容积调节功能,具有一定的扩充性。这样的设计包含:可扩充的包体(多数为10L左右)、更多的外挂点(可以外挂更多的装备)、可自由脱卸的左右侧包等。

(2)背负系统

简单地说,我们把背包和身体接触的部分,包括腰带、肩带、胸扣、支撑结构等部分叫作背负系统。背负系统设计的目的在于让使用者背得更舒适,并且在正确的姿势下从事行走、攀爬等活动。符合人体工程学的背包设计可以将负重合理地分配到身体的跨、腰、肩等各部分,避免一处集中受力。背负系统集中了一个品牌背包的最高设计水平,是背包的基础。

①腰带。宽大厚实的腰带能将大部分的重量传送到你的臀部(确切地说,应该是骨盆),减少你肩膀的负担,使你感到舒适。

②肩带。优良的肩带能使背负柔软、舒适,从而合理控制身体的重心,同时方便调节长短、坚固耐用。

③支架。是负重的关键部分,它能使背包贴合身体,并且在负重的情况下保证背包不会变形。目前,背包的支架常使用铝合金材料,有些高档的背包会采用钛合金作为原料。

④面料。背包常用的面料有:普通尼龙面料质量较轻,有着不错的强度,快干且不容易发霉,缺点是不耐磨且怕火。Cordura(杜邦弹道尼龙布)可以用在背包的不同部分,比如背包底部需要更多的耐磨性,常常使用1000D的Cordura。

⑤搭扣。腰带、胸扣和头包等处都要使用到搭扣,尤其是腰带的主扣一定要选择质量好的产品,这样才能保证使用。一般好的背包都会使用尼龙扣件,以最大程度保证搭扣在使用中不会断裂、损坏。

⑥收缩带。背包的收缩带可以紧固背带,保持背包的紧凑,肩部的调节带是背负系统中的一处重要设计,但却常常被忽略。一般好的收缩带需要针脚紧密无毛边,质地柔软且不易变形,折叠恢复后不易留下痕迹。

3.购买注意事项

一个合适的背包应该具有功能性、耐用性和舒适性,同时还应该根据使用者的身高和体型有着不同尺寸、不同大小的选择。好的背包会陪伴旅行者 5 年或者更长的时间,所以在选择背包时一定要慎重。

①必须亲身背过,才能知道具体的一款背包是否适合你。购买时应要求店员将背包负重(空包没有检验效果),调整好背负系统,购买者亲自背上,站立并行走 10～15min。背包是一项长期的投入,不必理会店员的不耐烦,半小时的麻烦换来的可能是你一路的舒适。

②背负时腰带的中心点要处于坐骨中央,腰部垫片尾端彼此不要靠得太近,腰带要有可调节空间,收紧时要留有余量,不要刚刚合适;调整肩带固定点,肩带的曲线须贴紧背负者的背部;头部应能灵活活动,背包的头包不能阻碍戴头盔;女性背包的胸带位置需有特殊设计。

③不同的背包适应不同的活动,购买时选择合适的大小和功能即可,并非越大越好。

④检验搭扣最简单的方法是让店员(注意不要自己动手,避免损坏)将搭扣向外掰,如果能向外 90°并且自动弹回的则质量较好;扣入时要感觉到弹性,不要有涩感,声音短促不刺耳为好。

⑤背包在装备购买预算中,应占有较大比重,品牌宜选择口碑较好的国外品牌。国内品牌的优势在于价格,但国内品牌的背包,尤其是背负系统,大多数都是仿制国外产品;另外,材料选择和加工往往不能满足大强度的活动。

4.使用技巧

(1)背包装填

背包装填的方法关系到背包空间的充分利用和使用者的背负感觉。物品摆放的位置,会很大程度上影响使用者的方便性和舒适性,不合适的装填方法会造成重心偏移,导致背包损坏。

背包的装填方法如下:

①背包重量需合理分布。正常情况下重心要求高并靠近背部,让臀部承受大部分的重量,即轻的物品如睡袋和备用衣物等放置底层,重的物品如水、食品可以放在上部。而当遇上艰难的地势,重的东西可稍往下放,使重心降低,这样较易保持平衡。

②装填时要保证物品便于取用,随时要用的东西如手套、帽子、墨镜、地图、冲锋衣、防雨罩等,最好放在头包或侧包中。

③坚硬物品不要放在贴近后背的部位,以免棱角压迫背部。

④物品要分类袋装,将同类物品或同时使用的物品放在一袋中以便于取用。

⑤最好养成物品固定放置的习惯,这样不但整理背包较快,而且即使摸黑也能熟悉地在背包中摸出想要的东西。

⑥为了防水可将物品分别用塑料袋或密封袋装好,配合背包防雨罩,可以保证在雨中行走或不慎落水时包内物品不被打湿。另外可以在背包内加套一个大的垃圾袋来保持物品干燥。

⑦帐篷、地席、防潮垫等可放在背包外部,使用外挂固定。外挂的时候要仔细检查外挂带是否牢靠。可根据背包重心位置和穿越地形决定是挂在背包顶部还是底部。

⑧装好的背包应保持左右重量平衡,所有物品应尽量压实,避免留下空间。

（2）上包方法

上包方法主要有两种。

第一种：双脚站弓箭步，双手分别提住背带将背包提到大腿上，一只手先穿入肩背带，然后背包上肩以单肩撑住背包，随后另一只手快速穿入另一边的肩带，随即扣好腰带主扣完成上包动作。

第二种：将背包拖到较高的地方，人只要稍微蹲下便可将双手同时穿入肩背带，站起后扣好腰带主扣完成上肩动作。

注意完成上肩动作后不要着急起步，应对背包的各种调节带再作适度调整，以最舒适的背负状况前进。

（3）下包方法

下包将动作反向即可，但注意放下背包时应轻缓，重摔很容易损坏背包和包中物品。

（4）注意事项

①一个人长时间使用同一个背包后，背负系统会根据他的身体调整定性，其他人再使用可能会感到不适，所以不建议将背包借给别人使用。

②无论是在路上休息或者抵达驻地，下包后第一件事情就要把腰带主扣扣上，避免被踩坏。

③在通过急流、陡峭地段时，需有绳索保护。在无保护通过时，应放松肩带，打开腰带和胸带以便万一出现危险时，能以最快速度使人包分离。

④露营时，背包口要扣好，避免昆虫、小动物或杂物进入。

⑤如果背包放置在帐篷外，则睡觉前最好用防雨罩覆盖背包，因为即使是晴朗夜晚，露水依然会打湿背包。

⑥冬季寒冷环境下露营时，可以将空背包置于脚下套在睡袋外，可起到一定的保暖作用。

（二）鞋袜

1.鞋

外出旅游，如果你只是在城市或者成熟的景点旅游，一双舒适的运动鞋就可以满足基本的需要。但是在户外环境中，人们需要面对不同的路况，有时是布满石头的山路，有时是终年积雪的雪山，有时是阴暗潮湿的幽径。在这些环境下，长时间的徒步会使你的双脚受到比平时大得多的压力，你的足踝会受到来自不同方向的冲击，你的脚掌会因为长时间不断地摩擦而起泡。为了使你的脚更加舒服，旅程更加顺畅，你需要一双合适的户外鞋。

在户外活动开始流行的初期，很多人都会选择运动鞋或者军靴，花费较小且平时也能穿着。但为户外活动专门设计的鞋品拥有着卓越的性能，这些是运动鞋和军靴无法比拟的。实际上从 19 世纪开始，欧洲就已经有专门为登山和徒步旅行而设计制造的专业登山鞋。如今全世界各地的户外爱好者都已经认识到了户外鞋对于旅途和自己的重要性。

登山鞋的品牌很多，总体来说欧洲出产的牌子较老，遵循着多年的高品质制作工艺，知名度也较高；而美国生产的鞋品则式样新颖，采用了大量新技术。随着技术的不断发展，户外鞋的分类也越来越细化，功能性、美观性都得到了很大提高，各种用途的户外鞋为户外爱好者提供了坚实的脚下基础。出门在外一双合适的户外鞋至关重要，所以当你决定去旅行和爬山之前，一定要记住选购一款适合你的户外鞋。

（1）分类

野外各种严酷环境对登山鞋提出了许多特殊要求，为了适应不同的活动要求，登山鞋在多年的发展中逐渐细化，根据用途和设计特点有了多种种类。

①高山靴（pro-mountain boots）。专业高山靴的适用范围为高海拔登山、攀冰等。因为使用环境极为恶劣，这类鞋一般自重较大，保暖性极好，非常坚固，但柔软和舒适性较差。此类鞋均为高帮设计，靴底和靴帮有较强的硬度。一般为内外两层靴，内靴的作用是保暖防寒，外靴质硬，多用高级塑料制成，防水防风，鞋底坚硬不易变形。这样的双层设计可以在−40°以下的环境中保护使用者的脚不被冻伤。另外为了应付冰雪路况，外靴一般都带有专门的卡槽对应卡式冰爪或滑雪板。除非专业的登山者，绝大多数户外爱好者一般情况下不需要此类鞋。

②登山鞋（backpacking boots）。使用比较广泛，适用于低海拔登山、徒步穿越等，能满足大部分户外行走的要求，大多数户外爱好者都是穿着此类鞋。此类鞋一般讲究耐用和舒适，鞋的重量也比较大，底纹较深便于防滑；鞋体多为高帮或者中帮，在崎岖的山路上可以有效保护脚部和踝关节；鞋舌与鞋体相连，可防止水或小石子进入；鞋面有的是用全皮装成，也有用软皮和尼龙混合拼合而成。鞋面需要防泼水功能，内衬很多采用美国戈尔公司的 GOTE-TEX 或其他防水透气材料；鞋底一般采用较硬的橡胶材质，如 Vibram 底，防滑耐磨，以适合不平整的山路，保护脚不被路上的尖锐物损伤。

此类鞋中，根据重量和材质还可分为重型登山鞋和中型登山鞋，前者鞋面由厚重的全皮制成，部分还衬有钢片，底部很硬，变形较小，适用于 6000m 以下非雪山的攀登，或道路状况非常崎岖的穿越；后者鞋面一般由软皮和尼龙拼接而成，鞋底较前者柔软，穿着舒适，适用于一般强度的徒步穿越。

③轻型徒步鞋（light hiking shoe）。主要是为短途户外活动者设计，适用于强度不大的远足、郊游、户外野营、旅游等活动，所经过的道路路况不复杂，此类鞋一般重量较轻，多为低帮鞋，穿着舒适。鞋面材料一般是皮革和尼龙混合，一般有防泼水功能即可，鞋底花纹较浅，材质也较登山鞋柔软许多。这类鞋不但适合野外活动，还可以日常穿着，款式多样，较为时尚。

当然此类鞋和普通的运动鞋还是有较大区别，主要在于制作工艺上，徒步鞋要比运动鞋结实许多，能够用于长距离的行走；鞋底虽然不如登山鞋厚实，但是比运动鞋要硬，能够对脚提供更多的保护，鞋的整体重量也较普通运动鞋重。

（2）结构功能

一般户外鞋都是由三个主要部分组成：鞋帮（upper）、中底（midsole）和外底（outsole）

①鞋帮。鞋帮一般由鞋面和内衬两部分组成。

鞋面一般是由皮革、尼龙或者皮革尼龙混合材质制成。鞋面采用不同面料将决定鞋子本身的重量、透气性能、耐磨程度及防水性能，登山鞋的鞋面通常采用以下两种主要面料。

第一种：全皮面（full grain leather）。全皮面防水性能好，耐磨程度高，对脚面的保护程度好于尼龙，适合于长途野外跋涉、负重较大、在比较坚硬的山地上行走的登山者。

第二种:尼龙织布与小块皮相拼接。此类材料制成的鞋重量轻,透气性能好,在正常气候下具有较好的保暖性,穿起来比较柔软方便,主要适用于短途野外跋涉、负重较少的登山者。

内衬一般由人造材料或软皮做成,有些鞋还加上一层软垫以提高保暖性和舒适性。早期的登山鞋需经过油浸皮革处理后达到一定的防水性,但是如果长期浸泡的话,水依旧会渗透到鞋内,而且防水透气对于天然材料是一种矛盾。但是随着人造材料的不断进步,防水透气得到了一定的解决,人们已经发明出多种防水透气薄膜和涂层,如美国戈尔公司的 GORE-TEX 就是属于这种材料。很多厂家把这些材料制成的面料加到鞋的内衬中,结合传统的鞋面内衬能够达到很好的防水透气效果。

②中底。中底能给你的双脚提供保护措施,可防止脚瘀伤或撞击到岩石、树根等。路途越是崎岖,对鞋底硬度的要求就越高。好的户外鞋不光有好的外底,其中底也都是很硬。中底由经过强化处理的塑料或金属板来支撑足底,这样的鞋底相当结实,能为你提供双层保护。中底与脚底形状一致,和脚部贴合,可以使得脚的压力放射式扩散到鞋底,而不是仅仅集中在几个接触点上。

市面上流行的运动鞋大都采用气垫设计,但这对于登山鞋来说并不合适。登山鞋需要通过特殊的海绵泡沫结构来减轻足部的震动,因为对户外运动者来说,中底所提供的支撑感要比气垫的柔软更加重要和安全。

鞋垫也是常被购买者忽略的部分,其实鞋垫在一双好鞋中起着重要的作用。专业的鞋垫会大大提高户外鞋的性能,这也是为什么专业鞋垫的价格是普通鞋垫的 10 倍甚至100 倍。专业鞋垫的主要作用有吸震、稳定与支持、矫正。

③外底。外底和地面直接接触,户外活动中地形多变,多数崎岖不平,对于脚和膝盖等部位会产生损害,所以户外鞋的外底需要厚实耐磨,具有防震、防滑效果。

根据需要,各个款型户外鞋的底部设计有特殊的纹路,如深浅不同的沟槽,以便于鞋底抓住地面,防止打滑。不同的厂商会根据各自的研究生产出不同的鞋底花纹,绝大多数以大波纹形的底纹为主,这种设计有助于增大鞋的防滑性能。另外,鞋底沟槽隔间一般较宽,并且在中部呈斜角,使鞋底不易夹带泥沙、石子等杂物。

登山鞋鞋底的硬度和耐磨性能十分重要,对于布满碎石的山路或坚硬的岩石,如果鞋底过软,长时间的行走后会造成小腿的过度疲劳,造成不必要的损伤。外底的材料各式各样,目前登山鞋使用最多的是 Vibram 底,简称 V 底,其耐磨性要高于普通橡胶材料,是外底材料的一种。而轻型徒步鞋为了保证舒适性,使用的材料多为既轻又软,也很耐磨的PU 材料,这也大大减轻了鞋的重量。

(3)购买

一般选择户外鞋的标准是:舒适、耐用、能够有效地保护脚部和踝关节不受伤害。每一类户外鞋都是根据不同的路况和跋涉时间等因素设计而成的。因此在购买登山鞋之前,必须首选确定自己所需要行走的环境和要求,然后根据需要购买合适的户外鞋,不要奢望一双鞋可以应付所有要求。

①买鞋最重要的是要合脚,所以买鞋时必须由本人亲自试穿,户外鞋的品牌众多,即便质量口碑都很好的鞋一样会有不适合的使用者。

②不要用平时穿鞋的号码去确定户外鞋的大小,也不要被鞋上标注的号码所迷惑,鞋尺寸的大小会因为制鞋工厂自有的标准与设计而各有不同,所以一定要多试穿几个相近的尺寸。

③长途行走后,脚会略微膨胀,所以高山靴、登山鞋需要比平时穿的鞋大一号,买的时候记得要穿一双厚袜子,绑好鞋带后脚趾紧顶前部,后跟处能留有一指的空间。

④可能的话,穿上鞋再背上背包感受一下,体验一下爬坡和下坡的感觉,这样的话,你对这双鞋是否合适你的脚有更清楚的了解。

⑤挑鞋时一定要耐心多试,不能将就,大多数人需要尝试多种款式和不同号码以后才能找到合适的鞋。

（4）使用技巧

①刚买的新鞋需要磨合一段时间,登山前可以在城市里面穿着两周,使鞋合适脚的形状。若脚底出现水泡,试着多加一双袜子;若脚面出现水泡,可以把袜子穿薄一点;若后跟出现水泡,则将鞋带系紧;若脚踝瘀伤,试试将鞋带不系到顶端,如果还无效则考虑更换一双鞋。

②登山或者徒步时可以带点胶布,贴在磨脚的部位。

③硬地的登山鞋适合崎岖的路面,但是经过湿滑的道路时应注意步伐,因为鞋底硬,摩擦系数小,容易滑倒。

④鞋不能太紧。尤其是脚趾部分,否则你一天长途行走下来,脚趾可能会瘀血;也不能太松,否则脚会打滑,太多空间会让足部与靴底长时间摩擦出现水泡。

⑤袜子可以穿两双,一来保暖性较好,二来一双是厚毛袜在外,另一双合成纤维在内,这样内层的薄袜会将汗水传到外层被厚袜吸收,便于保持脚部的干爽。

⑥下雨时,水会从鞋口与接缝线渗入,可以使用雪套防止水从鞋口渗入;而使用防水剂可以提高鞋面缝线处的防水程度。

⑦记住即便是鞋有防水功能也不能将其当雨靴使用,如果鞋内进水,可以换上干袜子后在脚上套上塑料袋应急。

⑧圆形鞋带不容易死扣,但是打结不好容易脱开;扁平的鞋带比较牢靠但是打湿后不容易解开,各有利弊。外出旅游可以多带一双鞋带备用,除了做鞋带作用以外,还可能有其他用途。

⑨如果鞋带过长,步行时可能会绊倒自己,因此需要剪短,然后把鞋带顶端用透明胶或细线粘起来,以利于穿解。

⑩如可能最好准备两根鞋带或把鞋带断成两截,分别系住靴子的上端和下端。这种分层的结构可以帮您针对不同情况采取不同的松紧策略,希望脚踝部位比较紧时可以系紧上部分的鞋带,同样如果感到脚掌部分太挤时,可以适当放松下部分的鞋带。

2.袜

做一般体育运动时,棉质的袜子吸汗能力很强,穿着舒适,是不错的选择。但是在户外运动中,袜子的选择就不是那么简单了。穿着棉质袜在户外长期行走后,湿气积累在袜子里面会使脚部皮肤变软,不再耐磨,走路产生的摩擦使得脚部极易出现水泡。而户外袜无论从材质还是剪裁都有专门的设计,比如现在很多户外袜都加入可伸展尼龙或莱卡材料,这些合成材料使袜子可以很好地保持形状和紧缩性,袜子上的褶皱减小到最低。又如在袜底、袜尖、脚后跟等部位加入耐磨材料,可以延长户外袜的寿命。通过这些专门的设计,户外运动者在长期的跋涉和恶劣的环境中,脚部可以得到良好的保护。脚是行走中最勤奋、最辛苦的部分,所以在户外更要善待双脚,在拥有一双好鞋之后,穿着合适的袜子一样重要。

(1)分类

根据户外运动中的不同要求,人们生产出厚薄不同、用途不同的各种袜子,主要可以分为以下几种。

①衬袜。衬袜大多采用化纤原料织成,主要的用途是将脚面的汗水尽快排掉,从而保持脚部干爽和舒适。此类袜子一般非常薄,不耐磨,所以一般穿在外袜和脚之间。

②轻量级的徒步袜。此类袜子主要是为了温暖天气和低强度的旅行而设计的。主要用途在于一般气候条件下的排汗性和舒适性,如夏季的户外穿越等。此类袜子比衬袜厚,且暖和、耐用。但是由于厚度有限,所以不适合在寒冷条件下使用。大多数的轻量级徒步袜是用排汗材料混合织成,以兼顾舒适和排汗两个目的。

③中量级的徒步袜。如果要在寒冷条件下活动,保暖性就显得十分重要,所以需要更加厚实的袜子。中量级徒步袜比夏季使用的轻量级徒步袜更厚、更暖和,也更加舒适。其在脚后跟、脚尖和脚掌等容易磨损的部位会特别加厚,以便增加耐用性。此类袜子配合衬袜一起穿着效果会更好,衬袜负责排汗,中量级徒步袜负责保暖。

④登山袜。登山袜是户外袜中最厚、最暖和、最舒适的一种,此类袜子主要是在极恶劣环境下使用,如长时间徒步、复杂地形、低温环境等。此类袜子也可以配合衬袜一起穿着,提高作用。

(2)材质

制袜的主要材质有棉、丝、毛棉混合材料。

①棉制袜。棉制袜价格便宜,吸汗性好,保暖性和舒适感都较好。但经过长时间徒步后,排汗差,不容易干燥,脚部容易出现水泡,而且在停下脚步后,潮湿的棉袜保暖性很差,会冻伤脚。

②丝制袜。丝制袜穿着舒适,十分轻巧但不如其他材料耐磨。一般不单独使用,常常织成有排汗效果的衬袜。

③毛制袜。主要使用羊毛材料。此类材料的优点是保暖性好,柔软,穿着舒服,即使潮湿之后也可以保暖。但缺点是较重,耐磨性也较差,潮湿之后虽然可以保温,但是不容易干。

④合成材料。使用合成材料制成的袜子很大程度上满足了人们对户外袜的各项要求,此类最常见的材料如 coolmax 等。在实际使用中,一般都是在天然材料中加入合成材料,使袜子达到舒适、保暖、排汗、快干等综合目的。当然此类袜子也有缺点,如有些合成材料制成的袜子穿着以后会有强烈的异味。

(3)购买

一双好的袜子应该拥有以下的特点:

①剪裁细密,做工优良。

②袜口弹性良好，多次穿脱不会变形。

③加入合成材料保持袜子整体的弹性，保持和脚部良好的贴合。

④在脚跟部、脚尖、脚踝部加厚，以便使袜子更加耐磨、舒适。

⑤特别的剪裁设计，使袜子在运动中不易变形。

除了需要具备以上特点以外，选择一双合适的袜子还需要注意以下几点：

第一，选择适合环境的袜子。按照计划中的地面条件和天气状况来准备合适的袜子。户外活动的温度高低、道路优劣都是决定选择哪款袜子的条件。夏天穿着羊毛袜会感到太热，而如果在雪山上选择太薄的袜子则会冻伤脚部。

第二，选择大小合适的袜子。大小不合适的袜子会使脚起泡或磨破。虽然袜子有伸缩性，可以有较大自由度，但仍需仔细挑选。太大的袜子，容易滑落，擦伤皮肤；太小的袜子影响血液循环，走路时脚部会感到不适。

第三，选择合适的材料。不同材料的袜子有不同的特点，如棉制袜子吸汗、舒适。合成材料的袜子排汗好，但有异味。羊毛袜子保暖性好，是冬季的首选。必要时，可以将不同材料的袜子混合穿着。

（4）使用技巧

①袜子和鞋一样，新袜子在户外活动前最好提前和脚磨合一下，尽量不要穿着新袜子长时间行走。

②根据在户外活动时间的长短，可以多备几双袜子，到达营地后尽快换上干爽的袜子。

③在寒冷的环境下，可以穿双层袜子，内层起到排汗效果，外层主要用来保暖。

④在双脚与鞋摩擦多的地方，可以涂些凡士林或油脂类护肤用品，以减少摩擦，防止脚部受伤。

⑤某些情况下，塑料袋可做防水材料，套在袜子和鞋之间。但是塑料容易破损，而且这样穿脚步容易打滑，所以不宜常用。

⑥宿营时，可以把袜子放在睡袋中，用身体的热量蒸干袜子，这样第二天又可以穿上干爽的袜子了。

⑦在紧急情况下，袜子可剪开代替绷带，袜子一般都有弹性，包扎时不会有松弛的情况发生。

（三）睡袋

在一天的长途奔波之后，疲惫的旅行者需要一个舒适温暖的地方充分的休息。帐篷为大家提供了"房间"，而睡袋和防潮垫则是"被子"和"褥子"。合适的睡袋可以为户外爱好者提供良好、安全、温暖的睡眠条件。睡袋是户外露营的必需品，同时也可以在普通旅行中作为卧具使用。

事实上，在户外露营时，帐篷可提供防风防雨的作用，而保暖是由睡袋来提供的。因此睡袋的选择十分重要，冷则无法入睡，伤害身体，热则代表睡袋较重，携带了多余重量。了解睡袋的分类和材料会让你在购买时易于确定自己的需要。

1.分类

人们习惯上根据形状的不同将睡袋分为木乃伊形和信封形;根据睡袋内部填充物和材质的不同,又可以把睡袋分为羽绒睡袋、棉睡袋和抓绒睡袋。

(1)根据形状分类

①木乃伊形睡袋,也叫妈咪形睡袋。顾名思义,这种睡袋的外形类似于埃及的木乃伊,肩部比较宽,然后往下到脚部逐渐变窄。肩部以上的可以收紧,包裹着头部,防止温度流失。

②信封形睡袋。其外部形状类似于一个信封,所以得名。此类睡袋大多适用于低强度户外运动活动中较温暖环境下的露营,或者作为居家以及入住旅馆的卧具。

(2)根据材质分类

①棉睡袋。大多数户外爱好者都使用棉睡袋,通常棉睡袋的舒适温度在 0~5℃,足可以应付多数春、夏、秋三季的户外活动。目前棉睡袋的填充料大多是中空棉,这种棉的纤维带有小孔,不但可以减轻重量,而且大大增加了保暖性。很多公司都可以生产这种材料,比较常用的有美国杜邦公司的四孔棉和七孔棉。

②羽绒睡袋。此类睡袋多用在寒冷天气下的户外活动中,一般填充料是鸭绒或鹅绒,同等条件下鹅绒的保暖程度要稍高于鸭绒。由于绒毛之间的空气含量大,所以羽绒睡袋的保暖性很强,而且便于压缩,在同等重量下品质要优于棉质睡袋。

③抓绒睡袋。此类睡袋使用抓毛绒材料,较薄,单独使用保暖性一般,往往作为夏季睡袋或者投宿旅店时的卫生睡袋。但是抓绒睡袋配合其他睡袋则有较好的保暖效果,可以在冬季和棉睡袋一起使用,以增强保暖效果。

2.结构功能

睡袋并不能提供热源,其特殊的设计目的是尽量保证使用时热量不会散失。

(1)头部

头部的帽兜应该大小适中,既可以保证头部自由活动露出脸部,也要使热量尽可能少地散失。一般帽兜边缘都附有绳扣,这样可以根据天气冷暖,自行调整松紧。

(2)颈部

因为冷空气容易由颈部钻入睡袋,所以在颈部需加上隔断(也有叫收紧领或胸领),保证严密性,防止身体热量自颈部散失。尤其是高寒环境下使用的睡袋,更要有此设计。

(3)脚部

脚是离心脏最远的部位,所以脚部的保暖十分重要,相应地在睡袋的脚部需作加厚处理。极寒冷环境还可以把背包套在睡袋外面,把抓绒衣放在睡袋里的脚部位置。

(4)内外料

棉睡袋使用涤纶或尼龙材料,睡袋内部材料要求触感舒适,外部材料需耐磨,最好具有一定的防泼水性。羽绒睡袋对内外材料的要求较高,主要为了防止绒毛漏出,影响保暖性和降低使用寿命。羽绒睡袋的内衬材料皆需要良好的透气性,以利于湿气散出,保持良好的保暖性能。外部材料还需要良好的防泼水性,以避免水分打湿睡袋。

(5)温标

温标是选择睡袋的重要标准之一。通过温标使用者可以比较直观地了解睡袋的品质。一个睡袋有 3 个温标:极限温度、舒适温度、最高温度。舒适温度是该款睡袋适用于此温度下的环境,可以发挥正常功效,使用者感到舒适。极限温度是指该款睡袋所能达到的最低使用条件,再低的温度可能会出现冻伤等状况。最高温度是指此温度下,使用者会感到过热。

（6）拉链

睡袋多使用双向两头拉链,这样在睡袋内部都可以方便拉开收紧。拉链背后需附有防缠贴条,即拉链内侧有一层薄而硬的织物带（PP 带）,防止拉链和面料缠绕。拉链带有挡风隔层,从睡袋顶端到尾端,沿着拉链必须附加挡风层设计,防止冷空气从拉链空隙钻入。另外有一部分睡袋还有左右拉链的设计,同款型的睡袋可以拼合成双人睡袋。

（7）口袋

在睡袋内侧颈部以下,一部分睡袋会加设一个小口袋,使用者可以放置钱物、钥匙等零碎物品。

（8）睡袋压缩袋

睡袋展开后体积较大,无法放到背包中,所以收纳睡袋多采用压缩袋。压缩袋可以将睡袋压缩到最小的体积,便于携带。睡袋压缩袋一般要求面料细密结实,最好具有防水功能,搭扣和绳带部分需采用优良材质并缝合紧密,能够承受一定的拉力和压力。

3.购买

选择何种睡袋? 购买者可以根据自己经常参与的活动的强度来确定睡袋的种类和合适的温标。购买时可以充分考虑下列因素,选择一款适合自己的睡袋。

（1）形状

木乃伊形睡袋保温效果较好,体积小,是户外活动常用的睡袋形状。如果户外活动强度不高,要求睡眠舒适,还希望能够居家使用的话,也可以选择信封形睡袋。

（2）材料

大多数人参加的一般是春、夏、秋三季的户外活动,选择价格低廉的棉睡袋即可。棉睡袋在淋湿之后,拧干仍然具有一定的保温效果,这点是羽绒睡袋无法相比的,所以比较适用于南方潮湿多雨的环境。如果需要冬季出行,活动的环境在－10℃以下,则需要考虑购买一个优质的羽绒睡袋。虽然羽绒睡袋一般价格较高,但可以保证足够的睡眠质量,这点对于人身安全十分重要。如果是长线旅游,住宿条件差别较大,且无法保证卫生情况,可以考虑购买一个轻便的抓绒睡袋,套在旅馆的卧具里面。

（3）温标

极限温度是睡袋可以使用的最低温度,是极端条件下的情况,所以建议大家根据舒适温度选择。如果您偏爱夏季露营,又怕热,那么舒适温度 5℃的睡袋就很适合。此类睡袋多为轻质棉睡袋或者抓绒睡袋。通常温标的舒适温度为－5℃左右的睡袋多为三季用睡袋（春、夏、秋三季）。此类睡袋大多是棉睡袋,但有一部分充绒量较小的羽绒睡袋,温标也在这个范围内,由于羽绒良好的压缩性,所以此类睡袋体积很小,只有棉睡袋体积的 1/2～1/3,也是不错的选择。当然,如果从事冬季露营、登雪山或极地探险等活动,睡袋的温标应该达到－15～－30℃。此类睡袋基本都为羽绒睡袋。

（4）大小

睡袋的长度与宽度也需要注意，睡袋太小，睡眠质量不好。足够的睡袋空间应该是身体容易摆动，不感到太拘束。如空间太大，表示得用更多的体热来温暖睡袋。睡袋过长，脚部难以保暖。如果睡袋太短，睡袋尾端紧抵脚部，填充隔绝层被压平，脚部一样会感到寒冷。目前睡袋大多有L、M、S等尺寸，根据自己的身材选择即可。

4.使用技巧

在一天的劳累后如何让自己睡得舒服是第一重要的。记住：睡觉不会自行加温或加热，它只是减缓或降低身体的热量散失，所以最好的方式是身体存储更多的热量且布置好外部环境。外界环境的因素亦会影响睡觉的舒适度。睡袋是否保暖、舒适由以下几个方面的情况而定。

（1）睡袋的本身

①睡袋的选择要适合环境条件，温标合适。

②到达营地后扎好帐篷就把睡袋先打开，让睡袋处于蓬松状态，时间越长越好。

③睡觉时，将帽子、颈部的隔离收紧，同时在脚下覆盖或者包裹一些衣物，以达到更加保暖的效果。

④无论何种睡袋都要保持干燥，尤其是羽绒睡袋，潮湿会使其丧失几乎全部的保暖能力，而且不易干。

（2）帐篷的条件

①保持帐篷内的人数达到标准人数，尽可能安排更多的人。

②在保证安全的情况下，可以在帐篷中点汽灯或炉子增加热度。

③点燃篝火取暖，篝火完全熄灭后，可以用泥土覆盖严密，将帐篷搭建其上。

④保证帐篷的透气，因为人所呼出的空气带有水汽，易在帐篷内壁上凝结成水滴，会打湿睡袋。

（3）衣物的穿着

①穿一套干爽的内衣和袜子会有效地增加保暖效果。

②当睡袋保暖程度不够时可以穿上更多的衣服，或把衣服和其他物品覆盖在睡袋上，把抓绒衣、羽绒服等塞到睡袋里。

③睡觉时可以戴一顶帽子，因为身体的热能有一半是从头部散失的。

（4）地表的绝缘

①选择一个好的宿营地点，以地面平整干燥为好。

②配备一条质量较好的防潮垫是非常重要的。

③在防潮垫下还可以加铺一张地席或者地布。

（5）身体的条件

①睡觉前可以摄取一定热量的饮料，不要有口渴的感觉，以保持人的身体正常的新陈代谢。

②睡前也可以做一些简单的热身运动，以不出汗为好，然后躺进睡袋。

（四）防潮垫

在户外露营的人都知道，和睡袋一样，防潮垫也是户外露营的必备装备。防潮垫的作用在于防潮隔热,抵御来自地面的寒气,保证睡眠的质量,保护露营者的身体健康。因为防潮垫不仅可以减轻不平坦地面所造成的不舒适,更重要的是防潮垫可以隔绝地表冰冷的感觉!即使是在夏天,地球表面的温度还是比空气的温度要低很多。当我们的身体接触地面时,传导作用会将身体的热量带到地面,导致皮肤失去能量而产生冰冷的感觉,因此我们需要防潮垫来帮我们做好隔绝的工作,这样才不会因为损失能量而导致失温。

1.分类

如今市场上常见的防潮垫主要有两种:一种是泡沫防潮垫;一种是自充气防潮垫。前者价格便宜重量轻,后者价格略高,但比较舒适。

(1)泡沫防潮垫

泡沫防潮垫又可分为两种:开放式发泡防潮垫和封闭式发泡防潮垫。

①开放式发泡防潮垫(open cell foam pads)。一般是由膨胀的聚氨酯(polyurethane)制成,里面有许多细微的气室可以允许外界空气的进入,形成隔热层,但吸水,一旦碰到水就不能使用。

②封闭式发泡防潮垫(closed cell foam pads):内部含有很多封闭的细微气室的泡绵防潮垫,隔热效果好,不会吸水。缺点是有一定的重量,垫子的厚度较薄,睡眠可能不够舒适。为舒适现在多选用双层封闭式发泡防潮垫。

(2)自充气防潮垫(Self-inflating pads)

自动充气防潮垫内部是开放式发泡层,表面为组织紧密、防水性佳的尼龙布,同时还设有自动充气气阀以方便空气的流通。

2.结构功能

防潮垫的隔绝原理跟我们使用睡袋和保暖衣服一样,都是利用一层几乎不流动的空气来做成隔绝层,挡住外界的低温,防止身体的热量散失。其隔绝效果根据使用的材质而有所不同。

所有防潮垫最根本的是用"发泡"(foam)构成的,其最基本的种类有两种:封闭式(closed-cell)和开放式(open-cell)。封闭式发泡就是一片含有细小泡泡所构成的塑料防潮袋,由于每个气泡是独立单位而且封闭,所以这种防潮垫不吸水。户外店里面不可压缩、不会膨胀、无法拆解、多种颜色的防潮垫多是封闭式的。

封闭式防潮垫是耐伤害的,如果不小心被冰爪踩到或者被登山杖戳到,它并不会因此而不能使用。被损坏的只是一个部分,其他部分仍是完好的。但是另一方面它并不是非常的柔软,所以对一些惯于睡柔软床垫的人来说,对封闭式防潮垫是很难适应的。

自充气防潮垫在制作时,防潮垫的内心用压缩和膨胀性很好的海绵填充,挤压海绵中的气体,关闭气阀使垫内呈半真空状态,体积会变小。打开气阀,在外界空气压力的作用下,海绵膨胀,可以自动把空气吸到垫内,因此称其为自动充气防潮垫,充满空气的防潮垫有非常好的弹性和舒适性。

3.购买

根据各人使用防潮垫的情况,可以根据下列因素来选择购买合适的防潮垫。

(1)天气因素

如果活动中天气状况比较稳定,如春、夏、秋三季,不会有低温出现的情况,舒适度的要求应该比隔绝性来得重要;如果不能掌握气候变化的因素,应该选择隔绝性好的防潮垫。

（2）舒适度

户外露营的地面状况不定,越厚越柔软的防潮垫舒适度越好,看各人的睡眠习惯可以选择不同舒适度的防潮垫。需要注意的是,越是柔软舒适的防潮垫,可能其价格也较高,重量也比较大。

（3）重量

较舒服的防潮垫通常也比较厚,重量也随之增加,如果要从事负重长途穿越或登山,每件装备的重量都得仔细考虑,此时需要选择轻便、耐用的防潮垫。如果是自驾出游,那么沉重但很舒适的气床也可以在考虑之列。

（4）体积

大多数时候防潮垫都是打外挂。但有的人不喜欢背包外面太过零碎,那样容易被树枝剐蹭,所以这个时候就需要选择体积较小的自充气防潮垫,便于放入背包内。

（5）价格

发泡防潮垫,无论是化学发泡还是物理发泡,价格都在几十元,较为便宜。而自充气防潮垫的价格则要高出 3～4 倍。高档自充气防潮垫甚至要近千元。防潮垫是易耗品,所以一般户外爱好者选择发泡防潮垫即可。

4. 使用技巧

①防潮垫一般都是外挂在背包外,使用防潮垫套可以减少不必要的损坏,能大大延长垫子的使用寿命。

②将地布、地席配合防潮垫使用,保温效果、舒适度更好。

③地席、地布大多不能代替防潮垫的功能,而防潮垫可代替地席或地布的基本作用。

④一般自充气防潮垫自动充气结束了可以补 2～3 口气,以增强其弹性,但应注意的是,不要太多依靠补气,尤其用嘴补气时,口中带有的水汽会影响气阀的使用寿命。

⑤使用时注意地面是否平整,应清理干净地面上的石子或树枝等异物。

⑥一般防潮垫的材质都易燃,所以要注意防火,不要在防潮垫上使用炉具。

（五）户外服装

户外运动的活动往往是在多变的天气下进行,阳光、雨雪、狂风等都可能成为参与者的"敌人"。为了要保护自己的身体不受伤害,圆满地完成计划,户外服装就体现出其不可或缺的重要性。

户外活动的内容形式很广泛,从一般的郊游登山、徒步旅行到登山、攀岩、越野自行车以及滑雪、溯溪、帆板等。为了适应这些户外运动形式,市场上也出现了各种款式和类型的户外服装,如贴身紧凑的自行车服,排汗快干的内衣,滑雪专用的滑雪服等。试想如果背负着大包行走在山野中,遇到风雨时,绝不可能拿出雨伞,这时候你需要的是一套能够抵御风雨的冲锋衣裤。又如毛衣是大家用来保温的日常衣物,但是在户外,一旦毛衣被打湿,保温性能将大大减弱,重量增加且不易干燥,穿着湿漉漉的衣服不但感觉苦不堪言,严重时还会危及生命。

所以户外衣服的出现,在功能性上满足了户外爱好者的专业要求,为户外运动的开展和参与者的人身安全提供了保障。

1. 分类

(1)"三层着装"的概念

为了适应自然环境下多变的天气,抵御恶劣环境对人体的伤害、保护身体的热量不被散失以及快速排出运动中所产生的汗水,户外参与者总结出"三层着装"的概念,根据此套理论来购买、选择、添减衣物,可以适应各种天气的变化以及各项户外运动的实际需求。其实"三层着装"的概念,不仅仅适合户外运动,对一般日常生活也是十分适用的。"三层着装"分为基本层、中间层和最外层。

①基本层(base layer)——排汗层。基本层即贴身的内衣,其主要用途是保持人体皮肤表层的干爽、不闷热,因此其注重的功能是衣服的排汗性和舒适度。如果人体排出的汗水在皮肤表面蒸发成气体,会带走身体大量的热量,从而使人感到寒冷。所以基本层应该能够迅速将湿气及汗水排到内层衣服的表面,使得汗水不会停留在皮肤上。

②中间层(middle layer)——保暖层。中间层服装的作用为在衣服内形成一个空气层,空气层是良好的隔热媒介,所以衣服内形成空气层之后,外界的冷空气被隔绝开,可以达到保暖的效果。理论上空气层越厚,保暖效果也就越好。

③最外层(outer layer)——隔绝层。最外层服装也就是通常说的"冲锋衣、冲锋裤",其主要提供防水、防风、防撕,以及部分保暖透气的功能。由于最外层是直接面对外界环境的衣物,所以其最终目的是将外界恶劣气候对身体的影响降到最低。除此之外还要能够将身体产生的水汽排出体外,避免汗水带出的蒸汽凝聚于中间层,使得隔绝效果降低而无法隔绝外部环境的低温或冷风。

(2)"三层着装"的注意事项

①"三层着装"中的每一层不是独立的,需要三层服装互相配合提供保护,例如空气被阻隔在两层之间要比单独的一层提供更多的保温作用。

②为了使衣物达到最佳的效果,所有各层的透气和排汗功能应该保持一致,如果其中一层不透气排汗,那么其他层的效能也将无法发挥。

③"三层着装"的好处就在于可以因气候制宜,灵活运用:如果你觉得热,你可以脱去中间层,因为最外层也有一定保温作用;如果风力不大,也可以脱掉最外层,因为中间层更加轻便舒适、透气性好;如果觉得冷,穿上不止一个中间层,这样可以提供更多的空气层,更好地保证温暖。

2. 结构功能

(1)基本层——排汗层

内层服装一般都需贴身穿,形式有点像我们平时穿着的短袖 T 恤、秋衣、秋裤等,其主要作用就是使身体保持干燥并有一定的保暖作用。在户外,基本层一般不采用纯棉质内衣,因为在户外不可能经常更换内衣,而纯棉制品在汗湿之后,保温能力将大大下降,易造成感冒、失温,甚至发生冻伤。目前排汗层所用的材料多为人工材料,如 COOLMAX等,此类材料并非提供吸汗功能,其特点在于排汗、快干、透气效果好,汗湿后能将汗水排到外部,自身能够迅速变干,保持皮肤的干爽温暖。另外,一些混合纺织的材料除了排汗之外也能提供不错的保暖作用。

（2）中间层——保暖层

中间层服装的主要材料可以分为自然材质和人工材质两种。自然材质包括羽绒、动物皮毛和棉花制品。

①羽绒。由于羽毛具有许多微孔，膨胀起来能容纳很多空气，所以具有极佳的保暖效果，是最为常用的保暖材料。羽绒制品既可以将体积压缩到极小，又能迅速膨胀起来，收纳、使用都很方便。但其缺点是被打湿后就不再具有保暖效果，并且不易干；穿着也比较臃肿，行动不太方便。基于这些特点，羽绒服不适合在户外的运动过程（尤其是负重运动行进）中作保暖层，而比较适合在休息时或露营后穿着。

②动物皮毛。也是优良的自然保暖材质，但皮质衣物重量较大，且保养不易，价格昂贵。目前羊毛制品使用得比较多，因其能够提供较好的保暖效果，但是遇到水之后，性能也会受到影响。另外，有些人可能会对皮毛制品过敏。

③棉花制品。最传统的保暖产品，价格便宜但是保暖效果不够理想，户外活动中已经较少用到。

人工材质中最为常用的是抓绒：抓绒只是对一类材料的统称，其总体的优点是质轻、穿着舒适、易清洗、保温性好，同等重量的抓绒的保暖性甚至会超过同等的羊毛。另外，抓绒在打湿的情况下，还能有一定的保暖性，其排汗性能也很不错。抓绒的缺点是防风性能比较差，通常需要加上一层防风外套，另外，抓绒在干燥的情况下易起静电。

目前随着技术的提高，除了单一的抓绒材料，还出现了很多复合人造材质的中间层衣物。生产厂家通过各种材料的组合，希望能够将防风、防水和保暖性能结合起来。例如SOFT SHELL技术将两种不同面料胶合在一起，有防风、防水、耐磨的外层和柔软绒面的内层，这样两种面料的优点便可兼而有之。

（3）最外层——隔绝层

①材料。最外层服装的材料尤其重要，毕竟这是面对外界环境的第一道防线，通常会选用高品质的尼龙作底料，复合以高科技的防水透气胶膜，以达到防水、透气、耐磨、防撕的目的。防水透气面料的原理是其在薄膜状态下表面的小孔直径大小正好处于水分子和蒸汽分子之间，也就是说水分子不能通过，而蒸汽分子可以通过，从而达到防水效果的同时兼顾透气。目前市场上有很多防水透气材料，其原理都是这样的，如Gore-tex,sympa-tex,dentik等。

②设计。根据户外运动自身规律的要求，户外运动服装的剪裁方式有着其特别的设计，以适应户外运动多变环境的需求和使用者的身体需要。外层服装的主要设计特点有：

第一，理想的户外运动服装通常采用紧凑的剪裁，使服装在保证运动功能的前提下，减小体积和降低重量。

第二，此类服装对于需要活动的身体部位采取了特殊的形状，例如肘部、膝部预制的关节弧状，腋下预制的皱折，这些设计可以便于身体各部位的活动。通常袖子都会比较长些，为的是可以方便地活动双臂。

第三，在这些服装的肩部、臀部、膝部或肘部等易磨损的部位，还会加上防潮的牛津布，以增加服装的使用寿命。

第四，为了增加排汗效果使身体保持干爽，很多外层服装在防雨面料里还加了网眼衬里,以便把身体与防水膜隔开。

第五,为了增强防风性和防止雪进入,有的衣物在腰际设计了防雪檐,收紧后,保温效果会更好。

第六,在运动中为了保持空气的良好流通提供透气性,此类服装多在腋下设计有通风拉链的开口,同时加有防雨保护。

第七,为了防止雨水从拉链处进入内部,很多衣物都采用防水拉链。衣服的缝合处也需要压上一层胶,防止雨水从接缝处浸入。正面拉链的三层保护、宽大的下颚保护、紧缩式的袖口、底边的收紧绳,都进一步增强了服装的防风保暖性,有利于行动的便捷。

第八,外层服装基本都有帽兜设计,平时可以收纳在衣领中,需要时可以展开,起到防风雨的作用。其设计注重风雨环境里活动的需要,例如帽子前面有帽檐。宽大的帽兜可以套戴头盔或者抓绒帽子,而不戴头盔时又可收紧两边的抽绳。另外,为了保证防雨的效果,帽子一般都是和衣服一体的,不可拆卸。

第九,有的衣物还有专门放置地图和手机对讲机的透明口袋。

第十,外层衣物中的裤子一般两侧都有拉链,以方便穿脱。拉链一般采用防水拉链,或者覆盖有防水条。

3. 购买

这些具有特殊功能的户外衣服能够保护参与者,将天气变化的影响降到尽可能小的程度,因此选择的时候应更多地重视衣服的功能性,而不是样式和颜色。在决定购买之前应该先想好个人的身体情况、使用需求和范围,以便购买到性价比最好的户外服装。购买户外服装有几个需要考虑的因素。

(1)用途

购买之前一定要考虑所购买服装的用途,合理搭配"三层着装"。例如经常参加的是三季活动,就无须购买羽绒这样的保暖衣物。而南方雨季较多,购买外层衣物时需要特别注意防水效果。进行冬季活动,气温低、条件恶劣,需要购买功能性强、保暖好的衣物,不能马虎。

(2)功能

户外服装的功能性非常重要,即使是服装的色彩也要满足功能性的要求,比如外层服装多采用鲜艳的颜色,便于户外队友辨识。至于基础层服装的排汗性能、中间层服装的保暖性能和外层服装的防水、防风、防撕、透气性能都是基本要求。尤其是在冬季穿越或者雪山攀登等户外活动中,严酷的环境会带来生命危险,所以服装的选择要十分严格,不能追求时尚和低价。另外,正规产品的服装都有标牌明示采用的原料,应该仔细考量,并向店家确认。

(3)重量

户外运动要长时间的负重行走,重量当然越轻越好,这也是为什么我们不选用日常衣物的原因之一。所以在选购衣物的时候,在性能、价格类似的情况下,最好选择轻质的衣物。

(4)价格

价格也是选择的一个重要因素,传统材料价格便宜,而新型材料科技含量高,功能性强,一般价格都较高。国内厂家的产品价低,国外品牌价格昂贵,购买时要注意服装的性价比,在保证使用的前提下,选择自己经济能够承受的产品。例如普通的抓绒衣物不过百元左右,在已经可以满足保暖需求的情况下,不一定要购买千元以上的防风抓绒产品,防水透气涂层的衣物价格比较高,如果出汗少或者参与透气要求不高的活动,则可以选择不透气的衣物,价格会便宜许多。

4.使用技巧

①衣物本身并不会产生热量,穿上衣服让人感觉温暖是当我们的体温散发时,衣物包围的冷空气被体温温暖成热空气,所以越穿着多件衣服,可能捕捉到的空气层就越厚,也就会感觉越温暖。

②衣服的穿着应该根据天气、温度及时调整,太热、太冷对身体都不好。

③人的体温范围很小,正常值在 37℃左右,太低会造成失温,高了又会发烧。而衣服本身又不会产生热量,所以体温太低时常觉得穿上衣物也不暖和,此时最好让身体运动一下。

④风对温度的影响很大,在同样的温度条件下,如果有风会迅速带走热量,造成温度急速下降,同理雨水一样会很快带走热量,所以防风、防雨都很关键。

⑤空气是良好的隔绝层,当然让空气适度的流通会感觉舒畅。

⑥在进行运动过程中,如果汗水较多,基础层无法快速排出,此时一定要注意保持身体的运动,避免在阴凉地方长时间休息,到了营地应立刻更换上干爽的衣服,否则容易受凉感冒。

⑦宿营时,白天汗湿的衣物可以放到睡袋中,用身体的热量蒸干,以便第二天穿。

⑧在雨中行进,可能衣服的内部是湿的,这并非透气层无效,而是因为此时衣服内外的气压类似,身体的水蒸气无法有效地排出。

⑨毛衣、棉服、牛仔裤等日常穿着的衣物在野外环境中缺点不少,应尽量避免到户外使用。

(六)快干衣物

在"三层着装"的原则之外,如夏季温度较高时,快干衬衫和快干裤是很多人户外活动的首选。快干(quick dry)是指衣服所选择的面料比棉、毛、羽绒等材质,可以更快速地将水分排出,从而保持衣物自身的干爽。在登山穿越、攀岩、溯溪等户外活动中,快干衣物是十分常见的衣物。

1.分类

快干衬衫主要分为短袖和长袖两种。短袖衬衫的透气性好,但是和短袖 T 恤有重合,不利于遮阳。一般快干衬衫多为长袖,胸口会设有 1～2 个口袋,方便存放零碎物。为了便于透气,袖子有两种设计:一种是卷起后用纽扣固定;一种是可拆卸式,使用拉链连接。很多衬衫在背部还设有透气口。另外,为了便于户外使用,很多快干衬衫会使用可变形的橡皮纽扣。

快干裤主要有普通长裤和两截裤两种,两截裤由于适用范围广,所以在户外使用较多。快干裤的外形比较宽大。穿着方便,利于透气。裤子设有 2～4 个口袋,可以放置地图等物品。两截裤有半截和七分式等,下半截通过拉链和上半部分接连。一般快干裤都自带有尼龙腰带,裤脚一般都会设有松紧带,利用弹簧扣可以收紧或放松,利于不同地形的行走。

2.功能

快干衣物多采用化纤材料,一般有快干、防泼水、防撕、防紫外线等功能。

①快干。因为化纤材料和棉制品相比,比较不容易吸收水分,也就是说汗水接触到衣物后,在风和温度的作用下,可以较快地挥发。一般情况下衬衫采用的是快干面料,和内衣所采用的面料不同。

②防泼水。虽然快干衣物不需要特别防水,但是为了达到快干的目的,有部分材料作了防泼水处理,使衣物不易吸收水分。

③防撕。在野外常常需要穿过树林,为了防止衣物被撕破,很多快干衣物都作了防撕处理,例如在面料中加入网络,通过经纬线条达到防撕的效果。

④防紫外线。快干衣物多在天气炎热的情况下穿着,阳光比较强烈,所以有些面料还有防紫外线的功能。

3.购买

购买快干衣物可以从面料、设计、价格等几方面因素考虑。

①面料。虽然快干衣物不像其他衣物着重使用高科技材料,但是面料也是重要的考虑因素。选择面料时,应该要求有较好的快干能力、较舒适的穿着感、较好的防撕和防紫外线能力且不易皱褶。

②设计。户外衣物的设计是另外一个关键因素,设计的关键是便于穿着、提供便利。例如在衬衫和裤子的口袋中,很多产品都设有扣子,可以避免钥匙从口袋中滑落;在衬衫背部和腋下设有排气口会使穿着更加舒适;快干裤在臀部会有加厚的耐磨层,在腰部有细绒质地的衬里,提供舒适穿着。

③价格。快干衣物从几十元到数百元不等,国外品牌的正品设计好、耐用,但价格较高;而国内生产的快干衣物价格很低,质量却良莠不齐。购买时可以比较各个品牌的各种款式,挑选性价比高的即可,并不需要刻意追求高价或者低价。

4.使用技巧

①烈日的暴晒、树枝的剐蹭会使你的皮肤受伤,所以尽量穿着长袖和长裤。

②快干裤尽量选择较为宽松的,因为户外活动幅度较大,太紧会受到限制。

③为了透气可以将两截裤的拉链半开。

④如果没有合适的快干裤,夏季也可以穿运动裤,但是不要有防水效果的面料。

⑤如果路上比较泥泞或者尘土较大,可以把裤脚收紧,缚在登山鞋上,可以防止泥土进入鞋内。

(七)帽子

在户外用品中,帽子是一般人比较容易忽略的东西。根据研究,头部的表面积虽不到整个体表面积的1/10,但人体所产生的热量却有一半左右是从头部散失的,尤其是在冬季,热量会大量从头部散失,从而可能造成身体的失温。所以环境越冷越应该要注意户外运动中对头部的保暖防寒。

另外在丛林中行走,帽子可以有效地保护头部、面部、颈部不会因为落下的物件或树枝而受伤。烈日下,帽檐也能防止脸部、颈部晒伤。所以在户外,一定要带上一顶帽子。

1. 分类

帽子的种类很多,在户外根据需要常用的帽子有棒球帽、丛林帽、滑雪帽等。

①棒球帽。棒球帽是最为常见的帽子,其主要特点是帽子的前部有较长的硬质帽檐,硬质的帽檐可以遮阳挡雨,保护面部。如果给棒球帽加上其他附件,可以延伸出很多类型的帽子。比如夏天可以采用网状面料,透气好又凉快;冬天采用抓绒、尼龙等面料,保暖又防风。如果在帽檐加上一圈护颈,还可以保护颈部不被太阳晒伤。

②丛林帽。是野外较为常用的帽子,其特点是有一圈软质的帽檐,可以较好地保护面部和颈部,遮阳的同时还能防止虫子等落入颈部。软质的帽檐不需要的时候,还可以收起来,比较凉快。丛林帽多采用帆布或者快干尼龙材料制成,颜色多为绿色、灰色或者迷彩色。

③滑雪帽。为了降低风阻、扩大视野,滑雪帽一般都没有帽檐,但有些产品设计了可折叠的帽檐,需要时可以翻下来保护耳朵。滑雪帽多用毛绒和抓绒材料制成,轻便且保温效果好。另外,为了便于在雪地里辨识,滑雪帽的颜色一般比较鲜艳。

2. 材料

常用来制作帽子的材料有帆布、抓绒、快干材料、毛绒、防水透气面料。

①帆布(canvas)。早期常用的材料,价格便宜,耐磨耐用,具有一定的防御功能,多用于丛林帽。

②抓绒。抓绒材质的帽子有不错的保温效果且十分轻便,和冲锋衣的帽子搭配使用效果较好。另外,抓绒材质即便打湿后,还有一定的保温效果。

③快干材料。快干材料在户外使用的范围越来越多,使用快干材质制成的帽子,比较轻便、凉爽、透气性能好,较为适合夏天或者雨季使用。

④毛绒。毛绒织成的帽子保温效果不错,价格便宜,是日常比较常见的帽子,但是毛绒的空隙间距较大,防风性能较差。另外,毛绒被打湿后,重量会大大增加。

⑤防水透气面料。大多数冲锋衣都有折叠式帽子,下雨时可以取出来保护头部,当然如果帽子有防水效果则更好,采用防水透气材料制成的帽子一般价格比较贵。

3. 购买

①规格尺寸应符合标准要求。购买时最好选择几个号试戴一下,以便挑选到大小合适的帽子。帽子的大小以"号"来表示。帽子的标号部位是帽下口的内圈,用尺子测量帽下口内圈的周长,所得的数据即为帽号。帽子的规格从 46 号开始,46~56 号为童帽,55~60 号为成人帽,60 号以上为特大号帽。号间等差为 1cm,形成系列。

②帽子的形状应该符合户外活动的需要。如果在丛林或者阳光比较多的地方,应该选择丛林帽;如果是冬季户外运动,应该选择保暖性能较好的抓绒帽。

③用料应符合要求,材料优良。有的帽子会综合多种材料制成,如果使用防水透气面料作外层,然后在帽子的内侧使用薄抓绒,既能保温又能防水,这样的帽子功能性较好。

④单色帽要求各部位色泽一致,花色帽各部位应色泽协调,各部件位置应符合要求,缝线整齐,无开线、松线和连续跳针现象。仔细观察面料、经纬纱应该无错向、偏斜,面料无明显瑕疵,绣花或烫印的标识应该不变形、不起皱。帽子整体洁净,无污渍、无折痕、无

破损等。

⑤辅件齐全,丛林帽应该具有帽绳,防止突然的大风吹走帽子;棒球帽应该能够方便地调节大小;滑雪帽的帽檐放下时应能遮住自己的耳朵。

4. 使用技巧

①如果帽子本身没有防止颈部晒伤的设计,可以把方巾压于帽檐下,盖住颈部。

②下雨时,如果头顶不防水,可以将其置于帽檐下以防被打湿,佩戴近视眼镜的使用者也可以利用硬质的帽檐防止雨水打湿眼镜。

③冬季寒冷的环境下,为了保暖,睡觉时也可以戴上帽子,最好选用抓绒无帽檐的帽子,以免影响睡眠。

(八)帐篷

如果说睡袋和防潮垫是户外爱好者的被子和床,那么帐篷就是他们的"家",疲惫的一天行程后,有一个舒适的"家"很是必要。在户外宿营中,帐篷提供了防风防寒的功能,同时还能防止昆虫和小动物的侵扰。早先人们经常风餐露宿使用简陋的帆布搭建棚子居住,这样对于身体的危害非常大,夜里的低温和露水会对你的身体造成伤害。而有了帐篷,这些不利的情况就会大大减少。

1. 分类

帐篷的分类有很多种,主要可以分为以下几种。

(1)按帐杆区分

按帐杆可分为玻璃钢帐篷和铝杆帐篷。

①玻璃钢帐篷一般常用于低强度的户外运动。玻璃钢帐杆较重,材质较脆,抗寒性和抗风性都不如铝杆,但是由于其价格便宜,足以应付一般日常环境,所以也有不小的使用范围。

②铝杆帐篷。原来铝杆帐篷多是为攀登雪山或者低寒地带的户外运动准备的,使用的材料为航空铝,重量轻、抗风好、延展性好。但近年随着技术的不断改进,价格不断下降,越来越多的普通帐篷也采用铝制杆。

(2)按帐布的层数分

按帐布的层数可分为单层帐篷和双层帐篷。

①单层帐。市场上有一些单层帐,主要使用范围为冲锋帐,为攀登雪山时使用。此类帐篷重量轻、体积小、价格很高,生产上对于各部分材质和做工要求很高。尤其是帐布的面料,因为只有一层,所以需要帐布兼有防水透气的功效。但是一些帐篷生产商为了满足市场的需要也推出了一些低价的单层帐,主要用于郊游、海滩,实际防雨性、抗风性都很差,基本无法满足户外运动的要求。

②双层帐。目前市场上常见的帐篷皆属于双层帐,两层帐布各有功用。外帐主要用来防水防雨,内帐负责提供居住空间及必需的透气性和通风能力。帐篷内人呼出的热气会在帐篷外冷空气的作用下,在帐篷内壁凝结水珠,从而打湿睡袋。双层帐篷的设计,优点在于热气会透过内帐,在外帐内壁凝结成水珠然后直接流到地面。

(3)按适用季节分

按适用季节可分为三季帐和四季帐。

①三季帐。此类帐篷是最为常见的帐篷形式,因为大多数户外爱好者都是在春、夏、秋三季活动,此类帐篷可以满足绝大多数环境下的使用强度。此类帐篷的设计简洁、透气、搭建方便,常用2~3根帐杆来撑起帐篷主体,材料使用方面突出性价比。有些较好的三季帐其强度也可承受意外的天气,如降雪、大风等天气。

②四季帐。此类帐篷的设计使用范围为较严酷的自然环境,例如雪山攀登、极地穿越等,通过3~4根或更多的帐杆增加强度,以便适应大风、大雪等恶劣天气。此类帐篷保暖性好,但透气性稍差,在面料和帐杆上尽可能使用最好的材质,同样强度下追求更轻,所以价格更高,但是物有所值,此类帐篷往往是行程顺利和人身安全的保证。

(4)按外观和搭建方式分

按外观和搭建方式可分为A形帐篷、圆顶帐篷、隧道式帐篷和露营袋。帐篷的品牌众多,外观也是各式各样,这里主要介绍几种常见的外观样式。

①A型帐篷。属于传统造型的帐篷,外形就像我们以前居住的有屋檐的屋子,搭建时需要利用帐钉将帐篷固定在地面上,然后利用帐杆将帐篷撑起来,再用绳子固定。从帐篷前方看去是一个三角形,此类帐篷早期使用比较多,但侧面受到风吹时强度会大幅下降。另外一个缺点,就是帐篷内空间不佳,因为帐篷两侧较为倾斜,内部空间较小。现在已经较少看到此类帐篷。

②圆顶型帐篷(也称蒙古包式)。目前市面上最常见的款式,多采用双杆交叉支撑,拆装都比较简便。又因为其屋顶较高,形似倒扣的碗状,所以也叫蒙古包式。此类帐篷的帐杆利用内部的松紧绳连接起来,搭建时弯曲帐杆,利用帐杆的张力将帐布撑起来。这种帐篷的优点是可独自站立,搭建方便,抗风性较强,帐篷内活动空间比较舒适。为了增加强度,此类帐篷也有使用3根甚至更多的帐杆交叉搭建。

③隧道式帐篷。此类帐篷是由前后各有一个半圆形的帐杆所构成,彼此平行不交叉,整个帐篷外形如同隧道状。此类帐篷不能独立站立,需要靠帐钉或防风绳才能固定成型。优点是强度大,因为帐篷比较低矮,受风面积小,重量轻,搭建快,只要穿好帐杆,两端一拉即可。缺点是必须依靠帐钉、防风绳才能搭建,在水泥地等硬质营地使用不方便。同时,由于比较低矮,帐篷内部空间较小,活动会受到限制。

④露营袋。露营袋是比较特殊的一款"帐篷",外形类似一个睡袋,依靠两根很短的帐杆在头部支撑起一个空间。使用者使用睡袋躺在里面如同钻入一个更大的睡袋。露营袋可以提升约10℃的舒适度,但不能抵御长时间降雨和恶劣天气。露营袋的重量较轻,体积较小,帐布面料多采用防水透气材料,价格昂贵,主要作用在于遇到极端情况下能够提供一个相对舒适的环境,提供类似于求生毯的作用。

(5)按大小分

按大小可分为单人帐、双人帐、多人帐。

①单人帐。主要用于自行车运动、长线旅游等活动,最主要的特点是轻便,大多数重量在1.5~2kg。此类帐篷一般空间较小,只能容纳一个人和一个背包。设计上有单杆(需要配合地钉才能搭建)和双杆,帐杆多采用铝杆。

②双人帐。大多数帐篷都是双人帐,一般此类帐篷可以容纳2~3人,重量适中,使用范围广,所用的材质也根据用途各有不同。

③多人帐。一般指能够 4 个人或者 4 人以上使用的帐篷,如家庭账、登山时的大本营等。此类帐篷大多体积大、重量大,不适合背包旅行,或者需要由多人分开背负。此类帐篷一般作为集体装备备用,或者自驾车等无须人工背负的户外活动。

2.结构功能

帐篷主要由以下几种部件构成。

①帐杆。帐杆主要负责帐篷的支撑成形和承受外界的风力,其材质多为铝合金或是玻璃钢。帐杆是帐篷的关键部件,帐篷主要由数节长短相同的帐杆通过内部一根松紧绳连接而成,连接起来后可以弯曲成形,收纳时可以折起放入帐篷套。

②外帐。外帐指的是双层帐篷外侧的帐布,起到防水、防风的作用,通常是防水的尼龙布。尼龙布薄而轻,适合登山和徒步者选用。牛津布厚,但比较重,适合自驾车或集体使用的大本营帐篷。从防水涂层看,现在多用 PU 涂层,防水效果不错。一般外帐的防水压力要求 1500mm 汞柱以上。

③内帐。内帐指的是双层帐篷内侧的帐布,通常是由具有透气的尼龙布甚至丝网构成。内帐帐底与地面接触,材料需要耐磨、防水,一般防水要求达到 3000mm 汞柱以上,现在多用 PU 涂层的牛津布做帐底。

④帐钉。帐钉用来固定帐篷和防水绳,由木质、金属或塑料等材质制成,其中铝制帐钉重量轻,比较常用。外形有 T 形、半月形、片形等,针对草地、岩石地或雪地都有相应设计。

⑤防风绳。防风绳用来固定帐篷,增加帐篷的强度和稳定性。需要选择有一定抗拉性的绳索,一般连接帐杆和重物,如石头、断木等,也可以用帐钉固定。

⑥帐篷套。帐篷套包括帐篷袋、帐钉袋、帐杆袋,是收纳帐篷时使用的外包装。

3.购买

帐篷的主要功能是防风、防雨、防尘、防露、防潮,为露营者提供一个相对舒适的休息环境,选择帐篷应着重考虑以下因素。

①需求。先确定帐篷需求,明白自己需要在何种环境中使用到帐篷,然后确定自己需要关注的重点:是重量、强度还是价格? 由于帐篷是公用装备,可以先出去活动几次再确定是否购买或者购买哪种帐篷。

②重量。一般家庭露营或者自驾车等形式的旅行可以不太考虑帐篷的重量,但如果要从事登山的活动,帐篷的重量则是很关键的因素,因为在徒步的过程中你需要背负帐篷行走,如果太重则对行程带来不利影响。又比如进行单人自行车长途旅行,帐篷就需要极轻,这个时候就可以考虑单人帐篷。

③搭建。方便的搭建会让你更快地享受到休息的乐趣,这一点在夜晚和高寒地带尤其重要。如果一天的行程结束时已经天黑,在微弱的光线下搭建帐篷可不是件容易的事情。而在高寒地带,如果搭建方式太复杂,带来的就是冻伤的危险,关系到人身的安全。

④空间大小。在户外行走,背负着大包、炉子、睡袋等,选择一款大小合适的帐篷是必要的。不能太大,否则会增加重量,睡眠时容易散失热量;也不能太小,不然太挤,睡眠质量得不到保证。还要考虑如果下雨了,帐篷是否有空间放下你的背包等装备以免被淋湿。

⑤材料。帐杆要求强度高,回弹力好。外帐则需要防雨防风好,在缝线部分贴上防水

胶可以增加防水性。内帐透气要好,而帐底则需要有良好的耐磨防水性好。

⑥做工。仔细检查缝线的质量,观察是否整齐,有无线头露出;查看线和胶条的接合处,看是否有脱落;观察帐杆的接头是否光滑,接起来后检查是否密合;帐门的拉链是否顺畅。

⑦颜色。如果要减少对自然环境的影响,低亮度的绿色及棕色是很好的选择,而米黄、红色等颜色的帐篷在自然环境中容易被找到,辨认方便。亮色在夏天清爽,而暗色可以更多地吸收太阳能,较适合寒冷的天气。

4. 使用技巧

帐篷的使用虽不复杂,但应该说也是一门学问,同样的帐篷,使用得当,防风、防雨效果俱佳,反之则会不理想。使用帐篷应注意以下事项。

(1)搭建地址的选择

①营址应该在相对平坦的地方,避免在可能落石的地点扎营,以免被砸伤;不要在水边扎营,以免突然的涨水冲走帐篷;不要在大树下扎营,防止遭雷击。

②地面要相对干燥,以薄草坪为佳。

③帐篷出入口应背向风口。

④避免在斜坡上扎营,如地面稍有坡度,出口应选在下坡处,这样便于挖沟排水。

⑤选定营址后要清理干净石头、树枝等杂物,既可以提高睡眠舒适性,还可以避免划破帐底。

(2)搭建帐篷

①帐篷铺开后应首先固定帐篷的四角,使帐篷底在地面上铺平。

②根据帐篷搭建的方式,先撑起外帐或内帐,注意使外帐绷紧并和内帐保持一定距离,这样会有利于帐篷的防雨。有雪裙的帐篷,应用沙土或者石头压好,冬天也可用雪压住。

③如有条件,可垫一张地席,这样既可保护帐底,还可达到较好的防水效果。

④记住要使用地钉和防风绳,户外天气多变,应准备充分。

⑤使用地钉切忌用脚踩,地下可能会有石头,太过用力会折弯地钉。

⑥防风绳与地钉成 90°角最好,这样有利于达到最大强度。

⑦撑好帐篷之后,检查一下内外帐间的距离,若贴在一起,则会影响防雨和防露,应作调整。

(3)挖排水沟

露营时,天气多变化,尤其是在山中,晴雨不定,一定要记得在帐篷四周挖排水沟。排水沟沿着帐篷的四边,位置大约能够使外帐的水正好流入排水沟为宜。

(4)帐篷的打包

帐篷销售时都会有一个帐篷袋,大多数时候使用者都是将其直接放入背包中或者做外挂。但帐篷的重量要远远大于防潮垫,外挂时稳定性不好。直接放入背包中,由于其体积较大、形状固定,影响整个背包重心的调整,背包内的空间得不到合理的利用。为了合理分配包内空间,可以考虑把帐篷拆开放置,内外帐可以根据背包容量重新折叠放置,而帐杆可以贴紧背负插入背包。

注意事项：

①登山鞋不可穿进帐篷，靴底的烂泥或小石粒会弄脏帐篷并磨损底层。

②避免让雨水进入内帐，湿衣物应避免弄湿其他物品。

③尽量不要在帐内点火做饭，避免损坏帐篷。

④睡觉时应打开通气口，保持帐内的通风。

【经验性训练】

"没有最好的装备，只有最适合的装备"。这是每个户外运动参与者应该记住的原则。听到别人谈论穿越峡谷无人区，看到路上走过满身装备的"老驴"，读到征服高山峻岭的文字，这一切都可能会让"新驴"心动不已。但当你跃跃欲试地想要投入户外运动时，你应该先静下心来，好好想想下面的问题。

1.为什么要买装备？

买装备是为了觉得背着大包回头率很高？还是为了出行方便？还是大家都买我也买？

买装备是为了长线旅游(西藏、新疆、云南……)？还是为了春、夏、秋季周末两天的爬山穿越？还是攀登6000m以上的雪山？

刚刚参加户外运动的人往往被称为"新驴"，新驴参加的活动一般都是一到两天，入门的装备为：背包、鞋、睡袋(防潮垫)、衣物。其他的装备，比如帐篷、炉具、水具、头灯、刀具等，不必一次购齐，有些物品可以使用老驴的，如帐篷；有些可以先用日常用品代替，如水杯、炊具。经过一段时间的活动后，参与者可以再根据自己的使用需求逐步购买。

新驴也可以先租借装备，参加一些低强度的活动，同时吸取他人装备的使用经验，来确定自己的需要。每款户外装备都有适合的使用环境，比如参加一日的活动，一般30L大小的中小型背包就已足够，而两日的露营活动则需要50~70L的大型背包；又比如只是春、夏、秋三季的城市周边活动，太厚重的羽绒睡袋就没有太大必要。

因为户外装备市场的定位不同，户外运动爱好者在购买装备时可以有不同价位的选择，可以根据自己的预算情况，按照需求作合理的资金分配。一千元有一千元的购买组合，一万元有一万元的消费途径。购买时既不应该追求省钱而先购买了低价低质的装备，然后再更新造成重复投入；也不用认为户外运动是贵族运动，需要大量资金。户外活动也分成许多不同的等级，各个等级的装备有着不同的价格。在经济许可的范围内，最好购买品质好一点的装备；品质好的东西可以用得更久，平均使用单价反而要比便宜货低，而且使用起来也比较舒适、安全。

记住"没有最好的装备，只有最适合的装备"的原则，按照自己所参与的户外运动的需要和强度有目的、有针对性地选择购买质量和价格比较好的装备。切记适用原则。

2.购置步骤应该怎样？

第一步：多读有关户外装备的书籍和杂志，通过网络搜索相关资料，对户外装备进行基本的了解，如装备分类、用处、各品牌的价位等，逐步积累装备知识。尤其要注意看其他人的评测和建议，老驴的经验都是用钱和时间总结出来的，可以让新驴少走很多弯路。

第二步：考察各个户外店，不要着急购买，应先从售价、质量、样式等多方面比较各个品牌产品的差异。国内户外店工作人员的装备知识良莠不齐,对于户外店的观点可以参考但不能轻信。可以先根据自己的经济实力和用途,确定大致的购买意向。这个阶段一定注意不要轻易购买,因为没有户外经历时购买的物品往往不适用将来的户外运动。

第三步:向装备知识较多的朋友咨询,提出自己的需求和购买意向,听取大家的意见。这时候的咨询应该尽量具体,比如个人情况如何,希望参加什么强度的活动,预算是多少,现在的具体意向是什么。切记:你提供的情况越多,得到的回答就会越具体越实用。

第四步:寻找合适的购买地点,选择合适的购买时机。和购买其他物品一样,户外装备也有淡旺季,商家也会根据情况进行打折促销。另外一些热心的"老驴"会组织团购,通过团购可以以低于市场价格购买到合适的装备。

购买顺序的原则是:先基本,后补全,再升级。千万不要有"一步到位"的想法,否则一旦不合适,更换的成本太高。当然真正检验装备是否合适你的最好方法还是去实践,在使用过程中根据自己的需要(活动强度、活动频率等),更新或者升级自己的装备。

3. 如何选购户外运动配备?

"玩什么,像什么"这是很重要的一句话。户外活动的项目林林总总,所用的装备更是五花八门,但装备的选择牵涉到运动的安全及舒适性,所以如何正确地选择,是一件很重要的事。但是要如何选购户外运动装备呢?

首先,多读有关书籍。在国外各种户外运动几乎都有相关的书籍或杂志,在这些书籍上,经常可以读到一些专家写的装备介绍、性能比较的文章。如果你外文不错的话,不妨找一些外文书或上网络看一看。

其次,参加相关培训。有许多的户外运动社团或器材销售厂商,会不定期地举办各种装备介绍课程,在这些课程中,也可学到许多正确的知识。

最后,选择一家销售人员专业知识丰富的用品店。一个具有户外运动经验及专业知识的服务员,将是你选购商品的好顾问,他会以你的户外用途作为推荐商品最优先的考量,并辅以仔细的分析。这样的店就是一家值得信赖的店。那些一味以价格低廉来吸引你,但又无法详细解释产品的店就要小心了。

天下没有万用的产品,相同的户外运动也分成许多不同的等级,每个等级有它特有的装备,例如登山鞋又细分为:健行鞋,适合爬郊山;纵走鞋,适合冬天的高山运动;双重靴,适合冬季的冰雪地攀登。千万不要一物多用,不要认为一双鞋、一个睡袋就可走遍天下,应该随着运动的变化,升级你的装备。

贵的反而便宜,在经济许可的范围,最好多花一点钱,买品质好一点的装备。品质好的东西可以用得更久,它的平均使用单价一定比便宜货低,而且使用起来也比较舒适和安全。

【复习思考题】

1. 如何策划一次户外活动?

2. 如何进行户外运动的体能储备?

3. 户外运动的基本装备主要有哪些? 主要功能和使用技巧是什么?

第三章

户外运动进阶

实操案例

装备是参与户外运动过程中为保证户外运动安全所必需的器械,是保证户外运动安全的物质基础。户外运动装备系统的建立要从主观和客观两个方面考虑。主观方面,既要认识到装备的重要性,更要懂得人是参与户外运动的主体,装备只是一种工具。只有发挥人的主观能动性,根据不同的运动项目来选择不同的运动装备,例如登山、徒步、野营、溯溪、攀岩所选用的装备都是不同的。还要根据活动所在的不同地区选用不同的装备,即便同样是野营,在南方和北方、在草原和森林所选用的装备都是有差异的。所以要研究装备的品牌、性能、用途以及正确使用方法,把装备的各项性能都尽最大可能地发挥出来,物尽其用,如此不但能更大限度地保证我们的人身安全,还能让我们更愉快地享受户外生活。客观方面,要求装备的生产商要创品牌、保质量,使户外装备具有中国特色。目前国内的户外装备,包括国内的品牌,大多带着欧美的设计风格。即便是中国自己的品牌,也按照国外的思路生产产品,缺少了本土化的元素。在地理地貌方面,国内的攀岩、穿越、滑雪运动的开展与欧美大不相同,欧美厂商为自己设计的产品可能就不会很符合中国人的使用需求。在人体生理上,中国人和欧美人的体型在很多方面表现出不同,最突出就是脚型及头型的不同,常看到国人买登山鞋时觉得脚掌处窄,戴眼镜或头盔时不合适的情况,这些就是体型不同对装备需求上差异。所以要根据中国户外运动开展的实际情况和中国人的生理特点,生产制造出符合中国特色的户外装备,以保证户外运动的安全。

第一节 生活器材

一、炉具

早先,户外露营炊事就是就地取材点篝火,虽然简便花费低,但是受环境因素的制约较大,且篝火的残余和痕迹都会污染环境,如果使用不慎还易引起火灾。随着户外活动的发展,市场上出现了各式各样的户外炉具。使用专门的炉具,不但方便快捷,而且对于周围环境的影响也会大大降低。合理地使用户外炉具,能够为户外爱好者提供良好的营养和热量的补充。为了适应户外活动不断发展的需要,炉具也向着更加安全、方便、高效的方向发展。

（一）分类

登山炉具对于一个登山者而言,其重要性是不可忽视的。户外炉子的燃料可分成三种:燃料用油类、液态石油气类和酒精类。其中燃料用油类,包括煤油、白汽油等;液态石油气（瓦斯）类,包括甲烷、乙烷、丙烷、丁烷等;酒精类,包括液态酒精、固体酒精等。

上述燃料因其化学分子式不同,有着不同的化学特性,在售价上也有很大的差异,其中煤油最便宜,丁烷次之,而丙烷的价格较高。为了使用不同的燃料,各类炉具的主要构造也各有不同。根据使用的燃料不同,户外炉具可以分为汽油炉、瓦斯炉、酒精炉等。

1. 汽油炉

此类炉子燃烧能力高于瓦斯炉,通常附有装置可将空气打入燃料瓶中,增加瓶中的压力,进而将燃料送进炉头中。多用途的炉子甚至可以适用多种燃料,如白汽油、煤油（早期使用较多）、无铅汽油等。但汽油炉所使用的汽油最好是完全没有添加物,而且经过数道精炼处理的纯净白汽油,这样不会对其汽化系统造成阻塞,并且可以使其燃烧后的废气尽可能不影响健康。由于汽油的危险性高,故汽油炉的设计也比较坚实、复杂、强度高。

2. 瓦斯炉

瓦斯炉不论在构造或者操作上,可以说是目前最实用的炉子。因为其容易点燃与控制火力,同时能在最短时间提供最大火力,不会出现燃料溢出等现象。瓦斯炉所使用的燃料为液化石油气,主要有丁烷、丙烷和混合瓦斯。瓦斯在常温常态下为气体,可直接燃烧。随着技术的发展,瓦斯炉已经具有使用方便、构造简单、体积小、重量轻、不易发生故障等优点,所以瓦斯炉往往是初次购买者的首选。

3. 酒精炉

也有人在户外使用日常的酒精炉,其优势在于价格低廉、安全性较高、原料易得。但是,由于液态酒精运输不方便、燃烧值低,现在已经很少有人使用。

（二）结构功能

无论是煤油炉、汽油炉或是瓦斯炉等炉具,其工作原理都相当类似,燃料从存储罐（油箱或燃料罐）到燃烧前所需行进的完整路径如下:燃料罐（油罐、气罐）→输气（油）→通道→控制阀→（气化装置）→喷嘴→燃气器→燃烧。

瓦斯在常温、常压下为气体,在气罐内的高压下瓦斯处于液态,由气罐释出后可自然转变成气体,所以一般不需要气化装置;但是像煤油、汽油之类的燃料在常温、常压下呈液态,则必须气化。此时气化装置显得尤其重要,其设计之好坏直接影响油炉之燃烧功能及操作性能。

由于液体要变成气体时必须吸收热量,导致未蒸发的液体温度降低而不易再蒸发。所以通常都是将某一段输油管路做成气化装置,令其绕过燃气器,以便吸收炉子燃烧时所产生的热量,使气化、燃烧的过程同时完成。

鉴于燃料气化的需要,油炉一般包括以下部分:油罐、打气筒、燃油注入孔、输油管、油量控制阀、气化管、燃气控制阀、过压安全阀、喷嘴、燃气器、支架等。煤油炉大都采用泄压阀来控制火力,所以就省掉了燃气控制阀或油量控制阀之类的装置。而瓦斯炉的部件则少些,主要由气罐、输气管、燃气控制阀、自动打火器、燃气器、支架等组成。

(三)购买

炉具是登山者赖以生存的工具之一,一套好的炉具,应该易点火、易操作、燃烧效率高、持续火力长,即便是在恶劣的环境下也能使用自如。但是户外店所出售的炉具各式各样,该选择什么样的炉具才适合你呢? 选择炉具时需要考虑以下因素:

1.用途

根据自己经常参加的运动强度,决定选择炉子的种类。瓦斯炉可以满足大多数情况下的使用,也较为轻便、简易。如果郊游和休闲活动,可以考虑烧烤用具。如果是要在高海拔地区活动,瓦斯炉可能无法工作,这时候还是选择油炉比较合适。

2.燃料

炉具所使用的燃料是重要的选择标准,燃料的运输有严格的规定,所以应该选择较易获得的燃料,尽量不要选择目的地无法获得的燃料,并且要选用目的地能够使用的燃料,如在高海拔地区瓦斯炉可能无保障,就需要考虑购置油炉。如果无法确定燃料,可以购买能烧油和瓦斯的多用途炉具。

3.结构设计

如果自驾车,那么炉具大小可以有更多的选择。但如果背包旅行的话,背包的装填需要装备的形状规则、重量和所占用的空间越小越好。好的炉头设计合理,既能保持良好的稳定性,又可以使用较大的锅,同时收纳时可以折叠,以减小体积。

4.燃烧效率

燃烧的效率越好,所需要携带的燃料就越少,所负担的行李重量就越轻。同时如果较少的燃料能够获得同样的热能,就可以为燃料负担较少的费用。

5.重量

炉具多为金属材质,重量和稳定性成为一个矛盾,所以优质的炉具会采用高科技的合金材料,在不影响使用的情况下,尽量减轻重量,这对长途行走尤其有意义。

(四)使用技巧

1.使用油炉和瓦斯炉的注意事项

①每次活动前应先检查、试用炉具,确定没有问题后再带出去,不要到了野外才发现问题无法解决。

②使用时应注意通风是否良好,任何具有火源的器具都要切记不要在密闭的空间使用。

③挡风板是非常好的炉具配件,给炉具一个挡风板会大大提高燃料的效率,集中火力减少能源的浪费。但使用时最好不要把炉具完全包围,应在燃料控制阀处留有通道,以免控制阀的旋钮被烧熔、安全阀被冲开或燃料罐过热变形,甚至爆炸。

④每个炉子都有其指定适用的燃料，不可任意更换。油路堵塞、火力变差或许没有太大关系，但炉子解体或燃爆，那就会有很大的危险性。

⑤在帐篷内使用炉具时，除了注意通风外，最好能找一块阻燃的板垫在炉具下方，一旦发生意外可以迅速将炉具撤出帐外。使用煤油或汽油的炉子应先在帐外完成点燃及预热的程序后再移入帐内使用。如果该炉具具有安全阀应避免对着人或易燃品。

⑥如果发生火爆燃，应先关闭燃料控制阀，再用大锅或湿毛巾等迅速将炉具覆盖隔绝空气。

⑦无论使用哪种炉子，最好能使火焰的大小与锅底的面积相配合，这样可以得到较佳的热效能。另外不要在炉子上放置太重或太大的锅，太重会把炉子压坏，太大则容易打翻。

⑧注意在炉子上方范围内，不要有易燃物靠近，以免发生意外。

⑨每一个炉子在其出厂之前必已作过最佳化设计，所以不要随意改变炉具的结构。

⑩在野外找不到平整的地面安放炉具或者在帐篷里面使用炉具的时候，可以考虑使用悬挂系统吊起炉具及锅来使用。

2. 使用油炉的注意事项

①新购的油炉在使用前，最好能将少许的燃油灌入油箱清洗后倒出，这样可以防止制造时遗留的残渣阻塞管路。

②长时间不使用油炉时要将油箱内的余油倒出，仅留少量油料即可。

③一般的汽油最好不要用于户外，因为其中所含的杂质较多，无法达到户外炉具的要求，杂质无法充分燃烧会堵塞管道，影响使用甚至产生危险。

④备用的燃料油最好是用金属管盛装。顶盖用橡胶盖密合，塑料瓶不适用于装填燃料油，因为它会溢出污染其他物品。燃料油罐需明示，避免被当成饮料误喝。

3. 使用瓦斯炉的注意事项

①确定控制阀已关闭，再连接炉具和气罐。

②让瓦斯罐顶部和卡口相对，用手握住炉头轻轻地将瓦斯罐旋入，直到炉头下方的平板垫片及O形环与瓦斯罐密接为止。注意不要太用力，以免损坏瓦斯罐的自封安全阀。

③如果怀疑、听见或闻到瓦斯漏气，千万不要进行点火动作。此时可以用肥皂水涂在接缝处及连接处检查，切记不可以用火来检查瓦斯漏气。可以将炉头与瓦斯罐再旋紧一点，若仍有漏气则应停止使用。

④使用垫板不但能稳定炉具，而且还能隔开冰冷的地面，这点在雪地上更为重要，因为瓦斯罐直接与雪地接触会带走瓦斯罐的热量，使瓦斯气化困难，燃烧效率不佳。

⑤炉具点燃后应保持竖立并且不要到处移动，使用完毕后必须确定控制阀完全关好。

⑥更换瓦斯罐时应先关闭控制阀，确定火焰已完全熄灭，再将其拿到一处开放的空间或通风良好的地方，并且远离人群、火源及易燃物。

⑦如果瓦斯压力降低或无法点燃，但瓦斯罐中仍有燃料，则可能是喷嘴堵塞，此时应使用适当大小的针进行喷嘴清洁。不慎把汤汁等物质泼在燃气盘上，是造成喷嘴堵塞的常见原因。

⑧在低温的环境下，若出现了瓦斯燃烧效率不佳或根本不能使用的情形，不要使用热

源直接对气罐加热。

⑨生产瓦斯炉、灯、罐的厂商很多,所以在选购上应注意是否具有互换性,尤其是燃料罐更要能互相通用。

⑩瓦斯罐存储时不要暴晒或者暴露于50℃以上的场所,最好放在阴凉且小孩拿不到的地方。瓦斯一定要完全用完后才能丢弃,而且要弃置在安全的地方。

⑪尽量不要使用重新填装的气罐。使用过的气罐安全系数可能会有降低,所以为了确保安全,切勿重新填充气罐。

⑫废弃的气罐一定要用刀在罐体打孔,以确保罐内无残留气体。

二、灯具

在野外可没有供电局或者插座,所以如何在黑夜中获得光明成了非常重要的事情。月光也不是良好的"路灯",因为一个月大半时间月亮都是半遮半掩的,要是碰上阴天,月亮正好可以"休息"了。当然篝火也能为你提供光明,你还能借助篝火做饭取暖,但篝火不能移动,也不是合适的照明工具。在户外行走,自己携带照明工具是必需的,电筒是我们最常见也可能是你最先想到的照明工具。它不但操作方便,而且价格低廉,但电筒有一个缺点,那就是你必须手持。所以在户外运动我们都需要更加专业、更加方便的灯具,为此市场上出现了适用于各种环境的灯具,为人们的出行提供了便利。

(一)分类

1.根据灯具的外形和用途分

(1)手电筒

使用电池的手电筒是最为常见的照明工具,家居或者旅行都是必备的。轻巧、易得、价格低廉是手电筒的优点,有很多手电筒为了户外使用还特别用了加固材料,并有防水功能,这些优点都让手电筒比较适合于低强度的野外露营。但是行走途中需要手持装备、保持左右平衡,在营地需要用手做事情的时候,手电筒就不合适了。

(2)头灯

头灯是最为常用的户外灯具,作为戴在头上的光源,大家会想起矿工使用的那种又笨又重的灯。无论是矿灯还是户外使用的头灯,都是为了提供光源的时候能够解放双手,这一点对户外爱好者来说是非常重要的。在夜色中行进、搭建营地、炊事都需要使用双手。而且头灯戴的位置也正好在眼睛上方,光线刚好和视线同步,非常方便。

(3)营地灯

如果活动人数较多,营地较大时,营地灯就体现出了优势。头灯照亮的只是使用者面前的一小部分范围,而营地灯的范围则大许多,光线也明亮很多。当然这种灯体积较大也较笨重,因为它需要使用电池或燃料。使用电池的操作较方便,但使用时间较短。使用燃料(气罐、煤油、酒精或汽油)的操作比较麻烦,但往往光亮度高,使用时间长。

(4)小型瓦斯灯

大型的营地灯适用于人数较多的活动,如果人数不多,只是需要在帐篷内使用,可以选择小型的瓦斯灯,这种瓦斯灯体积较小、携带方便。瓦斯灯的照明强度高,小型团队十分适用。

灯具所使用的能源决定了发光强度、使用时间、重量、使用的难易度等,所以根据能源分类可以有助于你选择适合自己的灯具。

2.根据灯具的能源分

(1)电池类灯具

电池是目前最方便的能源之一,易得、价廉,很多电池还能多次充电使用。各类电池也有不同的特性。

①碱性电池。价格便宜、寿命较长,有一定的衰败时间,耗尽前使用者可以很容易发现。但是随着温度的降低,碱性电池的效能会大大降低,而且碱性电池不可重复充电。

②锂电池。比碱性电池更加耐用,储存的能量也多,可以重复充电。低温下的表现要远远优于碱性电池,但是锂电池价格比较昂贵。

③镍镉/镍氢电池。价格较碱性电池高,每次使用时间要短于碱性电池,但是镍镉/镍氢电池可以重复充电,多次使用的平均花费较小,而且对于环境保护也十分有利,此类电池也是户外运动不错的选择。

(2)蜡烛

蜡烛是比较容易得到的能源,重量轻、价格便宜、使用时间长,而且还会有一定的热量。缺点是亮度不高,容易发生危险,容易受到环境的影响。

(3)燃料灯具

户外灯具使用瓦斯作为燃料比较多,一些瓦斯灯也使用同样的燃料,这样可以合理利用背负放入燃料。瓦斯灯亮度较高,但是移动性不好,所以适合作为营地灯使用。

3.根据光源的不同分

(1)热灯丝光源

这类光源的优点是高度亮,光线集中,一般热灯丝光源为亮黄色。热灯丝光源的亮度可达到1万烛光亮度以上(烛光亮度为国际亮度单位,一般的家电电筒的值为3000~4000烛光亮度)。热灯丝光源的灯泡使用寿命要短于冷光源,所以一般都要配有备用灯泡。热光源的缺点是费电,根据亮度,标准电量下照明时间在几个小时到十几个小时不等。

(2)冷光源

这类光源灯光颜色为亮白色,较为柔和。冷光源最大的优点是耗电量小,使用寿命长,两节5号电池即可使用几十个小时,而且就算是频繁地开关也不会影响使用寿命。冷光源的缺点是亮度不是很高,主要用于近距离的照明,即使是几个冷光源灯泡同时使用也仅仅能够增加亮度,而不能增加照明距离。

(3)明火

蜡烛、瓦斯灯等使用燃料的灯具都是依靠明火照明,能够散出一定的热量,光照范围不大,多为灯具周围的有限区域,且携带性很差,所以在营地内使用。

(二)购买

1.根据出游的类型购买

一般郊游可以选择手电,而负重穿越、登山还是选择头灯较好,如果是一个大的团队,则可以带上一个较大的营地灯,方便营地中使用。

2.根据灯具的功能购买

确定你所参加的活动对灯具的要求,然后在符合要求的灯具中挑选合适的。不同的灯具设计是为了符合不同的用途,携带是否方便、光度是否充足、使用是否简便、是否防水等都是需要考虑的因素。

3.购买头灯的几点建议

①如夜晚行进的话,最好选用热灯丝光源的头灯做主光源,因为它的光照有效距离较大。

②如果大多是白天行进,夜间多在营地活动的话,可以选择冷光源头灯。当然现在还有很多头灯同时配有热灯丝和冷光源两种光源,也是不错的选择。

③在高寒地区活动,电池会因为低温而丧失效能,这个时候可以选择电池盒和灯座分离的灯具,把电池盒置于杯中,使其保持一定温度。

④购买时可以在黑暗处试用一下,注意灯光要均匀,聚光要好。

⑤能源是个很重要的因素,购买时一定要考虑清楚灯具能源的补充是否便捷。使用热灯丝光源对于能源的消耗就要远远大于冷光源灯具。

⑥户外天气多变,最好选择有防水功能的灯具。

⑦检查灯具的设计和做工,优质的灯具往往设计体贴,细节优秀,附配件如松紧带等,选料优良。

(三)使用保养

①水是灯具的大敌,即便是防水的灯具,一旦接触水,都要尽快擦干。

②头灯最好是防水的,如果你的头灯不防水或者雨水较大,可以戴一顶防水硬质帽檐的帽子,将头灯置于帽檐下面。

③灯座的开关须设计合理,尤其是触按式的开关,放置在包中会自行开启而浪费电能,所以开关最好设计成一个凹槽。若觉得行进过程会出现问题,可以采取以下措施:贴布贴紧开关,取出灯泡,取出电池或电池反置。

④灯具的能源很重要,营地使用冷光源为好,有较长的使用时间;行进中可以用热光源的灯具,保证安全。

⑤灯泡也有使用寿命,所以外出时最好携带备用灯泡,以防万一。

⑥不要磕碰、抛摔灯具,避免出现短路或其他问题。

⑦千万记住不要随意丢弃电池,电池内的化学物质会污染自然环境,一定要把废旧电池丢弃在有处理能力的地方。

⑧保存时必须取出电池避免灯具被腐蚀。

三、水具

从古至今,如何携带水都是人们需要关注的问题。以往人们会使用由葫芦等植物或动物的皮革和内脏为原料制成的水具,但是此类容器早已不能满足现代人的要求。虽然在大多数情况下,一个结实的矿泉水瓶子或者水壶就可满足户外运动的大部分需要。但这些水容器结构很简单,用途也比较单一。随着现代的制造技术的发展,专业化水具逐渐出现,使水具拥有了更多的实用性和功能性,成为常备的户外装备之一。

大家都知道水对人的重要性,在户外更是如此。充足的水源是保证户外质量和身体健康最基本的条件。自然水源的不可靠性使其不能满足人们在野外对水的需求,不良的水源会对计划和行程带来不利影响和卫生隐患。所以怎样方便地获取、携带、保存和合理利用有限的水资源是户外运动的关键所在。

(一)分类

目前市场上常见的水具有以下几种:

1. 铝制运动水壶

此类水壶是专门为了户外运动设计,大多采用优质航空铝材制成,壶内有防腐涂层,价格适中,是目前应用较为广泛的一种水具。

2. 塑料水袋

塑料水袋价格较高,但随着人们收入的提高,对户外生活品质的要求也在逐步提高,有着越来越多的人开始使用此类水袋。

3. 皮水袋

皮水袋的外形延续早期的皮囊,类似胃的形状,那个时候没有先进的技术,没有合适的人工材料,所以多采用动物原料制作而成。现在皮水袋结构上分为内外两层,内层材料与塑料水袋基本一致,外层材料采用翻毛皮制成。皮水袋有点类似塑料水袋,可折叠,携带方便,但是没有引水管,样子好看但使用不便,装水后便携性也差些。随着各式水具的出现,皮水袋已不太合适在户外活动中使用。

4. 塑料水壶

质轻、价低、耐用等优点,使得塑料水壶成为户外活动中常用水具的一种。高档塑料水壶主要使用两种材料来制作水瓶,分别是聚碳酸酯和高密度聚乙烯,耐摔、耐热,灌装开水也没有问题,无塑料味。普通塑料水壶多用无毒的聚乙烯制成,价格低廉,耐摔、耐热,但是处理不好的话会残留有塑料味,做工也较为粗糙,不利于在大强度的运动中使用。

5. 军用水壶

它是早期户外活动中人们常常采用的水具,由于设计为军用,结实,不怕磕碰,强度足够适应户外的恶劣环境,而且价格低廉,易于购得。但随着社会的发展,军用水壶渐显出其缺点:①重,由于使用普通铝材,使得自重太大;②外形固定,不利于装包;③做工粗糙,内壁无任何防腐处理。

6. 保暖壶

在寒冷的情况下,尤其在冬季和高寒地区,热水对于身体十分有益,而行进中不可能随时用炉具烧水,所以保温水壶也是户外运动常用到的水具之一。保温壶的原理类似于热水瓶,结构更加紧凑,一般为两层结构,两层中间为空气或者真空,从而形成隔绝层,可以保证热量长时间不散失。由于其结构的原因,保暖壶一般比较重。

7. 压缩水桶

由塑料制成的压缩水桶,主要用于营地的水源储备。不用时,水桶可以压缩成一个圆形薄片,携带方便;使用时打开后即可成为一个水桶,常见容量有 5L、7L 等。如果团队人数较多,水源离宿营地较远,则可以考虑携带压缩水桶。

8.净水器

净水器不是携带水的工具,而是将户外水源直接处理为饮用水的装置。野外的水源质量不定,很多不能达到饮用水的标准,而净水器可以通过物理过滤和化学杀菌的方式,将水源净化。净化后的水可直接饮用,如果能够煮沸再饮则更好。净水器是户外处理水的较好装备,但是由于其较高的价格,使用面不广。

(二)结构功能

各种水具都有着相应的结构,下面主要介绍户外运动中最为常见的两种水具:铝制户外水壶和塑料水袋。

1.铝制户外水袋

铝制户外水壶受到很多户外爱好者的喜爱,但是需要注意的是市场上有很多仿制的户外水壶,材料、做工都很差,这里我们主要说的是质量有保证的铝制户外水壶。

(1)壶身

壶身外形为圆柱形,优质铝制户外水壶都是采用航空铝合金,一次压制成型,全身无接缝,强度好,重量轻。

(2)内壁

壶身内壁涂有防腐离子涂料,可以保证在一定时间内容器内的饮料不会变质。户外活动的环境多变,温度变化大,很多饮料容易变质,防腐涂层主要就是为了解决这样的问题。涂层有两种方式:热熔式和喷涂式。热熔式质量略好,但两者防腐效果差不多。

(3)壶嘴

壶嘴是水壶的一个关键部位,需要能够经受多次使用而不会发生渗漏。好的壶嘴密封圈和瓶盖为一体,不会因为冷热的变化而脱落。另外,内旋式壶嘴可以在旋开的同时缓慢释放压力,因此开启时不会发生洒漏。而壶嘴上的环形扣可以方便地将水壶挂在背包上。运动系列壶嘴的设计,可以让使用者单手,依靠嘴就能方便地喝到饮料。

2.塑料水袋

(1)袋身

塑料水袋的袋身使用优质合成塑料制成,耐冻耐热,可压缩,装满水后自然撑开。水袋周边由3层高级塑料经特殊工艺压制而成,强度高、密度封性好,可承受很大的压力而不破裂。有的袋身为了灌装冰块,在尾部还设有开口,合上开口一样可以达到使用强度,同时也比较方便清洗。

(2)水管

水管两头一头和袋身相连,另一头是一个咬合式的饮水口,直接用牙轻咬,借着水的压力就可以直接饮用,牙齿松开就能紧密闭合,水不会因内部的压力从饮水口中流出。另外,与袋身相连的那一头,旋转式的口可以和一些饮料瓶口直接连接,饮料瓶即可充当袋身的作用。

3.附配件

无论是铝制水壶还是塑料水袋,配合水壶套使用都可以起到很好的保护作用。水壶套一般都是用尼龙布制成,具备一定保温作用。使用水壶套也可以很好地防止磕碰和尖锐物对壶身的损坏。有的铝制水壶套还装有扣子,可以穿扣在背包的大腰带上,这样壶身不易摇晃,不会影响运动中的身体重心。

(三)购买

对于任何一种水具来说,有几点是必须具备的:

1. 严密性

严密性包含了两个方面:一方面是壶身坚固;另一方面是壶嘴密合。户外环境恶劣,活动强度大,水壶或者水袋难免会受到冲击,无论是铝制壶身还是塑料水袋都需要足够坚固。另外,如果壶嘴或者水管封闭不严密,容易洒掉宝贵的饮用水,同时也会打湿装备和衣物。水对于人是必需品,打湿装备和衣物时则变成了可怕的"敌人"。

2. 卫生

饮用水的卫生状况直接关系到人体的健康,除了水本身之外,水具的卫生状况也需要十分注意。优质的铝制水壶都有防腐防霉涂层,很大程度上减少了对水的二次污染。另外,水具的设计也要考虑到在使用后可以方便清洗,避免留有残渍。

3. 方便携带

军用水壶足够坚固,但是并不方便携带,这也是现在户外运动少用的原因之一。现在专业的户外水具都对携带方便性十分重视,特别是塑料水袋,收起时几乎不占空间,放置在背包里面时还可以根据实际情况调整外形。铝制水壶外形不可变,但是配合壶套可以固定在背包上,使用方便。

4. 专门设计

户外运动过程中,很多时候需要在行进中饮水,比如自行车运动,饮水需要越方便越简单越好,于是厂家发明了用一只手配合牙齿就能使用的壶嘴。而塑料水袋更是直接用牙齿咬合就能达到饮水的目的。而压缩水桶压缩时,不占背包空间,到达营地时拉开就可以拥有5～7L的容量,十分轻巧方便。所以根据不同的使用环境,可以选择不同设计的户外水具。

(四)使用技巧

①给水具配一个外套能大大延长其使用寿命,使用时也可以通过壶套挂在背包上方便取放。

②军用水壶使用前一定要清洗多遍,铝制品对人的伤害是很大的,尤其是没有任何防腐的铝制水壶。

③塑料水袋的饮水口是裸露在外的,容易积累尘土,不小心的时候还会挤漏出水打湿装备,所以最好给饮水口配一个盖子或套子。

④如需要降低水的温度,不要把铝制水壶放置到冰箱的冷冻室内,否则会损坏壶体,放入冷藏室即可。水袋可以放置到冷冻室内,但是注意不要灌满,要留有部分空间以适应水变冰后的体积膨胀,注意水管不能冰冻。

⑤无论何种水具,灌装饮料时要注意留下部分空间,过满时产生的压力会损坏水具。

⑥不要使用水具灌装发酵饮品,虽然水壶有防腐作用,但最好还是尽可能不装饮料只装清水。

⑦不要用铝制水壶直接加热,千万不要放在微波炉里面加热,让水具远离硬质物、尖锐物。

⑧低温情况下,为了避免结冰,可将水具放在背包或者衣服中,同时保持液体的流动。

四、刀具

刀具是野外活动中一种不可缺少的工具,一把坚实可靠的好刀可以帮助你排除困难、脱离险境、抵御野兽,在极端的情况下甚至还可以挽救你的生命。可以说在野外它是你最忠实的朋友。而且如今刀已经不再是一把锋利的金属片,人们根据经验逐渐赋予了刀越来越多的实用功能。例如当你在户外从事各项活动的时候,可以随身带一把万用刀,它可能拥有剪刀、钢锯、改锥、启瓶器等功能,可以帮助你完成很多工作,如料理食物、整理营地或是修理装备。

(一)分类

1.根据用途分

(1)多用途刀具

此类刀具拥有多种功能,如主刀、开瓶器、钳子、木锯、镊子、螺丝刀等,有的能够达到数十种功能,在户外使用十分便利,其中最具代表性的莫过于瑞士军刀。此类多用途刀具更多意义上还是工具,刀只是这些工具中的一个主要功能,再附配以其他功能。这类刀具也属多功能刀具,比如丛林生存刀,主刀是其主要的作用,但在其刀把、刀身、刀鞘上还附有小鱼叉、哨子、指南针、手术刀、铅笔、火柴、鱼钩、钢丝锯、创可贴、磨刀石、缝针、别针等。方便、易携带、多功能使此类刀成了户外旅行者的必备刀具。

(2)野营砍刀

有一些大而重的刀具,功能单一专业,主要用于野外丛林的开路或者清理营地时的砍伐。这些刀的刀刃要长于多用途刀具,全长一般为 15～30cm,且刀刃重量要远远大于多用途刀具,因其刀把和刀刃是一体,在需要砍伐时可以用力而不用担心折断,野营砍刀也是户外探险经常携带的刀具。

(3)野营斧头

野营斧头也是户外运动者可以选择的工具之一,斧头主要用于树木的砍伐和营地的清理。尤其在植被较多的南方,野营中时常会需要砍伐树木来清理营地,斧头因其十分厚实,砍伐效果要优于刀具。当然其缺点是功能单一,且重量较大,携带不便。

2.根据外形分

(1)折刀

折刀的刀刃可以折叠收进刀柄之中,携带方便安全。此类刀多为多用途刀,也有一些只有"刀"这一单一功能的。

(2)直刀

刀柄采固定式连接,如需收纳,刀刃必须放进另外的刀鞘中,体积较大,不方便随身携带。其刀刃较长,能够应付的强度也要大于折刀。

（二）结构功能

1. 多用途刀具

多用途刀具一般多为折刀，在刀柄中结合了各样的工具，需要使用何种工具，将其转出就行，十分方便。多用途刀具往往都有一个产品的系列，选取数种不同的功能组合，以便适应不同的使用需求，极大地增加了用户的可选择性。而那些以"刀"为其主要功能的多用途刀，如丛林刀，则是在刀柄上嵌有指南针，然后在刀柄内部或刀鞘留有空间，里面配有鱼钩、钢丝锯、火柴、别针等实用小工具。

2. 野营砍刀

野营砍刀的主要特点如下：

①重量。重量越重，砍伐的效果越好，但是要考虑使用者的臂力和使用频率，开路时如果刀具太重，短时间内使用者就会觉得疲劳。

②长度。太短的刀具不利于砍伐，太长的又不利于携带和在丛林中使用，所以适中的长短配合重量是较佳的选择。

③宽度。和长度类似，一把刀的整体配合很重要，刀身不能太宽，否则重量上升，掌控也不方便。

④刀形。为了挥动时可以更加省力，很多刀刃的形状也做了特殊设计，如弯月形等。

⑤刀刃。一般前端锋利轻薄的刀刃利于材料的局部加工，而后端厚重锋利的刀刃利于砍伐。

⑥刀鞘。刀鞘应该有能固定刀刃的锁扣，另外刀鞘上还需要有方便绑缚在背包或者身上的环扣。

⑦刀把。刀把的握感很重要，要顺手舒适。最好刀刃和刀把一体，或者和刀把紧密咬合，这样在用力时不用担心折断。

（三）购买

在户外，你的吃、住、行都会用到刀具，选择何种刀具需要仔细思考，应根据需要和购买力来决定。瑞士军刀等多用途刀具利于携带，方便实用。而野营砍刀和野营斧头是丛林探路的好帮手。使用者可以根据以下几个方面来选择适合你的刀具。

1. 用途

一般来说，市面上刀具种类较多，多携带则背负重量大，体积也相应增加，所以一定要清楚自己实际需要使用到的功能，然后再选择真正适合的刀具，不要一味求全。对于野营砍刀来说，应考虑路上是否要开路，是否需要清理营地等，一般在丛林地区的探路活动多用砍刀，而成熟路线的穿越、沙漠、草原则一般无须准备。

2. 质量

户外运动的严格要求使得刀具质量十分关键，优质钢材加上精良的制作工艺是选择刀具的一个基本条件，日常的很多小刀都无法应对户外的恶劣环境和频繁的使用次数。选择刀具时，应仔细观察刀刃的钢材成色是否均匀无杂质；多用途刀具质地应该柔韧，而砍刀的刚性可以硬一些；刀身不能太薄和太窄，太薄和太窄都很容易折断或折弯；折刀的开合要顺畅，无涩感；刀柄的用料要精良，无论是木质还是塑料等材质，都要有良好的握感;砍刀一定要配有刀鞘,一般由结实的牛皮或者工程塑料制成。

3.携带

考虑到便于携带,折叠刀就有很大的优势:一来重量轻,二来体积小,能够方便地放置在腰包中。而野营砍刀一般外形较大,重量也较重。如需选择,要根据自己的臂力和用途决定,购买时可以试着连续挥动数次,感觉一下手感,不要太轻飘也不能太沉重。

4.价格

进口刀具通常已经有了多年的设计和使用,质量较好,但是价格也较高。而国产的一些刀具也能应付户外运动的强度,性价比较好。各人可以根据自己的经济情况选择。

(四)使用技巧

①养成出门前检查刀具的习惯,尤其是在长期保存之后。

②刀具一定要收好,刀具有一定的危险性,应避免伤害到自己和别人。

③户外用刀是为了旅行更加顺利,不要意气用事,不要将刀具使用在违法犯罪的目的上。

④传递刀子时,要将刀柄转向对方,刀刃向下,等到对方拿稳刀柄后,才可松手。

⑤在户外活动中,可将刀具置于便于取用的地方,如随身的小包,以应付突发情况。

⑥从刀鞘拔刀时千万不要用手去握刀刃所对的那一边刀鞘,避免弄伤自己。

⑦小刀最好选择有锁刀刃的功能,收起刀刃时注意不要划伤手指。

⑧应保持刀锋锐利以便随时可以使用,千万不要将刀刃向树上或地上扔,刀刃绝对不可放进火里烧烤,以免变钝;不要用刀来拧螺丝,以免缺刃;不要把刀尖当成凿子;砍劈木材时不要用重物敲打刀背。

⑨使用砍刀时要站稳,保持好平衡;砍伐的角度选择在45°左右;出手要果断有力;用刀削物品时,刀刃要朝外,这样不会伤及自己。

五、火种

在野外,火是必需的,一天的疲惫之后,一杯热水、一顿热餐可以大大减轻身体的疲乏。在寒冷失温的情况下,火可以带来温暖。篝火还能尽快烘干汗湿的衣物等。在野外,火也是赶走野兽的一种方法。所以在户外活动中,如何取得火源就是一个必须考虑的问题。

(一)种类

火种一般有火柴、火机、火石等。

1.火柴

火柴是点火最便利的工具,也是户外最为常用的取火方式。普通火柴可以应付一般的野外条件。另外,为了应付多变的气候,我们还可以选择防风火柴、防水火柴、高山火柴等。在急救包中,也往往放置一些火柴,以便满足紧急情况下的救助需要。

2.打火机

很多人在一般的户外活动中使用平时的打火机,但是此类打火机通常不适用于严酷的野外环境,可靠性不如火柴。也有很多人使用 Zippo 火机,"简单、坚固、实用"是 Zippo 所推崇的目标,这个也是户外环境对于火源的要求。Zippo 不同于普通的打火机,是使用丁烷等作为燃料,它使用的是从石油中提炼出来的特制液体燃料,可以提供较有保障的火种来源。加上 Zippo 有着坚硬的外壳和良好的防风设计,所以在中等强度的户外运动中是较好的火种(注意:在冬季和雪山等恶劣天气条件下,不推荐使用 Zippo)。

3.炉头

炉头一般都带有电打火装置,使用很方便,但需要注意的是,在低温情况下,如在冬季雪地、高海拔地区,电打火装置可能失灵。所以炉头不能作为唯一的取火方式。

(二)获取火种的其他方法

获取火种的其他方法有:

1.凸镜

放大镜或望远镜以及照相机里的凸镜,都可以用来取火。另外,在手电筒反光碗的焦点上放火种,向着太阳就能取火。如果在有冰雪的环境下,将冰块加工成中间厚、周边薄的形状代替凸透镜也是可以的。

2.石头

找一块坚硬的石头做"火石",用刀背向下敲击石头,使火花落到大火种上。一条边缘带齿的钢锯比普通小刀可产生更多的火星。当火种开始冒烟时,缓缓地吹或扇,使其燃起明火。当然并不是任何一块石头都能点燃火种的,石头击出的火花必须有一定的热量和持续时间才能点燃火种。

3.电池短路

若有电量较大的电池,将正负两极接在削了木皮的铅笔芯的两端,顷刻间,铅笔芯就会烧得像电炉丝一样通红。如果自驾车旅行的话,可取两根长导线,连在电瓶的正负两极接线柱上。如果没有电线,可以用两个扳手或其他金属工具代替。如导线不够长,可将电池从车中取出,将两根导线末端慢慢接触,短路会产生火花。这时,一块沾了汽油的布是最好的火种。

4.自然材料

用强韧的树枝或竹片绑上鞋带、绳子或皮带,做成一个弓子。在弓上缠一根干燥的木棍,用它在一小块硬木上迅速地旋转。这样会钻出黑色粉末,最后,这些粉末会冒烟而生出火花,点燃火种。或者找一根干的树干,一头劈开,并将裂缝撑开,塞上火种,用一根长约两尺的藤条,穿在火种后面,双脚踩住树干,迅速地左右抽动藤条,使之摩擦发热而将火种点燃。

(三)使用技巧、注意事项和灭火方法

1.使用技巧

①普通火柴和防风火柴可以搭配携带,尽量不要相信一次性打火机。喷枪引簧火比较容易,如果允许也可以携带。

②火柴或打火机须收藏妥当,避免受潮无法使用。在火柴上滴蜡可防止火柴变潮,点火时,用指甲将蜡层剥除即可。

③携带时可以把火柴束成一捆放在防水器内(如胶卷盒),这样可以防止它们相互摩擦,避免自燃,也可以防止火柴变潮。

④如果火柴受潮也有办法补救,如果头发干燥且不油腻,可将潮湿的火柴放在头发里来回摩擦,头发产生的静电会使火柴干燥。

⑤用报纸引火,不易引燃火苗,应事先准备好浸过打火机油的木屑,就可以很容易引燃火苗。

⑥如果用石头起灶,灶口应朝风口,剩下的三面用石头围起来。空气流通越好,火苗就越旺。

⑦如果在高海拔地区,普通火柴、电打火等火种无法使用,可以将高山火柴和普通火柴束在一起,同时划动,这样会比较容易引燃。

2.用火注意事项

①火是户外运动危险的来源,由于吸烟、使用炉具不当、烘烤衣物或用蜡烛照明等原因,容易引燃衣物、装备、草地、树木或其他设备,造成事故。所以在野外使用时一定要十分小心。

②注意绝对不要在禁止火种的地方用火,绝对不要在野外抽烟。

③用炉具或建炉灶时,应选择避风和距水源较近的地方,并准备一桶水,万一发生火灾时取水灭火方便。

④在草木较多的地方必须用火时,应将周围的草木清理干净,并在四周开出2cm左右的防火道,以免火星四溅出去,引燃周围的草木。

⑤如风力较强时,应选在避风的沟谷、坎下面点火,使用防风板或者修建防风墙,以免强风吹散火堆,或将火苗吹出引起火灾。

⑥在野外点篝火或用炉具野炊时,必须要随时有专人看管和负责,一旦使用完毕,要马上用水将火源彻底浇灭或用沙土覆灭,并挖土掩埋,防止死灰复燃而酿成火灾。

⑦灭火时,也要十分小心。将烧旺的火用水浇熄,确定火已全灭后,再仔细清扫灰烬残渣,然后覆上土,恢复原状,不破坏自然环境是野外活动的最基本原则。

3.灭火方法

①一旦用火不慎点燃周围的草木,发生火灾时,不要紧张,如距水源较近,取水方便,就迅速用水向起火处喷洒,降低温度灭火,这是最基本的灭火方法。

②如果周围没有可用的水源,还可以用麻袋、衣服和沙土等将燃烧物盖住,使燃烧物得不到氧气供应而熄灭。

③如果由于燃烧面积大,小规模救火措施已无济于事时,为设法降低火灾造成的损失,应顺风跑出一段距离,在大火烧到之前,除去草木等可燃物,开出一条防火隔离带,使火烧到这里后,因没有可烧的东西而自动熄灭。

六、登山杖

早期的登山、郊游活动中,人们常常用到"拐杖""手杖",有时甚至用树枝、竹竿来代替,为的是能够给身体提供支撑、减少体力的消耗。当户外运动蓬勃发展之后,渐渐出现了适合现代户外运动的登山杖。对于使用者来说,在徒步、登山时如果能有登山杖的协助,将能带来很多益处,如提高行进中的稳定性,将作用在腿部和膝盖的冲击力分散到手臂上。人们已经认识到使用登山杖的种种优点,并开始研究如何更好地利用这类器材。

如今登山杖已成为很多户外爱好者旅行野营的必备工具。

（一）分类

登山杖主要可以分为以下几种。

①普通登山杖。普通登山杖都是由3节杖杆组成，可以收起、方便携带。使用时根据使用者的身高、臂长来调节长短。

②两用登山杖。两用登山杖的握把顶端有一个旋钮，旋开之后里面的螺丝刚好成为一个简易云台。安装上相机，登山杖就可以成为一个简易的独脚架。

③登山拐杖。握把设计成拐杖的样子，其他部分和普通登山杖类似，这样的设计可以在满足基本功能的前提下，适应一些人的使用习惯。

（二）结构功能

一根登山杖通常是由杖杆、杖头、锁扣、握把、腕带、雪托组成的，有的登山杖还拥有减震系统。各组成部分的介绍如下：

1. 杖杆

杖杆是登山杖的主要部分，通常的材料有钢/铁、铝合金和钛合金等。在保证使用强度的情况下，钛合金的重量最轻，铝合金次之。当然重量越轻，则价格也越高。杖杆大多分为三段，可以根据使用者的身高、臂长调节长短。另外也有分为四段的杖杆，收纳起来长度较短，便于携带。

2. 杖头

杖头是登山杖和地面接触的部分，随着技术的改进，杖头多为圆柱形，顶端中心向内凹进一个半球形，这样既可以保证足够的抓地性，也不容易伤到他人。杖头的材质有橡胶、铁、碳合金、钨锰合金等，其中钨锰合金最坚固耐用，价钱也较贵。铁制的杖头虽然价格便宜但是耐磨性较差，往往使用几次后就会磨钝打滑。橡胶头不能应付崎岖的户外地形，单独使用橡胶头的登山杖比较少见。为了保护环境，很多登山杖的杖头都可以安装橡胶保护套，以避免坚硬的杖头破坏环境，如长城砖等，同时橡胶保护套的面积较大，比较适合松软的土地。

3. 锁扣

锁扣部分是登山杖保证使用安全最为关键的部分，如果登山杖无法锁紧，在使用时会突然收短，发生这样的情况很有可能会危及使用者的生命。锁扣部分一般是通过转动下段杖杆，使锁扣直径增大，和上一段杖杆的内壁紧密贴合，通过很强的摩擦力保证两段杖杆固合不会上下移动。

4. 减震

减震系统是通过设在登山杖内部的强力弹簧，将冲击力减缓，使手臂更加舒适免受伤害。一般减震系统可分为三种：一档减震、两档减震和无极可调减震，使用效果逐渐增强，当然价格也是逐渐升高的。减震系统具有一定的效用，但并非登山杖的必备部分，使用者可以根据需要选择。

5. 握把

握把通常用橡胶、软木、塑料和海绵等材料制成，一般来说前两者的握感比较舒适，但价格也比较贵。握把的设计最好符合人体工程学原理,握感要舒适。另外,做工要精细,粗糙的做工会磨坏手掌。有些登山杖的设计有利于用力,使用者会更加舒适。有的握把设计成拐杖的样子,和杖杆成90°。

6.腕带

正确使用登山杖的方法是通过手腕将力量作用在腕带上,依靠腕带使手臂和登山杖相互作用,因此腕带是不可忽视的部分,腕带的宽度、柔软度、耐用性都很重要。腕带和握把的连接处要严密结实。腕带应该可以调整长度以方便手腕的活动。如果附有带扣来调节腕带长度,则要确定不会因此影响到手腕的活动。

7.雪托

雪托位于杖头的上部,主要目的是防止登山杖深陷雪地或者柔软的土地中,雪托的面积越大,受到的压力越大,所以雪地上使用的雪托面积可以大一些,柔软土地上的雪托则可以比较小。另外,在户外环境中,植被比较茂盛,有时候雪托反而会影响使用,所以雪托要方便拆卸。

(三)购买

登山杖发展到今天已经出现了一系列的产品以满足不同人群的需要,现在选择登山杖已经不是在路边随便拣起一根树枝,顺手就好。选购登山杖可以从以下几个方面来考量。

1.用途

由于登山杖在户外的重要作用,所以使用者应该确定自己的使用目的,然后确定自己需要的功能。比如在雪地和高山,需要更加轻质、质量稳定、功能完全的产品;而在仅有一天的活动中,就可以着重考虑登山杖的性价比。

选单杖还是双杖?登山杖常常是成对出售,但是使用时并非总是需要双杖。在实际的使用过程中,登山或者穿越丛林,由于道路条件恶劣,双杖的功能并不能被完全利用。茂盛的植被会影响杆的挥动,而陡峭的道路往往需要手的协助,双杆使用还容易出现危险,所以,在一般情况下选用单杖即可,不推荐使用双杖。而在平地或者缓坡上的长途行走,比较适合使用双杖,而且长途行走使用一根登山杖,会使身体两边的肌肉疲劳不均匀,所以这些情况下推荐使用双杖。

2.功能

①长度。登山杖携带时一般需要挂在背包外,所以长度最好不要超过背包。另外,如果需要长途运输或者飞机托运,则建议将登山杖放入背包,避免运输途中的损坏。一般登山杖都为三节收缩,基本可以收纳到大型背包中,还有一些登山杖为四节构成,收纳之后能够放入较小的背包。

②减震系统。如果合理使用,减震系统是很有益处的,所以在许可的情况下,可以考虑选择带有减震系统的登山杖。

③雪托。除了方便拆卸之外,如果在雪地行走,最好配备直径较大的雪托,如在丛林中行走,雪托可以较小甚至无须安装。

④雪崩探查杆。有些登山杖可以两根或者多根连在一起,组成一个比较长的、可以用来寻找雪崩下的人或东西的雪崩探查杆。如果有这方面的需要,则可以考虑购买有此类

功能的登山杖。

3. 材料

①杖杆。铝合金坚固、轻便、便宜，使用范围较广。碳合金和钛合金由于价格昂贵，虽然在同等强度下更轻，但是使用者较少。还可以将钛合金和铝合金混合使用，强度和延展性都有提高，价格也有所下降。

②杖头。如果经常活动的环境为山区，则考虑选择坚固耐用的钨锰合金杖头，其使用寿命往往数倍于普通铁制杖头。另外，杖头最好能够更换，在磨损严重时应该可以替换成新的。

③握把。通常软木和海绵材质的握把比较适合雨天和出汗较多的人使用。橡胶材料的握把手感较好，但使用时会比较滑。

④腕带。最好是软质材料的，但需具有相当的强度，受到冲击时变形较小；能够方便调整长度，且不容易移动或脱落；如果配有加厚加宽的垫子则更好。

4. 性价比

为了满足不同人群的需求，厂商推出了系列产品，各有侧重，而且各品牌的价格也有差距，一般说来价格随着功能和质量的加强而升高，使用者不用一味追求高端产品。适用、实用是选择一款登山杖的基础，所以选购登山杖时，应该参考你所需要的用途和对价格的承受力，挑选出一款适合自己的品牌和型号。

5. 操作

登山杖的操作要方便轻松，如果在解开锁扣时，需要很大力气，或者无法锁扣完全，那么这根登山杖就不要考虑了。

(四) 使用技巧

1. 正确使用方法

选择好适合自己的登山杖还不够，如何让登山杖充分发挥功能，最重要的是合理的使用方法。如果采用不正确的使用方法，登山杖不但不能减轻负担，还会成为你的累赘，加快你的疲劳甚至使你受伤。下面是正确使用登山杖的方法：

①调整登山杖的长度

②首先将登山杖全部旋松，将靠近底端的杖杆伸长到最大长度。

③站在平面上手持登山杖，手臂自然下垂，上臂不动，前臂向前平举。

④将登山杖杖杆向下调整，直到杖头接触地面。注意如果杖杆分三段，则应尽量保证下面两段基本一致，以保证强度。

⑤确定好长度，将登山杖的杖杆锁紧。

⑥一般登山杖的杖杆在末端都标有"stop"记号，调整登山杖时不要超过这个位置。

⑦正确使用腕带。使用登山杖并不是用手握紧握把即可，正确的使用方法是利用腕带使手臂和登山杖相互作用，登山杖所承受的冲击力应该通过腕带传导到手臂上。所以把握登山杖时应将手腕从下方穿过腕带，用手掌压住腕带，然后轻轻地抓住握把即可。需注意的是，要通过腕带来掌控登山杖，而不该用手掌向握把施力。

2.不同地形的使用方式

（1）平地及缓坡

保持平常行走的节奏和动作，左右臂带动登山杖向前，注意杖尖不要超过身体，着力点应该在身后，施向后的力，协助身体向前行动。

（2）较倾斜的陡坡

基本动作类似前一种情况，但是注意要将登山杖的位置放在身体前面，利用登山杖的支撑作用，来减轻腿部的压力。手腕翻转，用手掌撑起握把的顶端，使身体向上，然后利用腕带将登山杖带往下一个着力点。

（3）下坡

下坡时腿部受到的冲击力较大，需要利用登山杖来减轻腿部，特别是膝盖的负荷。此时登山杖杖头要置于身体的前面，注意要先于脚部着地。在登山杖着地的同时，身体前倾，脚部找到落点，通过登山杖消减部分冲击力。另外，由于下坡时登山杖的着力点往往低于脚部，所以应适当调节登山杖。

注意：千万不要使用登山杖代替绳子等作保护工具，比如用登山杖拉下面的人上升，其各节之间包括手腕连接处会因此断开，从而造成滑坠。

第二节 通讯及导航器材

一、指南针（指北针）

指南针是我国古代的一大发明，被广泛应用于航海、军事、探险等活动中。但在现代越野、穿越、定向等活动中，人们一般称之为指北针，因为地图的标识都是"上北下南"。为了便于使用，指北针上面的指针永远指向北面，而指南针的红指针通常指向南面。两者的作用并无差别，只是指向习惯上有所不同。

指北针是登山穿越不可缺少的工具，它的基本功能是利用地球磁场作用，指示北方方位，同时配合地图寻找相对位置后，使用者可以了解自己身处的位置。专业性的指北针除了确定方位，还有测定距离、水平、坡度（俯仰角度）、高度、行军速度及测绘简单地图等功能。善于利用指北针的定向技术，再配合正确的地图指引，可以让你在迷路的情况下，找出自己所在的位置和正确的行进方向，以便安全脱离困境。

（一）分类

指北针的种类有以下几种。

1.装饰用指北针

在钥匙扣、手表、刀具上经常会看到一些小型、简易的指北针，此类指北针通常没有底板，不能放在地图上使用。它们的功能只是方便、快速地指出北方的大概方向，但是精确度有限，且无法准确地指出其余方向。

2.基本型指北针

适合初学者和仅需要基本功能的户外活动使用,结构简单,价格比较便宜,拥有指北针应具备的基本功能,但是缺少一些使用上的便利性和辅助功能,例如可调式偏角线和瞄准镜之类。

3.专业性指北针

属于全功能型的指北针,除了确定方位这些基本功能之外,还能有测量坡度、高度、协助绘制简单地图等附加功能,如果你已经能够熟练地使用指北针的各种功能,这类具有多项辅助器具的指北针可以带来更多的便利,是户外活动不错的选择。

(二)结构功能

1.基本型指北针的组件

①磁针。一根自由转动的磁针,两端颜色不同,便于记住哪一端是北方。红色部分用来指出的是磁北方向,而不是地球正北的方向。地球磁北的位置和正北的位置相差较大。因此,在使用时必须对照地图来调整磁北和正北的偏差角度,才能得到正确的方向或位置。

②针盒。针盒内应该包括磁针、磁针轴承以及液体。充入液体是用来保护磁针避免碰撞到针盒以及在判读方向时减低指针的移动量,降低误差。

③旋转方位角圆盘。圆盘上刻有 0～360°,通常以 2°为一个刻度,刻划在针盒外围,方位角就是你应该前进的方向。

④底座。一个长方形的基本底板,通常设置在针盒之下,包括前进向线(有时一端附有箭头)指向目的地。比较好的底板还在边缘附有英寸和厘米的刻度表,可以用来测量地图上的距离,以便和地图上的比例尺对照,算出实际的距离。基板越长,读数越精确。

⑤磁北定位线和平行子午线。磁北定位线设在针盒的底部,可以随着圆盘转动,在定位时配合地图跟磁北对正。平行子午线跟磁北定位线是平行的,可以辅助磁北定位线标出正确的北方。

⑥刻度线。设在底板之上,用来指出应该行进的方向。

2.专业型指北针的组件介绍

①可调式偏角线。在户外活动的时候,必须在第一次使用指北针定位时就将磁偏角考虑进去,用可调式偏角线定好之后,以后每次使用指北针时,只要将磁针北方对正该线,底板上的方向线就会指示应该前进的方向。

②里程针。主要由里程分划表、速度时间表、测轮、齿轮指针等组成,可以配合地图测出行进的里程和速度。

③放大镜。安装在底板上用来观察地图上较微小的符号。

④瞄准镜。用于测准远方的目标,也可以作信号器。

⑤测角器。可以用来测量坡度、预测雪崩的危险性或者目的地的高度。

⑥绳索或者提环。可以让使用者方便地绑在背包上或腰带上,便于携带。

(三)购买

无论购买哪一种指北针都要以适合使用者需求的原则来确定。

1.装饰用指北针

此类指北针只能简单地测定方向,多附在其他装备如手表、刀具上,优点是使用方便、价格便宜,但是功能简单、易坏,一般不能满足户外活动的要求。

2.基本型指北针

基本型指北针对于大多数使用者来说已经足够了,一般户外活动中,参与者通常很少会远离道路,能够使用到指北针高级功能的机会较少,因此价格适中的基本型指北针已经非常适合。

3.专业型指北针

专业型指北针的必备功能之一是有可调式偏角线,另外还能和地图很好地配合为使用者的行程做出规划和记录。如果使用者经常在人迹较少的户外地区进行穿越或者探路活动,那么购买含有可调式偏角线功能的专业型指北针是值得的。

(四)使用技巧

指北针归零作业是使用指北针相当重要的准备,步骤是先将指北针水平放置,然后将环外的北方零刻度与环内的指北针指示北方的位置重叠,如此完成的步骤即是完成指北针归零作业。

1.用指北针实地定位

此种方法是利用地图中两个已知点各自测量地图上另一个未知点的目标方位角,此两目标方位角之延伸线必交会于此未知点。

方法如下:使实际地形和地图方向一致,在地图上找出两个明显的目标物(A 点和 B 点)。

①测量已知点(A、B点)的目标方位角。

②此两方位角延伸线的交会点就是我们的位置点(C点)。

2.用指北针探知前进的方向

①使连接现在位置和目的地的直线吻合指北针的进行线(长边)。

②圆圈的箭头号和磁北线平行(箭头号在地图的上边部分)。

③将指北针从地图上拿开,放在身体前面。

④扭转身体直到箭头和指针重叠。

⑤重叠进行线的方向,即等于地图的目标方向。

3.用指北针定位未知山峰的确切位置

①我们优先在地图上标示自己的位置点(A点),同时测量此未知峰(C点)的目标方位角。

②当我们行进一段路程到达另一处可标示地图的已知点(B点),再测量此未知峰的目标方位角。

③我们将两条目标方位角的延伸线绘制在地图上,就可以得出两线交会点即是未知峰(C点)。

4.使用注意事项

①金属会干扰磁针,铁金属如铁、钢和其他磁性物质会使磁针偏离,所以使用指北针要远离磁性物体、磁性容器、铁丝网、高压线、汽车、飞机等各种物品,以避免磁针发生错乱

造成读数错误。利用电池供电的手表在靠近指北针时,也会干扰指北针。

②如果指北针指数不太合理,检查附近是否有金属物干扰。

③指北针务必水平地拿着,且尽量避免晃荡与摔落,以确保其寿命与准确度。

④在地图上测量和区划方位角,无须理会磁针,令指北针上的子午线和地图上的南北线重叠即可,但在平野中,则须使用磁针。

⑤没有底板的指北针不适合登山用,因为无法和地图搭配使用。

⑥寻找路线时,指北针须精确至1°或2°。误差范围大至5°的指北针会使登山队偏离目标约1km之远。

二、通信器材(对讲机、电台)

在户外,保持人员之间的联络十分重要,无论是保持队伍行进的一致,还是紧急情况下的救援等,都需要良好的通信器材。大多数情况下,在野外手机不能发挥作用,而人声和响哨的有效范围都很小,不能满足户外活动的需要。所以在户外为了更好地完成计划,保证活动者的人身安全,携带有效的通信工具十分必要。

(一)分类

1.公众对讲机

公众对讲机(也称民用低功率无线对讲机)是指发射功率不大于0.5W、工作于指定频率的无线对讲机,其无线电发射率、功率等射频技术指标符合国家的有关规定。具体如下。

①工作频率(单位:MHz)409.7500;409.7625;409.7750;409.7875;409.8000;409.8125;409.8250;409.8375;409.8500;409.8625;409.8750;409.8875;409.9000;409.9125;409.9250;4099375;409.9500;409.9625;409.9750;409.9875(共20个频点,信号间隔:12.50kHz)。

公众对讲机便于操作,用户可在上述规定的频道范围内人工选取一个频道进行单对通信或小组对讲通信。

②调制方式:F3E。

③有效发射功率(EIRP):<0.5W。

④发射频率容限:<+5ppm。

⑤发射机杂散辐射:<50μW。

⑥接收机杂散辐射:<20nW。

该类对讲机具有体积小、重量轻、价格便宜的特点。实际应用中,一般公众对讲机都会有预先设定10~20个频道,如果两只对讲机的频道相同,则可以在一定范围内互相通话。由于公众对讲机的功率一般为0.5W,所以通信距离理想状态下为3km,在有楼房、树木、岩壁等障碍物阻隔的情况下会有缩减。根据国家规定,使用此类对讲机无须办入网手续,不用负担任何通信费用,适合小范围内的通信联络和户外活动。

2.手持电台

手持电台简称手台,发射功率一般为2~5W,工作频率在144MHz和430MHz段,通话距离要远于公众对讲机,一般在 10km 左右,空旷环境下还可以更远。城市里由于障碍物较多,有效范围在 3km 左右。有一些型号有防水、防震功能,一般重量轻,个人可以携带,比较适合户外团队内部使用,或者距离不远的团队间的联系。由于功率较大,所以对电池的要求也高,一般采用镍氢电池或锂电,且都应有备用电池。使用者可以根据需要设定频率,达到互连互通的目的。配合加强天线使用,紧急情况下,可以加大功率。使用此类电台需要考取证书和申请执照。

3. 业余电台

业余电台典型功率为 10～50W,由于功率较大,需要充足的供电,所以一般是车载(车载电台)或在基地使用,作为大型队伍的调动和救援时的基地通信,很多都配有发电机、增强天线,移动性较差,不适合个人使用。此类电台的价格较高,多为 4000～20000 元,国家相关部门在此类的电台的管理方面比较严格,如需使用,需要考取证书和向有关部门申请执照,否则会受到相应的处罚。

4. 国际海事卫星电话

国际海事卫星电话(Inmarsat：International Maritime Satellite Telephone Service)是国际移动卫星组织(Inmarsat,原名国际海事卫星组织)在全球范围内提供的各种卫星移动通信业务应用之一。海事卫星电话用于船舶与船舶之间、船舶与陆地之间的通信,可进行通话、数据传输和传真。海事卫星电话通过国际公用电话网和海事卫星网实现连通。海事卫星网路由海事卫星、海事卫星地球站、船站以及终端设备组成。海事卫星覆盖太平洋、印度洋、大西洋东区和西区。每个洋有一个由 3 位数组成的编码：太平洋地区为"872",印度洋地区为"873",大西洋东区为"871"、西区为"874"。

国际海事卫星组织成立于 1979 年,是目前世界上唯一为海陆空用户提供全球卫星移动公众通信和遇险安全通信的业务提供者。其总部设于伦敦,中国是 80 多个成员国之一。国际海事卫星电话业务的资费由公用电话网和海事卫星网两部分费用组成,资费较高,但是作为目前世界上唯一正常运行的、最先进的全球覆盖移动通信系统,国际海事卫星电话在抢险救灾、高海拔登山和极地、无人区探险等领域发挥着无可替代的作用。

(二)购买

购买使用通信工具要和用途紧密结合,当然也要考虑到国家法规的允许和自己经济的承受力。假如你是需要简单方便、价格便宜的短距离通信工具,那么一对民用对讲机就可以满足需求,设好相同的频率,一按就可通话。但是如果要去攀登高难度的雪山,为了人身安全着想,就要考虑携带国际海事卫星电话,即便其租用费和通话费较为昂贵。

购买通信器材需要考虑以下几个因素。

1. 功率

一般意义上来说,对讲机的功率和通信的有效距离成正比关系,也就是说功率越大有效通话距离越远。例如公众对讲机的功率多为 0.5W,其在空旷地带,通话有效距离一般为 3km 左右;而 2W 的手台为 10km 左右。需要注意的是,实际应用中,功率并不是决定有效距离的唯一标准,如果两点之间有障碍物,通话距离和效果会大大缩减。和通话距离一样,对讲机的耗电量也与功率成正比,即功率越大,需要的工作电量越多。

购买对讲机,需要考虑功率和使用要求的关系,一般团队的联络,0.5W 的功率就可以满足。如果是队伍较大,或者需要和其他团队之间保持联系,那就需要选择更大功率的对讲机,有的对讲机设有高、低两档发射功率,可以根据当时的需要自由切换,可以节省电量,也是不错的选择。如果是攀登高山、荒漠和极地的探险,危险性较大,则最好携带海事卫星电话。如果需要建立大本营作为通信中心,那么可以考虑安装一个电台。

2. 频率

频率资源是有限的,国家无线电管理委员会对于通信器材的使用是有规定的,无论是在城市还是在野外都要遵守有关的法律规定。不同的通信业务重要性是不同的,在不同的频段也有不同的使用权限。户外运动中使用通信器材时,一定要注意不要对其他通信业务造成干扰,不要把频率设置到其他业务的在用频率上。民用的小功率公众对讲机无需申请,购买后即可使用,比较方便。要注意的是,市场上对讲机种类繁多,有的为国外走私入境,有的是不合格厂商生产,这些对讲机频点不符合国家标准,会造成在野外无法通连,购买时需要注意产品是否为国家允许销售的合格产品。

建议购买频率在 $430\sim470\mathrm{MHz}$ 频段的手台,这样既可以覆盖业余手台的频率点,也可以覆盖我国新开放的 FRS 民用频段和美国的 FRS 民用频段,适用的范围较广。民用对讲机有的设为固定频点,有的用户可以自行编程,为了野外的使用方便,购买能够编程的对讲机为好。编程时是根据信道间隔来设定的,可以编程的间隔越小越好。

对于海事卫星电话,由于其通过卫星和其他终端联络,只需要根据规定拨打号码即可,用户无需考虑频率的问题。

3. 电源

对讲机的待机时间和通话时间是一个比较重要的参数,户外环境中一般无法对电池充电,如果准备不足则可能会出现电量耗尽对讲机无法使用的情况。购买时需要仔细考虑所购的对讲机对电源的要求,一般来说功率小则耗电少,功率大则耗电多。对讲机常用的电源有:锂电电池、镍氢充电电池、碱性电池等。锂电和镍氢电池可以充电,使用成本较小,多用于功率较大的对讲机;而小功率民用机多用碱性电池或者 AA 充电电池作为电源,一般为 4 节。无论哪款机型,备用电池的购买都要考虑之列。

4. 性能

①易操作性。户外活动中,时间十分关键,在国内相同的情况下,操作越简单越好,购买时应该详细了解该机型的使用方法。

②防尘、防水和防震能力。户外环境多变,条件恶劣,对讲机如果可以全天候使用则更方便,建议选择此类对讲机。

③天线。常用的对讲机天线分橡胶天线和拉杆天线两种:前者较短,利于携带;后者较长,效果好于前者。

5. 价格

小功率的对讲机虽然使用距离短,但是价格便宜,一对只需要几百元,而专业的手持电台能达到数千元一对,价格差别较大,所以在达到使用目的的情况下,价格也是一个需要充分考虑的因素。

(三)使用技巧

①一般的户外活动,根据团队的大小,配备相应数量的对讲机就行了,并不需要人手

一个。一般 10 个人或者以下,配备 2～3 个对讲机,置于队伍的头尾和中间位置;10～20 个人,3～4 个即可。至于电台和海事卫星电话,一般一个较大的团队配备一个即可。

②在户外活动的时候,对讲机多了,来源、标准不定,所以出发前一定要先试试能不能互相通连。出发前一定要和队友约定好频点,如果频道被占用则需要更换,必须事先商量好。

③在抵达活动地点之前的长途旅行中,可以将电池反置或取出,避免因碰撞挤压使对讲机自行开机浪费电能。

④为你的对讲机带上足够的备用电池,最好选择大容量电池。低温状态下,电池容量会下降很多,要注意电池的保暖,最简单的方法就是把对讲机放到怀中。

⑤为了节省电量,正常行进过程中可以约好定时开机,比如间隔一个小时开机一次,待机 5～10min。但在恶劣危险情况下应该保证全程开机。

⑥对讲机为单工工作方式,一人说话的同时一人接听,所以每次通话的末尾,注意使用"over"等语言,以便明示一次通话的结束。

⑦使用时要注意语言的简短、扼要、规范,语速均匀,声音短促有力,这样可以保证对方收听清楚,同时也是为了节省电量。

⑧在能保持通话效果的情况下,应尽量使用较小功率,以维持较长的通话时间。

⑨一人通话结束,最好停顿一下,以方便其他人插入通话;重要内容应重复一遍确认,以免出现差错。

三、全球定位系统(GPS)

全球定位系统(GPS)的英文全名是"Navigation Satellite Timing and Ranging/Global Position System",其意为"卫星测时测距导航/全球定位系统",缩写为 NAVSTAR/GPS,简称 GPS 系统。该系统是以卫星为基础的,具有在海、陆、空进行全方位实时三维导航与定位的新一代卫星导航与定位系统。

GPS 系统是美国继阿波罗登月飞船和航天飞机之后第三大航天工程。它是在子午仪卫星系统的基础上发展起来的,这个系统从 20 世纪 70 年代开始研制,历时 20 年,耗资 200 亿美元,于 1994 年全面建成。开始时 GPS 系统只用于军事目的,后美国宣布将该系统开放为军民两用系统,随即商业、科学研究等领域开始广泛使用。

GPS 系统由三部分组成:空间部分——GPS 卫星星座、地面监控部分——地面监控系统和用户接收部分——GPS 信号接收机。GPS 空间部分使用了 24 颗卫星组成的星座,卫星高度约 20000km,分布在 6 条升交点互隔 60° 的轨道面上,卫星轨道倾角为 55°,每条轨道上均匀分布 4 颗卫星,相邻轨道上的卫星相隔 40°,使得在没有阻隔的情况下,地球上任何地方至少同时可以观测到 4 颗卫星。

地面监控部分包括 4 个监控站、1 个上行注入站和 1 个主控站。监控站的主要任务是取得卫星观测数据并将这些数据传送至主控站,由主控站对地面监控部实行全面控制。主控站主要任务是收集各监控站对 GPS 卫星的全部观测数据,利用这些数据计算每颗 GPS 卫星的轨道和卫星钟改正值。上行注入站的任务主要是在每颗卫星运行至上空时把这类导航数据及主控站指令注入卫星。

GPS系统具有全能性(海洋、陆地、航空和航天)、全球性、全天候、连续性和实时性的导航、定位和定时的功能。能为各类用户提供精密三维位置、三维速度,并给出精确的卫星时间基准。因此GPS系统被认为是当前定位导航授时设备中最重要的发展。随着GPS系统的不断改进,硬、软件的不断完善,其应用领域正在不断地开拓,目前已遍及国民经济各个部门,如地质测量、交通导航、救援、农业、野外探险等,可以说GPS系统已经深入国民生产、日常生活的方方面面。

而在旅游、户外探险等领域,GPS系统也是很好的帮手,人们可以在陌生的城市里迅速找到目的地,并且可以选择最优的路径行进。户外参与者携带GPS接收机,可快捷地找到行进路线,合适的露营地点,避免迷路。

(一)分类

对于普通用户来说,需要使用的是能够接收、跟踪、变换和测量GPS信号的接收设备,即GPS信号接收机(简称GPS接收机),即可以在任何时候用GPS信号进行导航定位测量。根据使用目的的不同,用户需要的GPS接收机也各有差异。目前世界上有数十家工厂在生产GPS接收机,产品有几百种。一般民用常用的是导航型接收机,此类型的接收机主要用于运动载体的导航,它可以实时给出位置和速度。这类接收机价格便宜,应用广泛,但一般单点实时定位精度较低,误差为±25mm,有SA(Selective Availability)影响为±100mm。根据使用领域的不同,导航型接收机可以分为以下几种。

1. 车载导航

车载导航用于车辆的导航定位,内载可更新的地面道路电子地图,可以向用户提供车辆运行情况的信息,如行进线、路标、路口、航路电脑,还可以根据地理环境、交通情况提供行进建议、预设合理的行车路线。此类接收机体积、屏幕体积较手持GPS大一些,为了明显地显示地图,多采用高分辨率的屏幕。

2. 海上导航

海上导航用于船舶导航定位,内置全球海图,向用户提供非常详细的港口、岸台、水深等重要的航行数据。为了能够显示精致的数字化电子海图,这一类的接收机使用高分辨率且较大型的灰阶或是彩色显示器,另外还需提供可固定在船体上的配套支架和天线。有些机种甚至还内设有超音波鱼群探测仪,以便于应用在渔船和海钓上。

3. 飞行导航

飞行导航用于飞机导航定位,具备了工业标准的世界机场数据库、仪器导航功能数据、旅程计算机功能,提供全球空域图和地域图,灵敏度极高,适用于在高速行进的飞机中定位。此类接收机的屏幕较大,显示分辨率也很高。有些机种备有电子感测温度计,或者附有插槽可插入外加的地图库,是飞行员必备的工具。

4. 手持导航

若您需要的只是具备基本的定位、记录及导航功能、简单的旅程计算机等,可以选择这一类的GPS接收机。此类接收机可以提供足够的记录功能与低廉的价格。除了适用于如登山、越野运动、露营、定向等活动之外,此类接收机还能用于定位资料的收集,如无线电基地台的定位记录,野生动物生态环境之研究与记录等工作。

（二）结构功能

户外常用的 GPS 接收机比手机略大、略重，可以方便地手持。一般一套 GPS 接收机由主机、电池、说明书、软件光盘、挂绳组成，使用者还可以另配电脑数据线、天线、专用包、备用电池、储存卡、车载支架、车载适配器等。

1. 在户外互动中 GPS 接收机常见的功能

（1）航路点（way point）

把所在点的经纬度和海拔高度（包括一个点的三维坐标）记入 GPS 的内存。这个点可以是你所经过的点，也可以是你输入的坐标，同时你可以为这个航路点命名。

（2）航线（route）

建立由多个航路点连成的航线，航线由起点、终点和若干个中间点组成。任意两点间的一段叫作一条航线。一般航线是由 30～50 个航路点所组成。这些点可以在地图上查出并预先输入，也可以边走边记。

（3）方向（heading）

在运动中，GPS 不断更新坐标信息，每 1～2s 更新一次地点坐标，每一点的坐标和上一点的坐标一比较，就可以知道前进的方向。

（4）速度（speed）

GPS 可计算并记录总旅程的距离、分段距离、现行速度、最大速度、平均速度、行走时间、停留时间、预计到达时间等各种参数。

（5）航迹（plot trail）

GPS 每秒更新一次坐标信息，这些点连接起来，就可以记载使用者的运动轨迹，这项功能在没有地图或没有明确路线以及需要按原路返回的行动中极为有用。

（6）连接计算机上/下载数据

手持式 GPS 一般都有串行接口（RS-232）与电脑相连，用于软件升级和交换数据，如上传或下载航路点、航线和地图。

（7）地图

GPS 可储存一定区域的地图，在显示位置数据的同时，直观地显示你在地图上的位置。

2. 其他功能

①查询任何地点、任何时间的太阳或月亮的位置以及日出日落的时间。

②气压测高仪，可以测出所在点的高度。

③PDA 功能，可以提供记录日志、通信录等电脑记事簿的功能。

④查询任何地点的最佳钓鱼时间。

⑤计算任何形状的平面面积。

（三）购买

GSP 属于科技含量很高的装备，适用范围很广，但是对于户外爱好者来说，并非必需的装备，而且 GPS 的价格较高，一次性投入较大，所以在购买之前，一定要考虑到自己的实际需要。如果需要购买 GPS 产品，可以考虑以下几个因素。

1.用途

一般民用的 GPS 接收机都有其适用的范围,比如户外活动手持使用、自驾车车载使用等,各型号有其专门的设计,如车载的 GPS 体积和屏幕都较大,但却不利于随身携带使用;手持机的大小只比手机略大,可以方便地挂在脖子上或者放置在衣服口袋中。购买时可以根据自己常参加的活动类型来确定购买的型号。

2.功能

即便是手持的 GPS 机,各个品牌的各个型号之间性能、功能也有差别,比如可记录的航点数量、航迹记录能力、内存的大小、是否有气压测高仪、地磁电子罗盘、目测导航,偏航显示和自动计算面积功能等,有的功能常用且必须,有的功能则较少使用,购买时也应该注意比较,选择自己常用的功能即可。

3.版本

由于销售的需要,GPS 的生产厂家、品牌和硬件可以是一样的,但在各个国家出售的软件却有着不同的版本。这样是为了方便购买者的使用,比如在中国销售的为中文版软件,下载储存的地图也是中文版的本地地图。而在北美销售的就是英文版的软件。购买时,需要考虑自己的适用范围和语言能力。

4.价格

价格主要有两个方面:一个是不同型号之间的价格差异,由于不同型号的 GPS 功能不尽相同,所以价格也是各有不同,便宜的基本型在千元左右,高端的手持机售价四五千元,甚至更高。另一方面,不同渠道不同版本的 GPS 价格相差也较大,比如北美出售的同型号机器在国内可能价格要翻番。这两个价格方面的因素都很关键,加上功能需要,购买者可以做出很多组合,然后再决定选择最适合自己的型号。

5.耗电量

GPS 较之其他数码产品,如手机、MP3 等,其耗电量是非常大的,购买时要注意机器使用的电池和待机时间等数据,尽可能选择耗电量小,待机时间长的机型。对于备用电池的准备要充分,如果能够和其他装备的备用电池共享的话也是不错的选择。

(四)使用技巧

1.有地图的情况下使用 GPS

GPS 与详细地图配合使用时有最好的效果,但是国内大比例尺地图十分难得,GPS 的使用效果受到一定限制。如果你已经有目的地的精确地图,可以预先计划线路,先在地图上指定行程计划路线,然后建立一条或多条航路(Route)。读出路线特征点的坐标,输入 GPS 建立线路的各条"腿"(Legs),并把一些单独的标志点作为航路点(Landmark/Way point)输入 GPS。

实际活动中记得带上地图,行进时可以利用 GPS 确定自己在地图上的实际位置,而且按照 GPS 的导向功能所指示的目标方向,再配合地图就可以方便地找出正确的路线。使用中记得同时记录先前预设点的实际坐标,这样既可用作原路返回时使用,又可作为实际路线资料保存供他人使用。

2. 没有地图的情况下使用 GPS

（1）航路点功能

①定点。用于确定、记录路程中的关键点，比如线路的起点、岔路、转向、岩壁、宿营地的坐标等。

②找点。出行前可以从网络或朋友那儿得到既有的航路点数据，然后手工或者通过数据传输入 GPS；在行进过程中，可以使用 GPS 来找到这些预设的点。从列表中选择目标，然后转到"导向"（Bearing）页，上面会显示使用者离目标的距离、速度、目标方向角等数据。

（2）路线功能

①输入路线。若能在网上或朋友处找到既有的路线信息，可以把它们输入 GPS 形成线路，或者把以前的记录编辑成一条线路。

②路线方向。把某条路线激活，按照和"找点"相同的方式，"导向"页会引导你走向路线的第一个点，一旦达到，目标点会自动更换为下一路点。若你偏离了路线，跳跃过了中间的某些点，一旦你再次回到线路上来，"导向目标"就会跳过你所绕过的那些点，定位线路上当前位置的下一个点。

③回溯功能。回溯功能实际是输入航路的一种特殊方法，在需要原路返回时十分有用。使用此功能时，要注意的是回溯功能一般会把回溯线路放进某一默认路线中，使用前要先检查此线路是否已有数据，以免覆盖。另外回溯路线上的各路点会使用系统默认的临时名字，有的 GPS 定第二条回溯路线时会重新使用这些名字，这时即使已经做了拷贝，由于路点引用的名字被重用了，所以路线也会改变。对于需要长期保存的回溯路线，要拷贝到空闲路线上去，并重命名所有航路点的名字。

3. 使用技巧

①GPS 最少有 3 个卫星才能定位，所以尽量在露天、开阔的地方使用，建筑物内、洞内、水中和密林等有阻隔的地域可能无法正常使用。

②在一个地方开机的时间越长，搜索到的卫星越多，定位精确度就越高。在野外使用精确度比在高楼林立的城市里面要高。

③因为 GPS 点位号是用数字自动生成的，用脑记难免会有差错，所以为了准确，在定点的时候，最好录音或者请队友笔记。

④注意 GPS 的定位实际误差，不要盲目按照其指示的点行走，要观察路线的实际情况。

⑤GPS 在静止的情况下无法指示方向，这个时候可以通过移动来实现指向功能，但是要注意脚下，避免摔伤。或者可以备一个小的指北针，配合着使用。

⑥GPS 不需要一直待机，只需在用的时候再打开，可以节省电量。在野外无法充电的情况下，一定要备上足够的电池。

⑦GPS 在搜索卫星时比较耗电，所以在需要定位的时候，尽量找制高点和开阔地带，以便快速地搜索成功。

⑧大比例尺的地图属于限管的资料，一般民用无法得到，所以每次出行携带 GPS 的朋友可以将正确的数据带回来和大家共享。

【经验性训练】

户外活动的目的,是远离喧嚣的世界、体会真实流露的自然、认识个人生存的能力,或者是挑战自己的能力极限(当然了,休闲者另当别论)。凡此种种,无不是以人和环境的互动为主题。形形色色的装备,相当于人自然力量的延伸,它们应该在需要它们的地方发挥作用。至于什么时候要什么东西,那是人的经验、智慧所在。多出去走走、多体会感觉、多反思失误,或许有一天你能明白,野外生存不是一件很可怕的事,每一件手上的东西都会发挥恰到好处的作用,每一个周边的自然事物都会成为你的帮手。在突发事件面前沉着冷静,在危险之中毫无惧色,户内乎,户外乎,何妨?

1. 购买户外用品一定会有失败的投资(不管多少),一定会(也应该需要)撞到南墙,但别人说得再多,也只能是参考。不过,失败之后要善于总结、反思,这样可以少撞南墙(但同时也会少得到教训,有些教训可能是花钱都买不来的,反正有得必有失)。

2. 一定要多出去活动活动,这样慢慢就会知道自己需要什么了(有些东西可能是你特别需要的,而别人不太可能告诉你的)。购买的物品好与坏,用了才会知道,至于目前可有可无的东西,暂时不必购买。

3. 出于安全的目的,危险地带的活动尽量购买正规的产品,价格虽高但总是比较值得的。否则,你要用多余的经验或是特长来弥补装备上的不足,但仍然可能有经验特长也弥补不了装备上的匮乏。

4. 基本上可以说,现在大部分所谓的原厂跟单产品都是厂家的盗版货,只需去相应的国外公司网站查询,就会知道这一点。这样的话,在价格上你就能掌握一些主动。

5. 价钱的问题是很重要,但前面已经说过,没办法避免花冤枉钱。请牢记这个事实。另外,基本上是一分钱一分货,不要幻想免费得到劳斯莱斯。至于价格上的度,留心别人的砍价经验吧,实战中出真知。

6. 对于所用材料的质量的好坏,说句实话,材料的真实以及好坏只有在专门的实验室里用仪器设备才能检验出来,用手和肉眼不可能细微分辨,只能在使用中检验去。

7. 如果有一定的科技知识,可以关心一下材料的技术性能。但前提是商家诚实,货物真实(这可不由你控制了)。总的来说,材料上的"透"和"防"是相互抵触的,不要去想那些不切实际的功能。应该根据环境去选择那些有一定偏向的材料。有些材料,可能名不见经传,但在某些方面要比那些常见的材料更强大一些,可以考虑选择。

8. 再重复一句说了几千年的老话:在一定场合中,适合你自己的东西,无价。所有别人的经验都是"仅供参考",资深老驴的也不例外。请作为一个自主的人去思考、去选择。

【复习思考题】

1. 户外运动的基本生活器材主要有哪些?基本的使用技巧是什么?

2. 如何正确使用指北针?

3. 选购通信器材应着重考虑的因素是什么?

4. 全球定位系统使用的注意事项有哪些?

<<< **第四章**

生存技能

实操案例

2006年6月3至5日,18名驴友在×山区活动时,因为大雨被困在山上,与外界失去联系,经过200多人的全力营救,17人获救,驴友小花意外身亡。

记者在该户外俱乐部门口碰到了刚刚从山上下来的几名驴友。据他们介绍,他们是到×进行穿越探险的。"当时我们已经准备下山,时间大概是早上8点多,在经过一处山涧时遭遇了意外!"惊魂未定的驴友说。

驴友介绍,周六早上9点左右,他们15个人到达该地,当时天气很好,他们还在水里游泳,驴友之间还相互拍了照片。下午三四点左右,天下起雨来,而且越下越大,因为山上没有一点信号,他们这才有点着急起来。

在山上宿了一夜后,他们准备下山。但是他们这才发现此时峡谷里的水深已是前一天的两倍,非常湍急,中间夹杂着树枝等物。9点多的时候,他们准备趟过一处湍急的水流。一个男驴友先过,在水面上架上两根木头,让驴友扶着过。当时小花走在最前头,考虑到她经验不足,其他人让她先等一下,多几个人过去可以保护她,但她说自己可以的。

"走到中间的时候,她脚没踩好,踏空了。她紧紧抓住木头,包背在身上卸不下来。几个人下水,让她把手松一下把包拿开,她可能害怕了,手反而抓得更紧,包根本解不开。驴友冒险下水,抓住她,可是太重,抓了近20分钟,都抓不上来。小花没力气了,我们眼睁睁看着她被水冲走。"驴友说。

小花被冲走后,其他两个驴友马上下水,想把她救回来,可是水太急,两个人自己也差点被水冲走,一个连忙抓旁边的树枝,好不容易爬上了岸,另外一个被水冲出10多米,幸好被两块石头拦住才停下来,游了回来。

"我们非常害怕,祈祷小花会在下游爬上岸,我们还把两个救生圈放下水,希望小花侥幸能抓住。"可是驴友们最终等来的是小花死亡的噩耗。

第一节　食宿生存

一、觅食取水

(一)采食野生植物

1.可食野生植物的识别

可食野生植物,包括可食的野果、野菜、藻类、地衣、蘑菇等。对可食野生植物的识别是野外生存知识的主要内容,有着重要的实用意义。我国地域广大,寒、温、热三带气候俱全,而大部分是属于温暖地带,适合于各种植物的生长,其中能食用的就有 2000 种左右。野生植物的营养价值很高,含有多种维生素。采食野生植物的最大问题是如何鉴别有毒与无毒。有一个最简单的办法,将采集到的植物割开一个口子,放进一小撮盐,然后仔细观察这个口子是否变色,通常变色的植物不能食用。

2.野果

我国地大物博,南北方的山野灌木丛中都生长着许多可食的野果。诸如:生长在低山丘陵常绿阔叶灌木丛中的桃金娘,山地落叶灌木丛中的山桃、胡颓子,石灰岩山地落叶丛中的小果蔷薇,河谷落叶灌木丛中的沙棘、沙地、灌木丛中的山荆子、稠李等,以及山樱桃、山柿子、猕猴桃、酸藤果、棠梨、坚果等等。夏、秋两季这些都可以生食充饥。如无识别可食野果的经验,可仔细观察鸟和猴子都选择哪些野果、干果为食,一般来说这些食物对人体便是无害的。

3.野菜

采食野菜的加工方法很重要,加工的目的主要在于去毒和去味。关于野菜的食法有生食、直接炒食或蒸食,还可煮浸。

(二)寻找水源

1.运用感官寻找水源

听:凭借灵敏的听觉器官,多注意山脚、山涧、断崖、盆地、谷底等是否有山溪或瀑布的流水声,有无蛙声和水鸟的叫声等。如果能听到这些声音,说明你已经离有水源的地方不远了,并可证明这里的水源是流动的活水,可以直接饮用。但要特别注意的是,不要把风吹树叶的"哗哗"声当作流水的声音。

嗅:利用鼻尽可能地嗅到潮湿气味,或因刮风带过来的泥土腥味及水草的味道。然后沿气味的方向寻找水源。当然这要有一定经验积累。

观察:凭着丰富的经验和知识,去观察动物、植物、气象、气候及地理环境等也可以找到水源。

2.因地制宜寻找水源

根据地形地势(地理环境)判断地下水位的高低。如山脚下往往会有地下水,低洼处、雨水集中处,以及水库的下游等,地下水位均比较高。另外,在干河床的下面、河道的转弯处外侧的最低处,往下挖掘几米左右就能有水。但泥浆较多,需净化处理后,方可饮用。

3. 根据植物生长情况寻找水源

生长着香蒲、沙柳、马莲、金针(也称黄花)、木芥的地方,水位比较高,且水质也好;生长着灰菜、蓬蒿、沙里旺的地方,也有地下水,但水质不好,有苦味或涩味,或带铁锈。初春时,若其他树枝还没发芽,独有一处树枝已发芽,则此处便有地下水;入秋时,同一地方其他树枝已经枯黄,而独有一处树叶不黄,则此处便有地下水。另外,还如三角叶杨、梧桐、柳树、盐香柏,这些植物只长在有水的地方,在它们下面定能挖出地下水来。

4. 根据动物、昆虫的活动情况寻找水源

夏天蚊虫聚集,且飞成圆柱形状的地方一定有水;有青蛙、大蚂蚁、蜗牛居住的地方也有水;另外,燕子飞过的路线和衔泥筑巢的地方,都是有水源和地下水位较高的地方。再有,鹌鹑傍晚时向水飞,清晨时背水飞;斑鸠群早晚飞向水源,这些也是判断水源的依据。

5. 直接从植物中取水

在南方的丛林中,到处都有野芭蕉,也叫仙人蕉。这种植物的芯含水量很大,只要用刀将其从底部迅速砍断,就会有干净的液体从茎中滴出,野芭蕉的嫩心也可食用,在断粮的情况下,可以充饥。如果能找到野葛藤、葡萄藤、猕猴桃藤、五味子藤等藤本植物也可从中获取饮用水。另外,在春天树木要发芽之时,还可从桦树、山榆树等乔木的树干及枝条中获取饮用水。注意:千万不要饮用那些带有乳浊液的藤或灌、乔木的汁液,有毒。另外,还可以从芦荟、仙人掌及其果实中获取饮用水。

6. 根据气候及地面干湿情况寻找水源

如在炎热的夏季,地面总是非常潮湿,在相同的气候条件下,地面久晒而不干、不热的地方地下水位较高;在秋季地表有水汽上升,凌晨常出现薄雾,晚上露水较重,且地面潮湿,说明地下水位高,水量充足;在寒冷的冬季,地表面的隙缝处有白霜时,地下水位也比较高;春季解冻早的地方和冬季封冻晚的地方以及降雪后融化快的地方,地下水位均较高。

上述取水方法在野外缺水时是有效的,然而单纯地依靠上述方法去寻找水源却不是长久之计,且很复杂、很辛苦,只限于少数人员(3~7人)和短时间(3~5天),不适合人员众多或时间过长。就安全而言,希望朋友们最好不要远离水源超过一两天的路程,也不要单枪匹马独闯丛林。

(三)饮用水的净化处理

一般说来,除泉水和井水(地下深水井)可直接饮用外,不管是河水、湖水、溪水、雪水、雨水、露水,还是通过渗透、过滤、沉淀而得到的水,最好都应进行消毒处理后再饮用。那么,怎样进行消毒呢? 方法如下:

①将净水药片放入水容器中,搅拌摇晃,静置几分钟,即可饮用,或可灌入壶中存储备用。一般情况下,一片净水药片可对 1L 的水进行消毒,如果遇到水质较混浊可用两片净水药片进行消毒。目前,军队都采用此法在野外对水进行消毒。

②如果没有净水药片,可以用随身携带的医用碘酒代替净水药片对水进行消毒。在已净化过的水中,每升水滴入 3~4 滴碘酒,如果水质混浊,则在每升水中加入的碘酒要加倍。搅拌摇晃后,静置的时间也应长一些,20~30min 后,即可饮用或备用。

③利用亚氯酸盐,即漂白剂,也可以起到消毒的作用。在已净化的水中,每升水滴入漂白剂3~4滴,若水质混浊则加倍,摇匀后,静置30min,即可饮用或备用。只是水中有些漂白剂的味道,注意不要把沉淀的浊物一同喝下去。

④如果以上的消毒药物均没有,正巧随身携带有野炊时用的食醋(白醋也行),也可以对水进行消毒。在净化过的水中倒入一些醋汁,搅匀后,静置30min后便可饮用。只是水中有些醋的酸味。

⑤在海拔高度不太高(海拔3000米以下)且有火种的情况下,把水煮沸5min,也是对水进行消毒的很好的方法。

⑥目前,有一种饮水净化吸管,在野外非常实用,形如一支粗钢笔,经它净化的水无菌、无毒、无味,无任何杂质,不需经过沸煮即可饮用,很轻便。

另外,在野外工作或探险中,喝水的方法也要讲究科学性。如果一次喝个够,身体会将吸收后多余的水分排泄掉,这样就会白白地浪费很多的水。如果在喝水时,一次只喝一两口,然后含在口中慢慢咽下,过一会儿感觉到口渴时再喝一口,慢慢地咽下,这样重复饮水,既可使身体将喝下的水充分吸收,又可解决口舌咽喉的干燥。一标准水壶的水量,运用正确的饮水方法,可使一个单兵在运动中坚持6~8h,甚至更长些。

（四）应急解渴

1. 海水

在万不得已的情况下,是否可以饮用海水,这个问题目前有争论。有人认为,海水盐度是人体含盐量的四倍,喝了海水会使体内总渗透压升高,虽然暂时可以解渴,但不久就会大量排尿,使体内水分大量丧失。但是也有不少人认为,短时间少量海水,会有利于延长生命。

被誉为"海军的榜样"的法国博士阿兰·邦巴尔说:"如果你有淡水,在严格控制比例的情况下,加进海水来延长你的供水时间;如果你没有淡水就喝海水来救命,直到你能得到雨水、得到一条鱼来挤压成鱼汁或等到救生船来到为止。"阿兰·邦巴尔并不是提倡喝海水,而是强调在生死紧急关头,在严格的控制下才能喝海水。阿兰·邦巴尔的经验是2：1的比例,即用两份淡水、一份海水掺合在一起饮用,一般不会伤害人的身体,而会大大延长海上遇难者的生命。

2. 植物

如果找不到解渴的植物,还有一种极为简便的取水方法。澳大利亚飞行员布拉依安·卡瓦吉,曾将一个塑料袋套在树枝上,将袋口扎紧,树叶蒸发出来的水分就会聚集在袋子里。天气越热,蒸发量越大,得到的水就越多。利用这个方法,每天取水量可达1L左右。还可以用塑料布收集露水。从半夜到天明这段时间里,气温逐渐下降,空气中的水分便凝结成露水,贴附在地面或植物上。早晨将塑料布铺在草丛下面,摇晃草,使露水一滴滴地落下来,积少成多,可解干渴之急。

3. 人尿

在实在无水的情况下,小便也可以应急解渴。实际上,小便并不污秽,只是因为心理作用,总觉难以下咽。有条件可以做一个过滤器,在竹筒的底端开一个小孔,按顺序放入小石子、砂、土、碎木炭。将小便排泄于此,小孔下面就会流出过滤的水。

二、选址宿营

户外运动如需住宿,往往会选择在自然环境条件下野外宿营,即野营。对于参与户外运动的爱好者而言,野营将为我们带来更多的情趣,而对于高山探险来讲,营地条件的好坏则直接影响着登山的进程和队伍的战斗力。无论以何种目的野营,我们都必须熟练地掌握露营的技术和方法。

(一)野营的三大纪律八项注意

1. 三大纪律

纪律一:帐篷要依次搭建

首先搭建公用帐篷。在营地的下风处先搭好炊事帐篷,建好炉灶,烧上一锅水,然后再依次向上风处搭建用于存放公用装备的仓库帐篷与各自的宿营帐篷。当整个营地的帐篷搭建好时,烧的水已开锅,可以马上饮用并开始做饭。

纪律二:建好野外厕所

选择在营地的下风处稍低一些,并远离河流(至少 20 米以外)的地方搭建厕所。最好是挖一个宽 30cm 左右、长 50cm 左右、深约 50cm 的长方形土坑,里面放些石块和杉树叶(消除臭味)。三面用塑料布或包装箱围住,固定好,开口一面应背风。准备一些沙土和一把铁锹以及一块纸板。便后用一些沙土将排泄物及卫生纸掩埋,并用纸板将便坑盖住以消除异味。在厕所外应立一较明显的标志牌,使别人在较远处即可看到是否有人正在使用。露营结束时,用沙土将便坑掩埋好,并做好标记,告诉其他参加野外活动的人。

纪律三:带走你的垃圾

不在营地留下一点垃圾是野营人必须恪守的纪律。纸类的垃圾可以焚烧后就地掩埋,塑料瓶、易拉罐等要装入垃圾袋带走,待回途中经过垃圾站时再丢弃,万不可随处抛弃。

2. 八项注意

①尽量在坚硬、平坦的地上搭帐篷。

②不要在河岸和干涸的河床上扎营。

③帐篷的入口要背风。

④要远离有滚石的山坡。

⑤为避免下雨时帐篷被淹,应在篷顶边线正下方挖一条排水沟。

⑥帐篷四角要用大石头压住。

⑦帐篷内应保持空气流通,在帐篷内做饭要防止着火。

⑧临睡前要检查是否熄灭了所有火苗,帐篷是否固定结实。

(二)营地的选址

1. 选择平坦的地面

可能在你晒日光浴时,你喜欢躺在像地毯一样修整光洁的草坪上,但是在露营时,在一块天然的草地上露营并不是合适的选择。因为草地不够平整,而且非常潮湿,在炎热的天气容易滋生多种蚊虫,而落叶森林的层层落叶上或者针叶林铺满地面的松针之上、某些富含矿物质的土壤上、水流边的沙滩或者碎石堆上,都是搭建营地的好地方,因为这些地方都很平整。当人躺在防潮垫上时,会发现睡在坚硬而平整的地面上会比柔软但坑洼不平的地面舒服得多。

2.地势的高低

如果你有不同的海拔高度可以选择,那么理想的地点应该是可以防风防雨,山洪淹不到的高处,那里也不会受到落石和雪崩的威胁。

另外,海拔高低和温度有直接关系。如果感到寒冷难耐。应该尽量往低海拔地区移动;如果在闷热的天气中,则可以向相反的高海拔区域移动。

3.多花一点时间

徒步旅行者对露营地地形的选择没有驾车旅行者的范围大,而且可能会深入地形非常复杂的地方,所以有时觉得找一块平整合适的露营地并非那么的容易,不是岩石和小土丘大多,就是植被生长得过于浓密,但是,多花一些时间找一个更舒服的露营地是十分值得的。在确定安扎帐篷地点时,可以把你的垫子拿出来试着在这块地面上铺一下。然后躺到上面检查是否过于倾斜或者有明显的突出物,那些都是让人整夜不得安眠的东西。

4.躲避来自上方的危险

如果你的营地建在了可能发生落石、塌方、雪崩、泥石流的地方,是要冒很大风险的。如果迫不得已一定要在这些地方露营。起码应该避开山脚下的低洼地带和这些可怕的东西直接经过的地方。另外,在树林中寻找搭建帐篷的地点时,应该注意避开那些已经开始往下掉树枝的死树,这有可能扎破你的新帐篷或者砸伤人。还应该看一看附近有没有因为靠在别的树木上才没有倒下来的死树枯枝,闪电雷劈经常会导致这种情况发生,而一场大雨或者一点风都可能让它倒掉。另外,注意观察周围是否有大的蜂巢也很必要。

5.排水性的优劣

选择营地时,排水的性能十分重要,尤其是在可能有倾盆大雨来临时更是如此。不但应该避免选择低洼地带,而且完全平整的地面也应该避免。尤其是那种没有缝隙的被压得很结实的土地,这种地面雨水不容易渗入无处可流,从而导致营地被淹。在干燥的地区旅行时,在旱季即将结束的时候,不要选择在干涸的鹅卵石河道上扎营,一场暴雨就可能让这些地方恢复成一条宽阔的河流。在山区旅行,更应该找到洪水可能到达的最高水位线。因为暴雨会使得小溪变成激流,每小时水位可以上涨好几米,甚至完全超出河道的范围,所以在河道上虽然平坦舒适,但某些季节是不适合在这里露营的。

6.躲避蚊虫

在炎热而潮湿的天气里,成群蚊子对于露营者来说可能是最可怕的东西。这种情况在没有一丝风的夜晚会更加严重,所以在选择露营地时,应该注意不要选择死水塘边、茂密的草地中和任何可能有积水的地方,这正是蚊子滋生的地方。另外,蚊子不会在通风的地方聚集,所以在闷热的夜晚选择风口的地方是个好主意,比如两座小山之间的地方,或者通风的隧道里。而在有风的坏天气里,应该尽可能地把帐篷搭在矮灌木丛中或者大石头堆中。在暴风雨来临时,首先要考虑的不是舒适与否的问题,而是选择的地点能否保证帐篷的安全。在大风中平坦的地势并不是好的选择。

三、生火野炊

野外生存中的吃非常关键,这是在自然条件下为身体补充必需的能量,维持生命有机体不可缺少的手段。我们一般将野外的吃称之为野炊。

(一)搭建野炊灶

搭建野炊灶是野营中很重要的一种技能,是野炊的基础和必备条件。通常搭建野炊灶时,要充分利用当地的地形、地物及所能寻找到的燃料来进行修建。现在,野营时人们还可携带汽油炉、煤气炉等现代化设备。但在不具备这些条件时,则需搭建简易、实用的炉灶,用以烧水、煮饭、烧烤等。通常搭建的野炊灶有以下四种:

1.三石炉灶

三石炉灶是最简单、历史最悠久的一种炉灶。搭建三石炉灶时,要取三块高度基本相同的石块呈三角形摆放,将锅或壶架在其中,一般情况下锅底或壶底需距地面 20cm 左右,如用牛粪燃料,高度不宜超过 20cm,如用木柴则可适当加高。

2.吊灶

吊灶是将锅或壶吊挂着的一种灶。具体搭建方法是:找两根上方有杈的树枝,将其竖直地插在地上,在两根树枝的中间(即有杈的部位)横架一木棍或树枝、帐篷杆等,将锅或壶吊在这根横架着的木棍上,在其下方生火。另外,还可用石块垒一道 U 型墙,在其上架一木棍,将锅或壶吊挂在木棍上,在木棍的下方生火,U 型墙的开口应向吹风方向,以利于燃料燃烧。在野营时,以上两种吊灶是使用最普遍的。

3.木架灶

木架灶是指用较粗的树枝架起的炉灶。在森林地区有时找不到合适的石块建灶,就可用木架灶。具体搭建方法是:找 4～6 根长 30～40cm 的粗树枝(最好是新鲜的或湿的树枝,可作木桩用),将其一端用刀削尖,按所用锅或壶的底面积,组成一个正方形或六角形钉在地上,在锅或壶的下方生火。

4.坑灶

在既无合适的石块又无树枝的情况下,也可在地上挖坑灶。坑灶的修建方法是:在地面上挖一个深 20～30cm、长约 120cm、宽 30～40cm 的斜形穴坑,坑口开向风吹的方向,用木棍或帐篷杆在坑的两边用土堆起的土包上,将锅或壶吊挂在木棍或帐篷杆上(一般锅底或壶底与坑之间的距离需在 20cm 以上),在坑底处生火。

(二)取火方法

见第三章"火种"。

第二节　环境生存

一、明确方向

在户外活动中,为了防止迷路,用最短的时间准确地到达目的地,必须掌握判定所在位置和方向的知识和方法。即便是很有经验的户外活动者也会遭遇迷路,新手在野外更容易晕头转向。掌握几种野外定向方法,即使在没有定向工具的时候也不至于迷失方向。

（一）利用仪器辨别方向

见第三章"通讯及导航器材"。

（二）徒手辨别方向

1. 工具定向

（1）利用手表定向

如果你带的是有指针的手表,并且走时准确,可以利用手表确定方向。将手表的时针指向太阳,则时针与12点之间的夹角平分线就是正南。如果当时正好是12点,夹角为0,则12点就是南方。

如果你的手表没有指针,可以用来掌握正午的时刻。在中午,物体阴影的方向就是北方。

（2）利用金属丝走向

利用细金属丝（缝衣针也可以）在头发、化学纤维上按同一方向摩擦,使其产生极性,然后在尽量减少阻力的情况下放置,则金属丝会逐渐指向南北方向。减少阻力的方法可以是悬吊,也可以是漂浮。

（3）利用日影辨别方向

人们都知道太阳东升西落,但这仅仅是大致的方向,而且,你迷失方向的时候并不一定正好是日出或日落时分。但我们可以利用日影辨别方向。晴天时,在地上竖立一木棍,木棍的影子随太阳位置的变化而移动,这些影子在中午时最短,其末端的连线线是一条直线,该直线的垂直方向是南北方向。通常在一张50cm×50cm的绘图纸上绘制一系列的同心圆,同心圆的半径以1cm递增,钉在平板上并水平固定好,将一根12～15cm长的细钢针或针状物垂直插在圆心上,当太阳位置变化时,影子的端点总会与同心圆相交。标绘出这些点,然后将同一个圆上的两点用直线相连,把这些直线的中心与圆心相连,这条连线就是南北线,圆弧顶的方向为北方。

2. 植物定向

有时野外的一些植物和植物生长的特征也是良好的方向标志。

①根据植物的趋光性确定方向。在北半球,植物大部分的花朵、叶子都朝向南方,根据这个特点,可以大致确定方向。

②根据喜阴植物确定方向。地衣、苔藓属于喜阴植物,在阳面叶子较小、较干燥、手感较硬,并且有发黄、棕、红的倾向;在阴面叶子较大、较湿润、容易折断,多呈绿色。

③植物形状确定方向。处于山嘴、岸边、风口处的孤立乔木往往可以指示方向。例如山口的松树由于季节风的原因,树枝、叶都在南侧茂盛,北侧相对稀少;岸边的柳树枝条也会向南侧倾斜。这种现象在北方尤其显著。

3.观星定向

我国位于北半球,如果夜空晴朗,在任何位置都可以看到北极星。要找北极星,先要找到七颗组成"勺子"形的北斗七星。用目光连接勺子顶的两颗星,并将连线的长度延长4倍就能找到那颗很亮的北极星。北极星位于北半球的正北。

4.测风定向

季节风往往都有一定的方向性,在我国多数地区,春天一般刮南风,冬天一般刮北风,夏天西南风比较多,秋天东北风较常见。如果你有当地的气象资料或经验,可以通过风向大致确定方向。当然,这种方法可能有一定的偏差。

5.根据残雪确定方向

无论天气有多冷,只要白天有太阳,阳面的雪肯定要比阴面的雪硬。如果天气不是很冷的话(-15℃左右),你还能在阳面的雪上发现融化的痕迹。如果白天的最高温度能够达到-5℃左右,你可以看到阳面的雪出现蜂巢状的融痕。此方法比较准确,但必须是残雪,至少是两天前的雪才有效。

二、识别气象

在野外活动最令人担心的就是天气的变化。因此,在户外运动出行前收集最新的天气状况,尤其是下载手机 APP,随时查看天气预报。但天气预报通常只能报出大范围内的天气变化趋势,对于局部地区的小气候的变化无法预报,尤其是山区的小气候往往是一日多变,具体到你所在的户外区域,更是气象部门无法准确预报的。所以,最好的办法就是你自己掌握好预测天气的本领,通过观察自然界的各种变化,来判定未来可能的天气。因此,利用自然界的变化,通过观察天空中云的颜色、种类、风向等来预测天气。

在我国民间有很多观察自然变化来预测天气变化的方法,这是我们应当学习和掌握的。

(一)天气变化有征兆

在山地,你会发现白天谷风是自山谷往山顶吹,而夜晚,则是由山顶吹向山谷;白天(尤其是在早晨),可以看到山凹有一朵一朵的云团在逐渐分化为气雾并进而消散,而在傍晚太阳落山时,西边山谷的上方出现了一片片橙色或是玫瑰色的晚霞;清晨,地面上有露水或是霜冻,而在傍晚时,山下会有雾,且进入夜晚时天气较凉,天空的星光很稳定,只有很少的星星在闪烁。那么,这些都在告诉你,未来的天气会逐渐变得越来越好。相反,如果你发现白天谷风是从山顶向山谷吹,而夜晚则从山谷吹向山顶;清晨,满山是雾,到了傍晚时仍没有消散,而且夜间气温会升高,很闷热,并且在黎明前星光闪烁不定。那么,这些都在告诉你,未来的天气将会变得越来越差。不只这些。还有一个比较明显的现象,比如,你发现在太阳周围出现了一个"大晕圈",这是有雨的征兆;在月亮的周围出现了一个"小晕圈",这是有大风的征兆;如果你还发现云团行走很快,并且逐渐有增多的趋势,这是有暴风雨的前兆;如果你看到了半山谷的云雾在快速上升,这是暴风雨可能将要来临的征兆。

(二)看云识天气

通过观察云层来预测天气的变化,既有一定的科学依据,也是长久以来人们在日常生活中形成的一条可靠的经验。在我国的民间谚语中,有许多是告诉人们如何根据云层的变化来识别天气的。比如,"朝霞不出门,晚霞行千里",这是在告诉人们,如果早上有彩霞最好是不要行远路,因为天气可能会变坏;而要是傍晚出现了彩霞,你就可以放心大胆地出远门了,因为天气不会有太大的变化。又如,"日落火烧云,明朝晒死人"是说,如果日落时西边出现了红云,第二天一定是个大晴天。而"红云变黑云,必是大雨淋"则告诉我们,如果随着太阳的升高,原先太阳初升时的红云变成了黑云,那么一场大雨很快就要来临了。这些谚语不仅易记,而且有它们科学的一面,可以用来作为你旅游途中识别天气的重要依据。

(三)观雾识天气

"十雾九晴""早上雾蒙蒙,中午晒得皮肉痛""早雾晴,夜雾阴",这些都是通过雾来反映天气变化的谚语。其实,观察雾和观察天气一样,都可以看出天气的变化。通过雾来预测天气是有其科学道理的:一天之中最冷的时刻应该是在天亮之前。这时,空气中水蒸气容易遇冷凝结成雾。如果夜晚天上无云,地表的热量散失得就会快些,这样,这天早上的气温就会低一些,出现雾的可能性大一些,而晚上无云又是天晴的象征,所以早上有雾预示着晴天。但如果是晚上有雾就不同了,这是因为,晚上的雾多是由于地面稀薄的冷空气使空气中低层的暖湿空气发生凝结形成的,而晚上的雾又会使云层增厚、增多,逐渐变为阴天。所以,晚上有雾预示着第二天不会有好天气。

(四)观察动物预测天气

自然界的许多动物对于天气变化都十分敏感,如果我们留心观察,也可以了解一些天气变化情况。如燕子等在天空中飞行的高度较低,可能会有暴风雨要来临,因为在晴天里,燕子通常会在高空中捕食;如果在白天你看见兔子寻找食物或是松鼠贮存粮食,这也可以说明天气可能会变得很糟糕。又如"蜘蛛张网,天将晴"。蜘蛛靠织网捕捉小飞虫为生,如果你看到蜘蛛忙忙碌碌地在网上添丝,这就说明天气可能会转好。因为在雨天,蜘蛛织的网会因为天气变温而受潮,黏度减小,很难捕捉到小虫。当天气要转好时,小飞虫也会活跃起来,蜘蛛就会加紧织网,捕捉飞虫。所以,蜘蛛添丝,意味着天气转好。其他如人们常说的"蜻蜓满天飞,风雨在眼前""蚊子飞成球,风雨将临头""蚊子骤然多,明日雨滂沱"等等都可以作为识别天气变化的依据。

(五)其他预测方法

不仅通过观察云、雾和动物能够预测未来天气的变化情况,还有一些其他的方法。在野外,我们会燃起篝火,通过观察烟火上升的情况,就可以判断明天的天气。如果烟火稳稳地上升,明天的天气不会有太大的变化,依然晴好;如果烟火闪烁不定或者是升起又降下,那么可能会有暴风雨。在暴风雨来临前,木制工具把手会变得紧一些,盐也会因为吸取了空气中的水而增加潮气,甚至会化成盐水。当空气中的湿度增大时,声音会传得更远。空气中的味道也容易闻到,皮肤也会有黏黏的感觉。如果你有关节炎、鸡眼或者曾经动过手术,在空气湿度增大,天气发生变化时,你都会有酸疼或是其他很不舒服的感觉,这些也会提醒你,天气正在悄然发生变化。还有,如果你是个卷发,你的头发也会帮助你判断天气。当天气变差时,你的卷发会变得特别容易缠绕在一起,不如通常那样挺直、易梳理,这时可能会有一场暴风雨在等着你。

当然,要准确判断天气的变化,既需要你这些丰富的经验,也需要你根据实际情况去灵活判断。不能一看到某种现象,就认定天气肯定会发生相应的变化,因为大自然的变化有时候是任何人都始料不及的。

第三节 危难生存

一、求救营救

在野外,生存环境非常恶劣,各种灾难会不期而至。对野外生存者来说,及时了解自己所面临的困境,通知别人,求得救援,是非常重要的。遇险求救时,要通过各种方式与别人取得联系。发出的信号要足以引起人们的注意。

（一）烟火信号求救

火光作为联络信号是非常有效的。遇险时可根据自身的情况:为保证其可靠程度,白天可在火堆上放些苔藓、青嫩树枝、橡皮等使之产生浓烟;晚上可放些干柴,使火烧旺,使火升高。

燃放三堆火焰是国际通行的求救信号,将火堆摆成三角形,每堆之间的间隔相等最为理想,这样安排也方便点燃。如果燃料稀缺或者自己伤势严重,或者由于饥饿,过度虚弱,凑不够三堆火焰,那么因陋就简点燃一堆也行。

不可能让所有的信号火种整天燃烧,但应随时准备妥当,使燃料保持干燥,一旦有任何飞机路过,就尽快点燃求助。

火堆的燃料要易于燃烧,点燃后要能快速燃烧,因为有些机会转瞬即逝。白桦树皮就是十分理想的燃料。

可以利用汽油,但不可将汽油倾倒于火堆上。用一些布料做灯芯带,在汽油中浸泡,然后放在燃料堆上,将汽油罐移至安全地点后再点燃。点燃之后如果火势即将熄灭,添加汽油前要确保添加在没有火花或余烬的燃料中。

在白天,烟雾是良好的定位器,所以火堆上要添加散发烟雾的材料。浓烟升空后与周围环境形成强烈对比,易受人注意。

在夜间或深绿色的丛林中亮色浓烟十分醒目。添加绿草、树叶、苔藓和蕨类植物都会产生浓烟。其实任何潮湿的东西都可用来产生烟雾,潮湿的草席、坐垫可熏烧很长时间,同时飞虫也难以逼近伤人。

黑色烟雾在雪地或沙漠中最醒目,橡胶和汽油可产生黑烟。

如果受到气流条件限制,烟雾只能近地表飘动,可以加大火势,这样暖气流上升势头更猛,会携带烟雾到相当的高度。

(二)地对空信号求救

在比较开阔的地面,如草地、海滩、雪地上可以制作地面标志。如把青草割成一定标志,或在雪地上踩出一定标志;也可用树枝、海草等拼成一定标志,与空中取得联络。还可以使用国际民航统一规定的地空联络符号示意。

记住这几个单词:SOS(求救)、SEND(送出)、DOCTOR(医生)、HELP(帮助)、INJU-RY(受伤)、TRAPPED(发射)、LOST(迷失)、WATER(水)。

(三)体示信号求救

当搜索飞机较近时,可用体示信号表达遇险者的意思。

(四)旗语信号求救

将一面旗子或一块色泽亮艳的布料系在木棒上,持棒运动时,在左侧长划,右侧短划,加大动作的幅度,做“8”字形运动。

如果双方距离较近,不必做“8”字形运动。一个简单的划行动作就可以,在左侧长划一次,在右边短划一次,前者应比后者用时稍长。

(五)声音信号求救

如隔得较近、可大声呼喊,三声短三声长,再三声短;间隔 1min 之后再重复。

(六)反光信号求救

利用阳光和一个反射镜即可射出信号光。任何明亮的材料都可加以利用,如罐头盒盖、玻璃、一片金属铂片,有面镜子当然更加理想。持续的反射将规律性地产生一条长线和一个圆点,这是莫尔斯代码的一种。即使你不懂莫尔斯代码,随意反照,也可能引人注目。无论如何,至少应掌握 SOS 代码。

即使距离相当遥远也能察觉到一条反射光线信号,甚至你并不知晓欲联络目标的位置,所以值得多多试探,而这种做法只是举手之劳。注意环视天空,如果有飞机靠近,就快速反射出信号光。这种光线或许会使营救人员目眩,所以一旦确定自己已被发现,应立刻停止反射光线。

(七)留下信息求救

当离开危险地时,要留下一些信号物,以备让救援人员发现。地面信号物使营救者能了解你的位置或者过去的位置,方向指示标有助于他们寻找你的行动路径。一路上要不断留下指示标,这样做不仅可以让救援人员追寻而至,在自己希望返回时,也不致迷路——如果迷失了方向,找不着想走的路线,它就可以成为一个向导。

方向指示器包括:

①将岩石或碎石片摆成箭形;

②将棍棒支撑在树杈间,顶部指着行动的方向;

③在卷草中的中上部系上结,使其顶端弯曲指示行动方向;

④在地上放置一根分叉的树枝,用分叉点指向行动方向;

⑤用小石块垒成一个大石堆,在边上再放一小石块指向行动方向;

⑥用一个深刻于树干的箭头形凹槽表示行动方向;

⑦两根交叉的木棒或石头意味着此路不通;

⑧用三块岩石、木棒或灌木木丛传达的信号含义明显,表示危险或紧急。

二、自我生存

户外探险、野外生存,正越来越成为深受现代人爱好的休闲运动项目。值得注意的是,尽管人类也是从自然界走出来的,但是现代人远离野外环境已经太久,越来越依赖人工环境生存。在进入自然环境中进行探险活动时,如何能在此环境中安全生存的问题就显现出来。

真正的探险者,绝不轻率地对待自己的生命。户外探险的意义不是拿生命去冒险,相反,要尽一切努力降低或避免危险发生的可能性。学习野外的生存方法,是希望每一个参加户外活动的人,除充分进行物资及身体准备之外,还能具备一定的自救互救知识和技术能力,完满体验精彩的户外活动过程。

行囊中的应急装备:报纸、高锰酸钾、保温毯。

出门参加户外活动,生存和保护自身安全的必备物品是肯定要带的。除此之外,建议随身再带上一点报纸、高锰酸钾、保温毯。别小看这三样东西,它们的作用可非同一般!重量轻、体积小、携带方便,是你行囊中不可缺少的自救互救物品。

(一)报纸

户外活动时,报纸的重要作用是众人皆知的,千万不要随意丢弃。报纸具备了保暖、消遣、当夹板、点火、驱虫等功能。

1.保暖

运动就会出汗,尤其是在大运动量的户外运动后。出汗会使衣服潮湿,休息时,被风一吹,会带走身体的热量,不仅增加寒冷程度,粘在身体上的湿衣服还让人行动不便,这是出游者最常见的、难以避免的头疼事。户外运动是一项体育运动,本身就消耗大量的体能,所以出游者一般都是轻装上阵,不可能带很多套衣服供随时更换。尽管现在不少的户外装备厂商研制了防潮、通风、保暖的衣料来解决出汗带来的问题,但价钱昂贵。那么,报纸就是解决这个矛盾最简单、最经济、最应急的方法。

用报纸来保暖效果非常可靠,使用方法也很简单,将报纸前后贴身铺平就可以。报纸致密性强,挡风效果很好,相当于多穿了一件保暖内衣。出汗后,报纸会吸附汗液,而不至于使衣服沾湿。轻轻地将已经潮湿的报纸取出,在空气中抖干,再次使用就可以了。

2.防暑

夏天出游,烈日当头,暴晒后会中暑。报纸可用来当作帽子,挡住烈日。

3.消遣

迷路是出游常见的事,当你孤身一人在山里迷路等待救援时,最好的伙伴就是报纸。看报纸可以消磨时间,大声朗读报纸可以战胜恐惧,说不定报纸上的幽默消息还能让你开怀大笑呢。黑暗中,燃烧的报纸还可当成明显的目标,帮助救援人员发现你所在的位置。

4.点火

在报纸上倒一小勺高锰酸钾,再滴上几滴汽车防冻液,把报纸揉成一团,30秒内就会着火。

5.驱虫:野外有各种飞虫走兽出没,尤其是扎营休息时蚊虫的干扰,令人烦躁。点上一张略潮湿的报纸,产生的烟可以驱走蚊蝇甚至爬行动物;燃烧的火焰,还可驱走走兽。

6.夹板

在行进中,摔伤是常见的损伤,在现场无法断定是扭伤还是脱臼,甚至骨折的情况下,急救原则是都当成骨折来处理。那就是让受伤部位制动(固定不动),避免移动造成伤处再次损伤。制动就要使用夹板,在户外获得夹板的机会很多,比方说树枝、树干,但是,最安全、最便捷的夹板就是报纸。报纸柔软不伤皮肤,省去使用树干做夹板需要大量衬垫的麻烦;报纸轻便,不增加更多的分量,减轻搬运的负荷;报纸可塑性强,运用自如、使用方便。

7.纠正呼吸性碱中毒

高山空气稀薄,人会利用加快呼吸来改善缺氧状况,过度呼吸会呼出更多的二氧化碳,造成呼吸性碱中毒,严重威胁人的生命。如果将报纸卷成漏斗状,在漏斗顶端留出直径1cm的小孔,用漏斗的底部包住口鼻,一部分呼出的二氧化碳又被吸入呼吸道,用此方法预防和纠正呼吸性碱中毒。

(二)高锰酸钾

高锰酸钾是最常见的化学物品,在户外运动中,它也是必不可少的,可说是"高锰酸钾真神奇,小剂量解大难题。净化水、做标记,清创、消炎解毒力,摩擦生火三十秒,困在深山不用急。"

1.生火

根据高锰酸钾与有机物接触、摩擦、碰撞,产生热量引起燃烧的原理,用一份砂糖两份高锰酸钾混合后,在干木片中间研磨,如果天气干燥,木片很快就能燃烧,时间短、效果好。

2.净化水

高锰酸钾是自来水厂净化水用的常规添加剂。在野外取水时,1L水中加三四粒高锰酸钾,30min即可饮用。

3.消炎

高锰酸钾为强氧化剂,遇有机物即放出新生态氧,有杀灭细菌的作用。其杀菌力极强,临床上常用浓度为1∶2000～1∶5000的溶液冲洗皮肤创伤、溃疡、鹅口疮、脓肿等。溶液漱口用于去除口臭及口腔消毒。需注意的是,溶液的浓度要掌握准确,过高的浓度会造成局部腐蚀溃烂。在配置溶液时要考虑时间,高锰酸钾放出氧的速度慢,浸泡时间一定要达到5min才能杀死细菌。配制溶液要用凉开水,用热水会失效。

4.洗胃

在野外误服植物中毒时,要尽快洗胃,减少毒性物质吸收,简单的方法就是用1∶1000～1∶4000浓度的高锰酸钾溶液洗胃。检验此浓度的简易方法是直视溶液呈淡紫色或浅红色即可,如果溶液呈紫色、深紫色时,其浓度已达1:100～1:200,这种极高浓度的高锰酸钾液可引起胃粘膜的溃烂,绝对不能用它洗胃。误服极高浓度的高锰酸钾液会造成中毒,所以要注意安全使用。

5.做标记:雪地迷路时,可将高锰酸钾颗粒撒在雪地上,产生的紫色可以给救援者引路。不过,颜色通常只能保存两小时左右。

值得说明的是,高锰酸钾是强腐蚀剂,使用时,不要直接用手接触,以免烧坏皮肤。只有配成合理浓度时,才可直接接触。

(三)保温毯

保温毯在自救互救中的作用,已经越来越让世人重视。国际通用的保温毯实际上是锡箔纸做的,一般长2米宽1.8米。折叠起来也就是烟盒大小,比一盒香烟还轻。可别小看这个保温毯,它的作用可大呢。

1.保温

保温毯顾名思义就是保温,寒冷时,将其裹在身上或易受冻的部位,可以反射人体散发出来的热量,达到保温的效果。

2.急救

体温下降会加剧受伤者的伤情,包裹保温毯对伤患者是一种保护。另外,当看到伤患者身上包裹了保温毯,提示此人已经受伤并且经过了初级急救,医务人员会优先对其做进一步的检查和处理。伤患者得救的机会就增加了,时间就是生命。

3.反光

野外遇难时,将保温毯裹在身上,利用其反光作用帮助救援人员寻找目标。

4.当担架

保温毯韧性好、轻便、柔软、可塑性强,可以用来当担架。我们曾经让200斤重的人平躺在展开的保温毯上,6个人同时拎起保温毯的四个角和毯边的中间,竟然不破损! 当然,这种担架只是短距离使用的临时措施。使用时注意同步操作,否则会轻易撕破,摔伤伤病员。

【经验性训练】

1.野外求生意识

许多求生的案例表明,坚定、强烈的意志可以克服许多困难。有这样一个案例:一个男子被困在沙漠里8天,没有食物,没有水,他也没有接受过任何生存技能的训练,所以他没有做对任何一件事,可是他只想活下去。就是靠着这个坚定的意志和信念,他活了下来。

2.生存准备

你现在能做两件事,帮助自己做好准备:①在不同的环境中进行生存训练;②了解你要去的地方。

你要学习如何找到水和食物,如何利用天然地形藏身,如何建造避身场所,如何辨别方向,如何穿越不同地形,什么时候进行等等。

你还要学习如何保持你的健康，如何避开环境中的危险，以及如何医治自己。

最重要的是，你要知道休息远比速度更有用。无论你是在丛林中艰难地奋力前进，是在沙漠中面临水的缺乏，还是在穿越北极的冰层，你都必须仔细计划，小心前进，不要盲目冒进。

你要了解你将要前往的地区的居民，这些知识和常识会帮助你和当地人打交道。通过和他们的亲切接触，你可以获益良多。提前知道他们的风俗习惯，用当地的习惯表达你的谦逊和礼貌，你就有可能获得他们的帮助。

如果有机会，你可以去生存学校，接受各种生存技能的训练，在那些技能真正起作用前实践一下。训练会增加你的自信。花几个小时去实践一下你学得的知识，你会发现这些知识真的有效，会发现自己能完成以前认为不可能完成的事情，这些都能帮助你消除对自身能力和毅力的怀疑。

3. 生存压力

你还必须了解和生存相关的精神状态，它们和生存环境、生存装备同样重要。在求生困境下，你（和你的同伴，如果有）是决定成功与否的最重要因素。

你可能从来没有仔细想过以下问题——

①对于各种状况自己是如何反应的？

②各种不同的姿势、感觉、表情，以及自己内心的反应（还有其他人的）究竟是怎么回事？

③怎样才能有效地保持并运用自己的能力来控制自己？

④怎样才能在对自己及同伴都有好处的情况下影响同伴？

知道这些问题——也就是了解你自己——对于生存是非常重要的，而且直接关系到你将如何克服那些沉重的压力：恐惧、焦虑、疼痛、受伤、疾病、严寒、酷热、干渴、饥饿、疲劳、失眠、厌烦、寂寞、孤独。

人的身体有反应机制，通常都能帮助你适应压力。举个例子，当你感到害怕或者愤怒时，生理机制就会促使你身体内部发生改变，使你提高警觉，给你更多的能量。但是这些生理机制在求生情况下也可能会背叛你。

求生过程中最大的两个危险：一个是对舒适的渴望；一个是消极的态度。你必须认识到这两个危险都体现了一种态度——这种态度希望较少的抵抗，否定了你克服压力的努力和愿望，使你只关心眼前的利益，而忽视了通常的求生大计。

要克服第一个危险——对舒适的渴望——你需要改变对舒适的看法。

要避免第二个危险——消极的态度——你需要知道消极的态度会带来什么后果。

一些生理状态会导致消极情绪的产生，例如长时间暴露于寒冷的天气中引起的筋疲力尽，体液过多的流失（脱水），极度的疲劳、虚弱，还有疾病，这些都可能会使你产生消极的情绪。你可以通过适当的计划和合理的决定避免这些情况的发生。

意志力薄弱也会导致消极情绪的产生。沮丧、麻木、冷淡慢慢地爬上心头，然后突然击垮你，使你茫然无助。

一定要及时发现同伴中消极情绪的苗头，这一点很重要。消极情绪的最初迹象表现为顺从、安静、很少和人交流、没有胃口、落单。处理这种情绪最好的办法是消除或者直接面对引起这种情绪的生理及心理上的压力。

下面就是你求生的敌人,它们都是很常见的生理及心理压力,会影响你处理各种生存状况的能力。

(1)疼痛

疼痛是你的肢体语言,它告诉你你受伤了。疼痛本身是无害的,但是它确实让你感到不舒服。如果你的思想集中在其他事情上,你可能觉察不到疼痛,但是一旦你被疼痛的感觉攫住,它很可能会彻底击垮你,削弱你求生的意志。但是如果你能做到以下几点,你就可以忍受疼痛——

①了解它的起因和性质。

②把它当作可以忍受的东西。

③专注于你需要做的事情上(思考,计划,让自己忙碌起来)。

④为你忍受疼痛的本领自豪。

(2)寒冷

寒冷会降低你的工作效率,使你的思维变得迟缓,不愿意做其他任何事,只想取暖。它降低你血液流动的速度,使你昏昏欲睡。寒冷引起的这些后果是很危险的。在寒冷削弱你的求生意志之前,你必须立刻寻找避身场所,生火取暖。

(3)酷热

不习惯酷热的典型症状是虚弱。但是,你是可以逐渐习惯高温的,2～6天的时间就可以使你的血液循环、呼吸节奏、心脏律动以及汗腺分泌调整到适合酷热气候的状态。当你在高温天气中处于阳光直射下时,一定要遮盖住头部。如果情况允许的话,不要在一天中温度最高的时候行动。

(4)干渴

求生中最严重的两个问题是干渴和脱水。干渴,即使不是非常严重,也会让你变得反应迟钝。供给充足时要大量喝水,尤其是吃饭的时候。如果供水不足,就要减少食物的摄入,因为身体需要额外的水来处理食物中的无用成分,这会加速脱水的发生。只要补充足够的水,随时都可以从脱水的状态中恢复过来。

(5)饥饿

长时间的饥饿会影响态度、士气和求生意志。如果情况一直得不到改善,营养不良、饥饿会导致以下症状:消瘦、虚弱、晕眩、休克、心跳减慢、怕冷、易渴。在很多地区你都可以找到大量的可食用物品,那些东西你原本以为是不可以吃的。为了生存,你必须抛弃挑食、偏食的毛病,只要是能吃的东西,你都要吃下去。

(6)疲劳

疲劳会削弱你的心智能力,使你对一切漠不关心,产生一种"我不在乎"的感觉。用力过度或劳神过度都会导致疲劳,一些心理因素也会导致疲劳,如无望、缺乏目标、不满、受挫、厌倦等心理。这个时候,治愈疲劳的首选方法当然就是休息。当疲劳已经影响到你的精神及生理能力时,你自己能感觉出来。如果你意识到情况危急,你多半会振作精神继续前进。精神上引起的疲劳有时可以通过行为的改变来克服,或者可以进行一些不太剧烈的运动,或者去和别人谈话交流。

（7）厌倦

重复和单调是产生厌倦情绪的两大原因，随之而来的是失去兴趣，感到紧张、焦虑和沮丧，这个时候特别容易灰心丧气，看不到解脱的希望。要克服厌倦情绪，你必须时刻将自己的目标——生存谨记于心。

（8）孤独

孤身一人于艰难、危险的处境中常常会引起另一种压力——孤独。孤独会让你产生无助、绝望的情绪。要克服这些情绪，自足能力非常重要。

你在生活中一直发展着你的自足能力。你学会了如何自己动手做东西，独处时如何让自己舒适，如何接受新环境，如何处理新问题，等等。除此之外，你的训练又给你提供了很多补充知识，教你如何面对可能会遇到的种种问题和环境。你已经为了一个深思熟虑的目标准备好了去参与，去计划，去思考。这些都是应付孤独的对策。

你可以通过练习增强你的自足能力——完全依靠自己的能力。你每天都有这样的机会去练习：自己做决定，并且依靠自己；体验新情况，解决出现的新问题。你必须学会接受新情况或者紧急状况的现实，然后采取适当的行动。这是生存必须具备的最重要的心理素质。不要坐以待毙，动起来！

4. 态度

不管发生什么事，具有"生存态度"是极为重要的。对于紧急事态的演习，不管是精神上的，还是实际上的，都可以为你以后采取习惯性举动做准备。关于生存的知识和演习会给你自信——生存态度，会让你对任何突发事件有所准备，尽管你在当时可能没有完全意识到。一个人若没有积极的态度，在身处可怕的环境时很容易惊惶失措。

5. 个人素质

求生过程中个性也很重要。事实上，它可能比危险、天气、地形，或者紧急情况的性质更能影响求生的结果。例如，疲劳是使头脑迟钝还是使头脑更加敏锐；是削弱了采取必要求生措施的能力，还是加强了这种能力；是动摇了继续前进的决心，还是增强了这种决心；在很大程度上，这不是取决于形势，而是取决于人。下面的个人素质对于生存非常重要：

① 能做出决定。

② 能灵活变通。

③ 能独自生存。

④ 能适应环境，把不利变为有利。

⑤ 能保持冷静和镇定。

⑥ 希望最好的结果，同时也准备好应付最糟的情况。

⑦ 有耐心。

⑧ 随时准备迎接最坏情形的发生。

⑨ 能洞悉他人，能预知其他人会做什么。

⑩ 明白恐惧和担心来自哪里，并懂得如何控制它们。

6. 求生行动

当你被孤独地隔绝于险境时，只要你脑海中时时刻刻把关键词"生存"放在首要位置，你就能减少甚至克服这种隔绝带来的震惊。指导你的行动：

（1）评估

①评估环境。决定地区模式。先对周围的情形有一个大致的了解，每种环境——不管是森林，灌木丛，还是沙漠——都有一个规则或者说模式，模式包括动物和鸟类的声音、活动，昆虫的鸣叫等。

②评估生理状况。生存的刺激可能会使你没有注意到自己已经受了伤。检查伤口，并自己进行急救措施，还要尽量避免身体进一步受到损伤。例如，不管在什么气候下都要大量补充水分，防止脱水。如果是在湿冷的气候下，要多穿衣服，防止体温过低。

③评估装备。检查一下，看看你还有哪些装备，并检查它们的性能。

你已经评估了你所处的形势、环境、生理状况、装备情况，现在你可以制定生存计划了。与此同时，牢牢记住最基本的生理需要：水、食物和避身场所。

（2）不可盲目

盲目冒进只会浪费时间。不要只是为了行动而行动，在决定行动之前要对形势进行通盘考虑（评估形势）。如果你轻率地采取行动，你可能会忘了或者丢了某些装备，可能会迷失方向，不知道该往哪个方向走。

（3）记住

记住自己在哪儿。在地图上圈出你所处的位置，并且画出它和周围地形的关系，这是一个你应该遵循的基本原则。如果还有其他人和你在一起，那么要确保其他人也知道他们自己的位置。密切注意你在何处以及将要去何处。坚持自己判断方位，至少你应该努力尝试判断你的位置和下面位置的关系：水源（这在沙漠地区尤为重要）；能够提供隐蔽和掩护的区域。

这些信息在你求生或逃生时能够帮助你做出明智的决定。

（4）克服

克服恐惧和惊慌。求生过程中最大的敌人是恐惧和惊慌，如果不加以控制，你就难以做出明智的抉择，它们会让你跟着感觉走，被想象牵制，而不顾实际情形；它们会使你紧张，导致一些消极情绪的产生。生存训练以及自信能帮助你克服恐惧和惊慌。

7. 应急措施

在日常生活中，我们可以买到各种各样的物品，很多物品坏了的时候重新替换是很方便的，这种"来得容易，去得容易，换得容易"的做法使得应急措施在我们的日常生活中显得没有必要，但这种能力的缺乏在求生环境中可能会成为你的致命伤。所以你需要学习当场制作的应急本领。拿一个有特别用途的工具，看看它还有多少其他的用途。学会就地取材，例如拿石头当锤子用。无论你带了多么齐全的求生工具，在经过一段时间之后，它们都会用完或者损坏，但是想象力是无穷无尽的，要运用你的想象力。

8. 珍惜

珍惜生命。我们每个人都是拳打脚踢地来到这个世界的，但是渐渐地我们习惯了舒适的生活。我们把生活变得越来越舒适，不喜欢不便和不适，所以当我们处于极度不适、不便、充满压力的求生困境时会发生什么呢？这个时候，求生的意志——珍惜生命——是极为重要的。你从日常生活以及专门训练中获得的经验、知识都和你的求生意志有重大关系。面临困境绝不屈服的顽强意志会给你精神上、体力上带来巨大的力量，忍受种种痛苦,而坚持下去。

9. 行事

像当地人一样行事。一个地区的当地居民和动物已经适应了当地的环境,所以若想了解那个地区,最好去观察当地人是如何进行日常生活的。他们什么时候吃饭?吃什么?他们什么时候、在哪里以及如何获得他们的食物?他们什么时候、去哪儿找水?他们通常什么时候睡觉?什么时候起床?作为一个求生者,这些事情对你很重要。

该地区动物的活动也可以给你提供生存线索。动物也需要食物、水和避身场所。观察它们你就可以找到水和食物。

10. 活下去

靠自己的智慧活下去,但是现在,要学习基础技能。

没有经过生存的基础技能训练,那么你在危险情况下求生的机会是微乎其微的。

现在就去学习这些基础技能,不要等到发生了危机才去学。你需要知道你将要去的地方的环境,必须练习适合那个环境的基础技能,比如说,如果你要去的地方是沙漠地区,那么你需要学习如何在沙漠中寻找水源。

在训练中要不断实践、应用那些生存的基础技能。生存训练可以减少你对未知环境的恐惧,增强你的自信,教你如何靠自己的智慧活命。

11. 生存方案

你需要设计一套生存方案来克服前面提到的种种困难。这套方案需要包括以下救生物资:食物、水、避身场所、火、急救用品、信号。这些物资需要按重要性的次序排列好。比如,在寒冷的环境中,你需要生火取暖,需要避身场所遮挡冷空气、风、雨或雪;需要设计一些陷阱或圈套以获得食物;需要疗伤治病的急救用品。如果你受伤了,无论身处何种气候环境,急救用品都是第一需求。

你需要根据不同环境中不同的生理需要改变生存方案。例如,在沙漠中,在你没有受伤的情况下,水是需要最优先考虑的。

【复习思考题】

1. 主要的应急解渴方式有哪些?

2. 野营中的"三大纪律""八项注意"是指什么?

3. 实现野外求援的方式有哪些?

<<< **第五章**

应急处置

实操案例

　　"两会"期间，某市政协委员联名提交了《将民间山地救援力量纳入政府应急体系的提案》，建议将市登山户外运动协会等民间组织作为社会救援力量重点培养，建议政府资助和扶持山地救援队的建设，并将其纳入市应急救援体系。

　　虽然国内民间山地救援队如雨后春笋，但作为正式提案在"两会"上提出还是第一次。所以，提案一经提出便得到市民的广泛关注。毫无疑问，如果提案能够实施将是城市在打造公共服务型政府、实现小政府大社会方面的一大进步。

　　民间组织参与社会公共服务是成熟社会的重要标志之一，就高山探险和野外活动来说，由于经常发生意外，在欧美发达国家早已建立成熟的登山救援体系。如成立于1950年的美国全国性组织救援协会，各州都有分会，每个分会又设多个救援中心，每个救援中心又有数十名志愿者。他们在业务上归地方警察局领导，求救电话一样是911；所不同的是，救援协会的所有成员全是志愿者。欧洲多个国家的救援体系与美国相似，也是由志愿者组成，与军队、警察、保险、医疗等部门合作实施救援。

　　即使是在我国的港台地区，类似的组织也已整体建立。台湾遍及全岛的救难协会，也是全由志愿者组成；香港受港府支持的民众安全队，则以区区数十人的编制撬动了一个数千人的组织，在民众的安全救助和安全教育方面都有出色的表现。综观这些组织，共同特点是都成为全社会安全保障体系的一部分并得到政府的"优惠"政策——办公地点由政府提供，购置车辆、器材免税，志愿者参与培训和救援时，所就职机构绝不扣薪水，无条件支持等；且在援助工作方面与军队、警察、保险、医疗等部门之间合作密切。

　　事实上，由志愿者和社会组织参与公共事务的优势非常明显：户外爱好者熟悉野外线路、经常攀岩和锻炼、有较好的装备和体力、反应速度快、志愿者数量大、类型丰富等，政府将其纳入应急救援体系，可以很好地协助相关部门应对周边山野区域的突发事件，实施救援。但另一方面，民间救援组织也存在先天不足，如对大范围遇险地域无法实施有效的、不间断的监控，对全方位、多层面的人力、物力调度力不从心，无法通过体制有效调动行政资源参与救援等。

而上述正是政府部门的强项,所以,政府部门在指挥、调度之外,还承担着救援过程中的责任和后果。因此,野外救援的政府应急体系建设就显得非常重要。同时,在政策和立法上,对民间救援组织的功能、作用加以明确,并给予足够的支持和帮助,则二者更容易拧成一股绳。

此次提案的提出,说明政府救援和民间救援组织,将有望共同织成一张保障公民生命安全的生命之网。

第一节　抽筋、扭伤与脱臼

一、抽筋

肌肉发生不由自主的强直性收缩,就是肌肉痉挛,俗称"抽筋"。在运动中发生肌肉痉挛多见于小腿腓肠肌,其次为屈肌、屈趾肌和屈指肌。

(一)原因

①寒冷刺激。如在冷水、冷空气等环境中锻炼时,若准备运动不足,易发生肌肉痉挛。

②电解质失调,特别是夏天运动时大量出汗,使体内电解质平衡失调而引起肌肉痉挛。

③肌肉收缩失调或损伤。如过快的连续收缩,使肌肉放松不够而造成痉挛,或运动中,肌肉有反复微细损伤,引起保护性强直收缩。

(二)表现

肌肉痉挛时,局部变硬,疼痛难忍,指、趾不由自主地屈曲,难以伸直。

(三)处理

①牵拉屈曲的指(趾),使过伸,以使痉挛的肌肉被牵伸而解痉,然后局部按摩,热敷。

②离开寒冷环境的刺激,喝些盐开水。

(四)预防

①加强锻炼,提高适应能力,运动前充分做好准备活动,特别在寒冷环境中锻炼时,尤需注意这点。对易发生痉挛的肌肉,进行适当的按摩。

②冬季注意保暖,冬泳不能在水中过长时间不活动,夏天游泳如水温较低时,游泳时间不宜过长。

③夏天出汗多,注意喝些盐开水,补充电解质。

④疲劳时,不宜长时间剧烈运动。

二、扭伤

因关节活动过度,超过正常范围,使周围的筋膜、肌肉、肌腱等受强力牵拉,发生损伤或撕裂,称扭伤(俗称扭筋)。扭伤常发生在剧烈运动、行走在高低不平的路上、穿高跟鞋、下楼梯等情况下。扭伤常发生在踝部、腰部、颈部及手腕等处。伤后出现关节肿胀、剧痛、活动受限、关节皮下瘀血,腰部扭伤不能扭转及侧弯,足踝扭伤不能行走等情况。

（一）原因

多由剧烈运动或负重持重时姿势不当,或不慎跌倒、牵拉和过度扭转等原因,引起某一部位的皮肉筋脉受损,以致经络不通、经气运行受阻、瘀血壅滞局部而成。

（二）表现

关节扭伤常会伴随着肌腱组织撕裂或离位。伤员疼痛难忍,受伤部位肿胀,时间一长会出现青肿斑。急性腰扭伤的临床表现为急性腰筋膜损伤、急性腰部韧带损伤及急性腰椎后关节紊乱等。

（三）处理

扭伤的一般处理原则是让患者安定情绪,固定受伤部位,用冷湿布敷盖患处。颈部、腰部扭伤者在搬运时不可移动患部。扭伤常伴有关节脱臼或骨折,无论轻重,不要马上洗澡、按摩,必须立即送到医院治疗。另外,如果是脚踝扭伤,除立即冷敷外,还要用宽布条或布兜来固定;如果要继续走路的话,不要脱掉鞋,若脚肿穿不上鞋,可用脚踩穿着鞋固定好,到附近医院骨科就诊。

（四）预防

每次运动前充分做好准备活动,特别是习惯性扭伤的部位,还可以买护踝、护腕、护膝等护具。而比较专业的户外活动,还可以按照专业运动员的方式进行贴扎,及时用专业的贴布在脚踝位置进行固定。

三、脱臼

猛然跌落、撞击都可能会引起关节脱臼。受伤部位明显畸形,疼痛剧烈。皮肤下常能明显感觉到脱臼骨骼的一端。没有明显的摩擦声,因为骨骼端部通常不易损伤。痉挛的肌肉会缠绕骨骼,复位动作会有剧烈的疼痛,肩部尤其容易脱臼。

脱臼的类型与复位方法如下:

（一）肩部脱臼

脱去你的靴子,用脚撑在伤员腋下,拖动脱臼的臂部,使之复位。另一种可行但更冒险的方法为——屈肘90°,用作杠杆,顶位关节窝使之复位。

用吊索支持臂部并用绷带使之与胸部固定,好好休息。

（二）手指脱臼

拽动手指,再慢慢放松,使骨头复位。如有人握牢伤员的腕部,效果更好。

此法只可用拇指轻轻一试,如不起作用,则不可再进行下去,以防引起严重伤害。

（三）腭部脱臼

腭部错位通常是由于遭到打击引起,而有时甚至是因为打呵欠!

在下牙上放好布衬垫,使病人的头部靠牢。用拇指向下压动衬垫,同时用手指使腭部错位处前后转动,这样会使其突然复位。

头部与下腭用绑带缠绕固定两星期,食物应松软。

第二节　毒虫毒蛇咬伤

一、蜈蚣、千足虫咬伤

蜈蚣属中某些体型较大的蜈蚣能攻击性咬伤致痛,并引起局部水肿和红斑。并以淋巴管炎和淋巴结炎常见,坏死罕见,感染几乎没有。症状和体征很少持续超过 48 小时。仔细观察伤口可发现有 2 个针刺样创口,每个创口由蜈蚣的各上颚所致,凭这一特点可与蜘蛛咬伤的伤口区别。

千足虫不咬人,但触摸摆弄它时可分泌出能引起局部刺激的毒素,严重的可致明显的红斑、疱疹和坏死。

将冰块置于蜈蚣咬过的伤口有止痛作用。如皮肤中有千足虫的毒性分泌物,则应该用大量肥皂和水清洗,不要用酒精。若皮肤发生反应,局部可敷以皮质类固醇。眼部受伤者需立即淋洗,并应用皮质类固醇眼药水或软膏。

二、蝎咬伤

蝎螫刺通常仅引起局部疼痛和轻微肿胀,造成淋巴管炎和区域性淋巴结肿,伤口周围皮肤温度上升和触痛。毒液可立即引起疼痛和受累部位的麻木和刺麻感,但通常无肿胀。儿童可能出现紧张不安和头、颈、眼异常而胡乱地晃动,成人主要表现为心动过速、高血压、呼吸加快、体弱无力和运动障碍。成人和儿童均可能发生呼吸困难并常并发流涎过多。褐尾蝎螫刺 6 岁以下儿童和高血压患者可致死。

世界已知 1500 多种蝎中有 25 种可置人于死地,"死亡追踪者"的毒性是最毒的响尾蛇的 2 倍。剧毒蝎特征都是尾大钳小。蝎的毒性普遍小于蜘蛛,但其穿透力、注入的毒量不容忽视!

三、蜜蜂科(蜜蜂,野蜂)和黄蜂科(马蜂,黄色胡蜂,蚂蚁)蜇伤

人并非蜂类的食物,蜂一般不会主动攻击人,除非你有意或无意地刺激、伤害了它们。所以预防蜂蜇的办法,主要是避免惊扰蜂群和蜂窝,其次是做好个人防护。

穿越丛林时,不要随意摇晃树枝。零星几只蜂在你身边飞舞骚扰时,不必理会。蜂停落在头上、肩上时,轻轻抖落即可,千万别拍打。若遇见蜂巢,应绕行避开,不要过于靠近。扎营前应观察周边环境,避免在蜂巢或蚁穴附近宿营。

户外活动宜穿长袖衣裤,尽量减少裸露部位。蜂类嗅觉极为敏锐,女孩子出行前不要

浓妆艳抹,因为化妆品内含的化学合成物质,其分子结构和气味往往模仿天然花香,易被误认为蜜源而"招蜂引蝶"。

很多膜翅目昆虫的螫针可留在皮肤内,因此无论采用何种方法,都应将螫针尽快清除。将冰块置于螫刺部位可减轻疼痛。蜂尾有针刺,蜇伤皮肤时,注入毒液。在各种蜂中,以土蜂和大黄蜂毒性最大。各类蜂含有的毒液,虽其主要成分都为神经毒、蚁酸、组织胺等,能引起溶血及出血,但是各种成分相对含量不一,而表现出酸性或碱性,例如黄蜂的蜂毒属碱性,而蜜蜂的蜂毒属酸性。

万一被蜂蜇伤,可采取以下措施:

①要镇静自若,千万不要惊慌奔跑,更不要随便扑打,以免吸引蜂群追逐而遭受多处蜇伤。必要时以衣物包裹头面部等暴露部位,就地趴下,等蜂群散去再行处理。

②查看被蜇处是否留有蜂刺,蜜蜂的刺留在伤口内,被蜜蜂蜇伤后应立即拔除蜂刺。野蜂刺入后尾刺收回,所以伤口内无毒刺。

③蜂的种类不同,所含的毒液及处理方法亦不同。若被黄蜂蜇伤,伤处可涂以米醋、稀盐酸等弱酸性液体;若为蜜蜂蜇伤,则应涂以3％氨水、5％碳酸氢钠溶液或肥皂水等碱性液体,以中和蜂毒。

④伤口周围可擦以南通蛇药(即季德胜蛇药);或用紫金锭或六神丸等药研末湿敷患处;或因地制宜,选用中草药如鸭跖草、青苔、七叶一枝花、半边莲、蒲公英、紫花地丁、鲜马齿苋、野菊花、桑叶等鲜品捣烂外敷;或用大蒜、生姜、鲜茄子、韭菜等一同或单种捣烂敷患处。这些中草药都有解毒、止痛、消肿之功效。

⑤内服药物治疗。可用抗组织胺类药物,例如氯苯那敏、苯海拉明等内服,有助于消除水肿、痒痛等轻度过敏反应。亦可用金银花50g、生甘草10g,绿豆适量煎汤饮用,具有加速毒素排泄和解毒作用。

如果被蜂多处蜇伤,或蜇伤后引起全身症状,或有较严重的过敏反应者,应立即送医院急救治疗,切不可麻痹大意。

四、毒蛇咬伤

蛇是食物链中不可缺少的一环,是维持生物多样性和生态平衡的重要成员。蛇对人类的益处,远远超过它偶尔对人造成的伤害。所以,野外遇蛇,一不要惊慌,二不要冒险挑逗,三不要伤害它。正确的处置是尽量不去惊扰它,能避开就避开;无法避开的,可以用打草惊蛇的方法驱赶。

被毒蛇咬伤后一般在局部留有牙痕、疼痛和肿胀,还可见出血及淋巴结肿大,其全身性症状因蛇毒性质而不同。急救原则是及早防止毒素扩散和吸收,尽可能地减少局部损害。蛇毒在3～5min即被吸收,故急救越早越好。

(一)毒蛇咬伤现场急救

①绑扎伤肢。在咬伤肢体近侧约5～10cm处用止血带或橡胶带等绑扎,以阻止静脉血和淋巴液回流,然后用手挤压伤口周围或口吸(口腔黏膜破溃者忌吸),将毒液排出体外。

②冲洗伤口。先用肥皂水和清水清洗周围皮肤,再用生理盐水、0.1％高锰酸钾或净水反复冲洗伤口。

③局部降温。先将伤肢浸于4～7℃的冷水中3～4h,然后改用冰袋,可减少毒素吸收速度,降低毒素中酶的活力。

④排毒。咬伤在24h以内者,以牙痕为中心切开伤口成"＋"或"＋＋"形,使毒液流出,也可用吸奶器或拔火罐吸吮毒液。切口不宜过深,以免损伤血管。若有蛇牙残留宜立即取出。切开或吸吮应及早进行,否则效果不明显。

⑤药物治疗。常用的解毒抗毒药有上海蛇药、南通蛇药等,还可用半枝莲60g、白花蛇舌草60g、七叶一枝花9g、紫花地丁60g水煎内服外敷。还可用激素、利尿剂及支持疗法,对本病有辅助治疗作用。加强野外作业的防护,掌握毒蛇习性,尽量不要裸露腿足,必要时穿长筒靴,蛇伤即可避免。被毒蛇咬伤后切忌奔跑,宜就地包扎、吸吮、冲洗伤口后速到医院治疗。

(二)全身治疗

全身治疗最好与局部处理同时进行,及早解毒,挽救生命。

①抗蛇毒血清:需先做过敏试验。如皮试阳性,可脱敏注射。

②早期大剂量应用肾上腺皮质激素。

③蛇药及某些中草药,如南通蛇药、群生蛇药、半枝莲、万年青等,有解毒功能,应尽早服用及外敷。首次口服量要大,一般是常用量的两倍,外敷是将药溶成糊状敷在伤口及其周围。

④对症支持疗法、抗生素防止感染等。

第三节　狗咬伤

被狗咬伤后,应该如何正确处理伤口和进行预防接种措施呢?

①被咬后立即挤压伤口排出带毒液的污血或用火罐拔毒,但绝不能用嘴去吸伤口处的污血。

②用20％的肥皂水或1％的新洁尔灭彻底清洗,再用清水洗净,继用2％～3％碘酒或75％酒精局部消毒。

③局部伤口原则上不缝合、不包扎、不涂软膏、不用粉剂以利伤口排毒,如伤及头面部,或伤口大且深,伤及大血管需要缝合包扎时,应以不妨碍引流,保证充分冲洗和消毒为前提,做抗血清处理后即可缝合。

④可同时使用破伤风抗毒素和其他抗感染处理以控制狂犬病以外的其他感染,但注射部位应与抗狂犬病毒血清和狂犬疫苗的注射部位错开。

狂犬疫苗注射原则上是接种越早效果越好。但是,超过24h注射疫苗,只要在疫苗生效前,也就是疫苗刺激机体产生足够的免疫力之前人还没有发病,疫苗就可以发挥效用,对暴露已数日数月而因种种原因一直未接种狂犬疫苗的人,只要能得到疫苗,也应与刚遭暴露者一样尽快给予补注射,争取抢在发病之前让疫苗起作用,这时,前一针或前两针的接种剂量应当加倍。

第四节 热昏厥、脱水、晒伤

一、热昏厥

体质较弱的登山者,在夏季登山活动中,由于活动剧烈、体力消耗过大,尤其是未能及时补充体内损失的水分和盐分时,容易发生热昏厥。

热昏厥的主要症状表现为:感觉筋疲力尽,却烦躁不安,头痛、晕眩或恶心;脸色苍白,皮肤感觉湿冷;呼吸快而浅,脉搏快而弱。可能伴有下肢和腹部的肌肉抽搐;体温保持正常或下降。

为避免发生热昏厥,一些体质较弱的登山者,在参加夏季登山活动中应特别注意避免体力消耗过大的活动,注意休息节奏、保持体力。应多喝一些含盐的水或饮料,及时对体内的电解质损失给予补充。

一旦发生热昏厥,应尽快将患者移至阴凉处躺下。若患者意识清醒,应让其慢慢喝一些凉开水。若患者大出汗,或抽筋、腹泻、呕吐,应在水中加盐饮用(每公升一茶匙)。若患者已失去意识,应让其卧姿躺下,充分休息直至症状减缓,再送至医院进行进一步救治。

严重的热昏厥即热中风,有时候也称为中暑。属于一种紧急状况。中暑的时候,人体会由于累积了大多的热而使得核心器官的温度升高到危险的程度(41℃,甚至更高)。

中暑的症状包括:

①心理状态改变(意识模糊或是无法配合,慢慢陷入昏迷)。

②脉搏极快。

③头痛。

④虚弱。

⑤皮肤热烫而泛潮红(有时候皮肤是干的,不过不一定)。

中暑时必须立刻处理,即使病人可能无法合作。将病人扶到阴凉处,把包了冰块在凉水中浸过的毛巾敷到他头部和身上,或是用蒸气冷却法(把水泼到身上、头上并不断吹风或扇动空气)以降温。等到体温降到38℃左右,就不必再继续降温。不过,要继续观察病人的温度和一般状况,因为这种不稳定的温度会持续一段时间,体温有可能会再度升高,这时又需要再度为他降温。如果病人的呕吐反射能力和吞咽能力没有受损,可以给病人喝冰凉的流质。

二、脱水

脱水时常伴以失钠等电解质丢失症状。当脱水甚于失钠时可引起血浆及细胞外液浓缩而发生高渗性脱水,即血浆渗透压大于正常高限(约 300mmol/L)。如脱水失钠比值与血浆(如小肠液)相近时则引起等渗性脱水,即虽脱水,但血浆渗透压维持正常。如脱水少于失钠,则发生低渗性脱水,则血浆渗透压低于正常低限(约 270mmol/L)。但不论何种脱水,体液水分均减少,引起体液量缺失。

早期"识别脱水"并"预防脱水"是炎热气候条件下至关重要的自我保健问题。"口渴感"固然是人体自我保护的一个十分重要的脱水信号,它告诉我们身体已经脱水,需要及时补充液体。其实"口渴"并不是唯一的信号,在这之前,有些人往往已出现尿量减少,尿色变深,皮肤起皱,体力疲劳,食欲下降等早期症状。脱水进一步发展,症状加重,还可以表现为情绪烦躁、体温升高、心率加快、感觉迟钝、注意力不集中,运动或劳动动作协调能力减退等,易造成运动伤害。当脱水达到以上状态时,表明脱水已影响人体细胞和组织器官,也就是现代运动医学经常提及的"体渴"。如不及时纠正,将可能进一步发展成严重脱水、中暑或休克等热病。

户外运动中脱水的预防主要有:

①提高对运动性脱水的耐受性。经过在各种环境下进行各种强度的运动和训练,可增强对运动性脱水的耐受性。

②进行补液,防止和纠正脱水。及时的补液,使机体水分达到平衡。应根据运动情况和运动特点,在运动前、中、后补水补液。补液的原则是少量多次进行补充,同时还应适量补充无机盐。

三、晒伤

强烈的紫外线(UV)是由太阳辐射而来,尤其在受到冰雪的反射后,在高山上没有防备的登山者很可能会被灼伤。过度曝晒在紫外线辐射下而受到的灼伤可能会很严重,不过这是可以预防的。某些药物(例如四环素以及糖尿病的口服药)可能会增加人体对太阳的敏感度,因此受到灼伤的危险也会增加。

要预防晒伤,你必须先察觉到有被灼伤的危险。云层的遮盖无法有效过滤紫外线,因此即使是阴天,你还是必须做皮肤的防护措施。

最有效的预防方法是用衣物把暴露在外的皮肤包起来。由于衣物的织法和纤维各有不同,过滤紫外线的效果也是好坏互见。织法紧密的衣物效果较好,虽然穿起来比较热。有些质地轻的衣服经过特别处理,有过滤阳光的效果。帽子应该有个宽帽缘,以保护你的后颈、脸部和耳朵。

如果皮肤非暴露于外不可,防晒产品可以延长你在阳光下停留的时间而不被灼伤。这些包含太阳保护因子系数(即防晒系数,SPF)的产品通常市面有售,所谓 SPF,是一种估计延迟晒伤效果的指数。例如,如果某个产品标示出 SPF40,应该可以让一个人在阳光下多晒 40 倍的时间,才会像一般人在正常曝晒后开始受到灼伤。

选择哪种 SPF 系数最好,要看你个人的敏感度以及环境曝晒的严重程度。防晒产品通常会包含一种化合药剂(抗氨基苯酸 PABA)或是二苯甲酮,能够吸收紫外线以防灼伤。防晒剂(sun-blockagents)也很有用,这些药剂中包含了氧化锌之类的成分在内,可以反射紫外线。一般而言,特别敏感的部位最好不要用防晒剂,例如鼻子和耳朵,而范围较大的部位则用比较不刺激的防晒剂。流汗之后,这些药剂或许都需要重新涂抹一次。

有些防晒剂在寒冷状况下可能很难挤得出来,所以如果你隔天要在冷飕飕的清晨前往冰河,前一天晚上就要考虑到你爱用的防晒剂可能会有这个问题。含 PABA 成分的防晒剂保存期限不长,所以购买时和放入背包准备带上旅途时,要看容器上所标示的有效期限。

第五节　出血、骨折

一、出血

(一)出血种类

止血前需检查清楚出血情况,根据出血种类而采取不同的止血方法。

1.毛细血管出血

毛细血管出血呈小点状的红色血液,从伤口表面渗出,看不见明显的血管出血。这种出血常能自动停止。通常用碘酒和酒精消毒伤口周围皮肤后,以消毒纱布和棉垫盖在伤口上缠以绷带,即可止血。

2.静脉出血

静脉出血呈暗红色的血液,迅速而持续不断地从伤口流出。止血的方法和毛细血管出血大致相同,但须稍加压力缠敷绷带;不是太大静脉出血时,用上述方法一般可达到止血目的。

3.动脉出血

动脉出血来势凶猛,颜色鲜红,随心脏搏动而呈喷射状涌出。大动脉出血可以在数分钟内导致患者死亡,需急送医院抢救。

(二)动脉出血的止血方法:

1.指压止血法

用拇指压住出血的血管上方(近心端),使血管被压闭住,中断血流。在不能使用止血带的部位,在身边没有器材或紧急情况下,可暂用指压止血法。

2.采用加压包扎法止血

伤口覆盖无菌敷料后,再用纱布、棉花、毛巾、衣服等折叠成相应大小的垫,置于无菌敷料上面,然后再用绷带、三角巾等紧紧包扎,以停止出血为度。这种方法用于小动脉以及静脉或毛细血管的出血。但伤口内有碎骨片时,禁用此法,以免加重损伤。

3.采用止血带止血法

四肢较大的动脉出血时,用止血带止血。最好用较粗而有弹性的橡皮管进行止血。如没有橡皮管也可用宽布带以应急需。用止血带时,首先在创口以上的部位用毛巾或绷带缠绕在皮肤上,然后将橡皮管拉长,紧紧缠绕在缠有毛巾或绷带的肢体上,然后打结。

止血带不应缠得太松或过紧,以血液不再流出为度。上肢受伤时缚在上臂,下肢受伤时缠在大腿,才能达到止血目的。

注意:缚止血带的时间,原则上不超过一小时,如需较长时间缚止血带,则应每隔半小时松解止血带半分钟左右。在松解止血带的同时,应压住伤口,以免大量出血。

二、骨折

(一)骨折常见症状与体征

①疼痛:较明显,动则加剧,可引起休克。

②畸形:与健侧比较,有成角、变短等异态。

③活动失常:失去正常活动功能,而在关节以外的地方出现异常活动。

④肿胀:伤后不久便出现,也可成血肿。

⑤压痛:骨折处压痛最明显,轴线撞击时骨折处剧痛。

⑥骨擦音:轻微活动或推摸局部时,断端会出现骨摩擦音。

(二)诊断

根据受伤的情况,症状及体征可作如下诊断:

①闭合性单纯性骨折。骨虽已折,无明显移位,周围软组织无严重损伤。也没穿破皮肤。

②开放性骨折。骨断端穿破皮肤外露,易感染,须注意保护伤口,勿受污染。

③复杂性骨折。骨断端刺伤神经、血管、内脏,影响关节,产生严重症状。这些情况也可能由于救护或搬运不当而引起,必须注意防止。

④单纯性关节脱臼。

⑤复杂性脱臼,合并有关节骨折等情况。

(三)现场救护

①止血、止痛以抗休克。

②制动,以防发生其他损伤。

③对开放性伤口进行冲洗、包扎、防感染,应在数小时内送医院手术及注射抗破伤风血清。

(四)制动方法

①夹板固定。利用夹板固定之前,应先将骨折远端稍加牵引,然后固定,松紧要适度。

②自体固定。没有夹板或其他可代用材料的情况下,可利用伤者自己的躯干及肢体用三角巾或绷带作临时固定,如上肢固定于躯干,下肢利用健侧来作固定。

③其他物体固定。利用其他有一定硬度、韧性、长度和宽度合适的物体,代替夹板作固定。对脊柱骨折或有此怀疑之伤者,勿急急忙忙地将其从地上"救起",应以硬床板搬运,需几个人同时将其翻转到床板上,翻转要同步,勿使脊柱发生扭转,严禁徒手搬运或徒手将其抬到担架上。搬运时,最好采用俯卧位,若仰卧位则应在伤处加衬垫物,使脊柱呈过伸姿势,勿使发生扭转和前弯屈曲,以免损伤脊髓而造成截瘫。

第六节　雷击、溺水

一、雷电

不止一篇研究报告指出,高山环境下每年发生雷暴雨的次数,要比海岸地区高出5倍。夏季午后是最可能发生雷暴雨——因而产生闪电——的时刻,也因此对登山者造成危险。闪电很可能在好几里外就往前方的高地发散出去,也可能在主要云层的后面发出,不过这种情况较为少见。因此,即使不是暴风雨直接罩顶,你依然有遭到闪电击中伤害的可能。

受到闪电伤害的方式有好几种:直接击中,是指闪电在没有遮蔽的旷野中直接打中登山者;还有是电流先击中某个物体,然后传到正在附近寻找遮蔽的登山者身上;触电,是登山者手上握住的某个东西被闪电击中;地面传导是电流沿着地面或附近的某个东西而传到登山者身上;迟钝损伤,则是由于附近有闪电而被震波波及而产生。

被闪电击中后,立即发生的危险状况就是心肺停止跳动。被闪电击中的人并不会让救难人员触电,因此应该尽速对受害者检查呼吸通道、呼吸功能、循环功能以进行紧急救护。如果这些功能受阻,势必要进行心肺复苏术。将被闪电击中的受害者送医治疗是很重要的,因为即使在受害者苏醒之后,某些关乎生命存亡的身体功能或许还会有颇长的一段时间难以稳定。

闪电烧伤往往要在被闪电击中后好几个小时内才会发作。这种烧伤通常不需要治疗,因为仅在于人体的表层。然而,眼睛是电流很容易进入的地方,很可能会在闪电中受到伤害。耳朵也可能受伤,如受害者对救护人员的问题不作答,很可能就是因为闪电而丧失了听觉。

在出发之前仔细研究大气状况,以免在高风险的情况下登山,有助于你避免受到闪电的伤害。如果你在旷野中被雷暴雨困住,尽量找遮蔽的地方,遗憾的是,帐篷并不是很好的保护所。帐篷的金属支柱很可能会导电,所以在帐篷里要远离这些支柱以及湿的东西。不要去摸金属物品,例如冰斧、钩,也不要穿戴金属物件,例如冰爪。尽量不要站在高大的孤树残株旁边,或是山脊顶、瞭望高台上。不要站在伐木开垦出的空地中间,否则会成为附近最高的东西而变成避雷针。如果你人正在森林地区内,在一丛丛小树或是矮树林间找个较低而干燥的地方,蜷曲着身体或是跪下来以遮护自己。蜷曲在你的背包上也可以让你多一层保护,以免闪电击中地面而传导给你。

二、溺水

(一)当有人溺水时

①可以使用一根长竹竿或者树枝,又或者使用一条长绳并且使其依附在有浮力的物

体上(例如救生圈、救生衣),然后把这些辅助物抛给溺水者,随后把溺水者救到岸上。

②不要使自己处于危险之中;不要随便跳进水里,除非你非常肯定这样做是安全的。

③如果你曾经接受过救生员培训,而你又非常肯定拯救溺水者不会对自己造成任何危害的话,那么你应该立即采取行动进行抢救。

④如果在拯救过程中,你发现受害者呼吸停止的话,那么你应该尽快想办法让其恢复呼吸。一般来说,如果情况紧急时,在水里时就应该开始采取措施拯救溺水者,用人工呼吸法帮助其恢复呼吸。

⑤当溺水者被救上岸时,你应该继续为其人工呼吸,每隔几秒做一次。情况紧急时,可以在岸上进行心肺复苏急救,这是一种在紧急情况下(例如在电击或者溺水中),当伤者的呼吸或者心跳已经停止,救护人员对其进行急救的一种方法,具体来说,就是通过呼吸救助,为伤者的肺部提供氧气;通过按压胸口,帮助血液循环,直到伤者心跳及呼吸恢复正常为止。

(二)救护溺水者时还应该跟从以下步骤

①使溺水者保持平静不动,然后立即寻求医疗援助。

②脱去溺水者身上又湿又冷的衣服,可以的话,为其盖上一些可以保暖的衣物。这样有助于预防溺水者体温下降。

③如果溺水者有任何其他严重的伤情,立即对其进行急救。

④当溺水者恢复呼吸后,有可能会出现咳嗽以及呼吸困难的现象。此时,你可以做的是尽量打消他的忧虑,直到他获得医疗援助。

(三)救护"三不"原则

①如果你没有受过水上营救培训的话,不要尝试自己跳进水里拯救溺水者。

②如果水流汹涌的话,不要跳进去救人,因为这可能会危及你的性命。

③一般来说,拯救溺水者时并不多使用腹部快速按压法(就是施救者站在溺水者后面,一手握拳放在溺水者肚脐位置,另一只手放在拳头上并紧握,然后快速重复往内,往上压迫的动作)。除非你多次使用人工呼吸法尝试使氧气进入溺水者肺部,但最终都不成功,而且你又怀疑溺水者的气管堵塞,否则的话,不要使用腹部快速按压法。因为这种方法可能会使失去知觉的溺水者出现呕吐现象,随后还可能出现窒息现象。

(四)求救

如果拯救溺水者会危及你的性命安全,那么你应该立即打电话求救紧急医疗援助了。如果你受过救护培训,肯定自己能够拯救溺水者的话,那就应该立即采取行动救人了,同时,还应该打电话求救医疗援助。

溺水者救上岸后,应该接受医生的检查。因为有时候,即使溺水者获救后很快得到恢复,但是肺部并发症也经常会出现。

第七节　腹泻、食物中毒、疟疾

一、腹泻

野外卫生条件较差,但仍应养成良好的个人卫生习惯。要时刻牢记"病从口入"这一警语并严格遵守,做到不喝生水,尽可能吃煮食,随身携带消毒纸巾等,一般是不会与腹泻结缘的。

在户外活动中,由口接触到粪便而受到污染是肠胃传染病最常见的原因,会引起腹泻和肠胃绞痛。而粪便的来源往往就是户外运动者本身;动物的排泄物也会带来风险。在吃东西之前要将双手洗净,扎营地点尽量避开啮齿类动物的巢穴。把食物、饮水盖起来,以免这些动物夜间跑进去偷吃、碰触。

如果你要前往卫生及净水措施堪忧的地区登山,我们建议你先向医生请教,哪些抗生素和抗腹泻的药物能够预防感染。然而,服药不如小心饮食。避免吃生菜、不热的肉类海鲜,没煮过的水果、蔬菜,以及自来水、冰块;要坚持饮用煮沸过的水、瓶装的饮料,吃适当煮过的肉类、蔬菜,去卫生口碑好的餐馆。

如果感到进食后有胃肠不适,或进食的食物不太新鲜,均可服用黄连素片2～3片,能起到预防的作用。如果不慎染上急性腹泻,就立刻采取治疗措施。可口服黄连素片、易洛哌丁胺胶囊等,如无随身携带的药物,也可以进行按摩治疗,方法是病人俯卧,两肘撑在床上,两掌托腮,用枕头或其他软物(约20cm厚)垫在靠膝盖的大腿下使腰部弯曲;施治者用两拇指按在第2腰椎棘突(棘突即脊梁骨上突起的,能用手触到或可看到的隆起骨)两侧以强力朝脚方向按压2分钟,如此重复一次即可止泻。另外,腹泻时要多喝水以补充水分。

二、食物中毒

食物中毒所出现的症状,也因菌种类不同而症状各异。出现呕吐、发烧、腹痛和腹泻,与急性胃肠炎的症状相像,称为"急性胃肠炎型食物中毒"。以呕吐、腹内剧痛、高烧和严重脱水为主,严重时有虚脱、皮肤发紫、抽风和昏迷现象者,称为"类零乱型食物中毒"。还有一类由葡萄球菌毒素引起的食物中毒,表现为恶心呕吐(这种症状很突出)、脱水、肌肉抽筋,严重的可以引起虚脱,不发烧或者只有低烧,或者腹痛、头痛等。

食物中毒的应急处置办法:

①如果发现较早,应采取催吐的方法将食物吐出来,可用手指或其他代用品触及咽喉部,直至中毒者吐出清水为止。或者多喝盐水进行稀释。要尽量静卧休息,减少运动。

②洗胃。最方便的可用肥皂或浓茶水洗胃,也可用2%碳酸氢钠洗,此法亦能同时除

去已到肠内的毒物,起到洗肠的作用。在进行上述急救处理后,还应对症治疗,服用解毒剂。最简便的可吃生鸡蛋清,生牛奶或用大蒜捣汁冲服,其主要作用是吸附或中和生物碱、重金属和酸类等毒物。

③只要不吐或者呕吐停止之后,可以吃点流质食物,像牛奶、藕粉一类的东西,等症状好转、病情转轻时,不妨吃点稀粥、面片汤等,但须忌油腻,也不能吃辣椒、胡椒等。如果呕吐,就不要吃东西,可喝些茶水或淡盐水,以补充吐泻所失掉的水分,否则人会虚脱,陷入缺水的危险境地。

④病情严重时,可口服四环素一类的抗生素药物进行治疗。

⑤如果腹痛得厉害,应该先暂时保暖身体,躺下让腹部好好休息,用热水袋敷痛处,能缓解疼痛。发现病情加重、症状凶险,出现虚脱时,要迅速送医院治疗。

三、疟疾

(一)什么是疟疾?

疟疾是由疟原虫寄生于人体引起的一种传染病。在我国,主要有间日疟和恶性疟两种。疟疾的主要症状包括发冷、发热、出汗、全身酸痛等,有时还伴有呕吐、腹泻、咳嗽。病情严重的患者还会出现谵妄、昏迷和休克,以及肝、肾功能衰竭,如不及时救治,有可能因病情延误而危及生命。

(二)疟疾是怎样传播的?

疟疾主要是通过蚊虫叮咬人传播的。一般来说,人感染疟原虫到发病的潜伏期大约为 9～14 天。

(三)如何预防疟疾?

人类避免受疟疾感染,主要是避免受蚊子的叮咬。

①避免在原始森林和河涧逗留。

②使用 DDT 等杀虫剂,但是要注意保护生态及蚊虫抗药性等问题。

③到疟疾肆虐地区之前应该先做好防疫措施,例如请医师开奎宁类药物服用预防。

④若需要到郊外或森林,尽量避免在早晨或黄昏时等蚊虫活跃期间活动。

⑤穿着浅色长袖衣服、长裤、帽子,减少皮肤外露。

⑥使用蚊帐、蚊香等灭蚊措施,浸泡过杀虫剂的蚊帐效果更好。

⑦使用含 DEET 水剂的蚊怕水,涂在外露皮肤上,出汗后需要再次涂上。

(四)如何治疗疟疾?

间日疟患者一般采用磷酸氯喹加磷酸伯氨喹治疗,在第二年春季还要采用伯氨喹再进行一次抗复发治疗;非重症恶性疟患者可口服青蒿素类复方制剂,如双氢青蒿素哌喹片、青蒿琥酯/阿莫地喹片、复方磷酸萘酚喹片和复方青蒿素片等进行治疗;重症恶性疟患者应采用青蒿琥酯或蒿甲醚针剂进行抗疟治疗。

第八节 失温、冻伤

一、失温

和热衰竭或中暑正好相反,如果你发散的体热多于你所累积的热度,和寒冷有关的疾病就会趁机而入。当人体核心器官的温度降至 35℃ 以下时,就会发生体温过低的现象。和中暑一样,失温也是一种必须立刻处理的紧急状况,否则病人可能会丧命。

失温,是由于人体为了保持核心器官的温度,而使血液无法流到皮肤的表面和四肢。我们的体温会在环境影响下经由蒸发、辐射、对流、传导而降低。穿着湿衣物、暴露于寒风中,会使得体温过度降低的风险大为提高。失水也可能是这种风险的导因。

失温通常是由于长期暴露于寒冷的环境下,而不是因为极端的酷寒。一般而言,比起明显的危险情境(例如暴露于冰悬崖上,一阵 −30℃ 的寒风吹过来),绵绵细雨加上强风更可能引起失温。

失温的症状,会随体内核心器官温度降低的严重程度而有极大的差异,例如,发抖似乎是轻微的失温(体温在 32℃ 到 35℃ 之间),因为人体希望借由发抖所牵涉的肌肉运动而使体温回暖。如果失温的现象愈来愈严更,身体就会停止发抖。轻微失温的症状有:不停颤抖、双手摸来动去、蹒跚跌倒、心理功能迟钝、不合作或是封闭自己的行为。失温的病人通常不会去注意这些早期的征兆,而如果你怀疑有人体温过低,不妨要那个人假装前面有高空绳索,以脚跟对脚尖的直线步法走上 4~5m,如果那人协调失衡,会经由这个测试看出来。

如果是严重的失温(体温在 32℃ 以下),身体不再发抖,可是肌肉和神经系统功能会愈来愈差,而且愈来愈明显。病人虽然或许还能走路,但可能已无法保持平衡。他的肌肉僵硬,动作无法协调,除非已经恍惚或是其实已经昏迷,否则会做出意识不清或是不理性的行为。随着体温愈来愈低,几乎连呼吸或脉搏都无法观察到了。这时候病人的瞳孔或许会放大。

由于严重的失温,病人看来可能有如死去一般,你绝对不能放弃救治他的努力,恢复体温的工作要谨慎为之,并且视状况需要,同时或施行心肺复苏术或协助换气。

失温的治疗要由避免发散更多的体热开始,让病人不再暴露于寒冷中。将病人移出风吹和湿冷的地方,把湿的衣物脱去。如果是轻微的失温,穿上干衣物并且挡住风寒吹袭或许就已足够。如果病人的呕吐及吞咽能力无损,可以让他喝点流质,然后再吃一点有糖分的食物。失温应该持续治疗,直到病人恢复排尿为止。某些情况下,光靠这些措施并不能让病人恢复体温,或许需要某个队员以身体(必须是热的)直接接触,才能让他暖和过来。

至于严重的失温,让病人"慢慢回暖"是很重要的。如果可能,尽速将病人送到医院去回温。失温的病人必须小心搬移,以免无意间让大量的冷血从表皮的循环回流到心脏,这可能会导致另一个问题：心律失调。突然加温而休克也是另一种危险。

如果当场进行回温措施势在必行，可将热水瓶包在厚手套或是袜子里，然后放在病人的腋窝和鼠蹊处，因为这里的大血管最接近身体的表层。找一位身体温热的队员在睡袋（或是其他的干爽绝缘物件）中以体对体的方式直接接触病人。如果病人陷入半昏迷，不要喂他喝水。和中暑一样，严重失温的病人，即使核心器官的温度恢复正常后，还是必须时时观察，因为身体调节温度的机能可能会有一段时间并不稳定。

失温的预防和下面几点常识有关：

①避免弄湿身体，或是湿了之后要赶紧弄干。

②避免暴露于寒风之中，或是赶紧闪避。

③避免或杜绝产生失水现象的可能（在寒冷的情况下，身体或许会透过排尿而排出一些液体，因而导致脱水）。

④适当的隔绝湿冷措施。在户外运动中的成员一定要知道什么时候必须叫停。决不能忽视任何类似发抖这样小的细节，随时关注身边的每一个成员，这样才能确保活动安全。

二、冻伤

所谓冻伤，是人体某个部位因结冻而对血管和周遭组织造成了伤害，血管因而有可能严重甚至永久受损。最开始的时候，组织血管中的血液细胞呈现的是可逆的形态，可是后来这些细胞在供应组织养分的心血管中却凝结成了永久的块粒。皮肤伤害很普遍，这时皮肤的表皮和真皮会分离开来。受到冻伤的组织冷而硬，颜色苍白或呈深黑，皮肤上可能会出现水泡。受到冻伤的组织很脆弱，绝对不能去摩擦或压揉。

对付冻伤要从治疗失温开始。失温处理完之后，你应该评估一下，看看对局部采取回温措施是否恰当或必要。答案通常是否定的。如果冻伤的部位在解冻之后有可能在旅程中再度冻住，病人应该被送往医院，让他在适当的医疗环境下回温。如果身体某个部位解冻之后又冻住，坏死的组织层很可能会扩散到再度冻住的那一层界限。

如果队员的一双脚有冻伤，让这只脚保持冻住的情况是很重要的。因为一旦这只脚解了冻，病人就无法继续走路，必须由人抬着走。

鲜少人会认为对冻伤应该当场采取回温措施，而如果势必要当场进行，病人必须浸泡在 37℃ 至 42℃ 的温水中以使冻伤的部位回温，绝不可以更热。之所以不能用热水，是因为冻伤的部位极容易被烫伤。病人应该躺下来，把冻伤的部位抬高。

回温的过程中往往会出现水泡。是否该处理因冻伤而起的水泡，迄今犹有争议。如果是黑色或蓝色的水泡，绝对不能去碰；如果水泡呈现白色或粉红色，有些人建议消毒后挤出来，因为这些水泡当中存在一种血凝结素（一种破坏组织的物质），但也有些人坚决认为不要去管这些水泡比较安全，以减少感染的危险。有开口的伤口或水泡，应该用皮肤消毒剂轻轻洗净，然后用消毒敷剂盖住。如果病人对阿司匹林或布洛芬不会过敏，或许可以服用以减轻疼痛，并且对抗这种血凝结素。

【经验性训练】

1.要保证野外活动的十条经验性安全要求：

①掌握应急处理方法。

②注意天气预报。

③适时添加衣服。

④避免过于疲劳。

⑤尽量有规律地进食,并注意饮食卫生。

⑥充足睡眠,注意温度、姿势等。

⑦排便最好在早饭后进行。

⑧注意个人卫生,如不能洗澡,也要擦身换衣。

⑨保持集体友爱,互通信息,相互帮助。

⑩一旦发生事故,果断处理,切莫相互埋怨而耽误了抢救时机。

2.保持良好体能状况的三条经验：

①出发前每人应介绍自己的健康状况,如脉搏、体温等,核查后出发。

②注意脸色和表情等,如脸色不好,眼睛充血,打嗝过多,要马上向带队者报告。

③要注意过于沉闷和过于兴奋等精神方面的变化情况。

3.避免危险的六条经验：

①夜晚不要单独外出。

②不要靠近山崖、河边,以及火山口。

③不要在生疏山头上玩得太久,天气突变时,应找安全地方躲避。

④身体不行时,不要硬撑赶路,应暂时休息。

⑤出现迷路时要冷静判断,千万别慌不择路,乱跑乱窜。

⑥准备好紧急联络的方法等。

【复习思考题】

1.一般性肌肉痉挛、扭伤的主要处理方法是什么？

2.被毒蛇咬伤后如何实施现场急救？

3.中暑的主要症状与处理方法是什么？

4.如何止住动脉出血？

第六章

安全保障

实操案例

1.我国户外运动安全事故类型

通过对信息完整的 278 起户外运动安全事故案例分析发现,户外运动安全事故主要有六大类,滑坠、迷路被困失踪、天气原因、身体不适、交通事故和其他事故含纠纷案件、野生动物突袭、误食蘑菇等。其中迷路失踪被困和滑坠事故,分别占 37.6%和 32%,为高发事故项目,其次是天气事故占 17.6%和交通事故占 9%。

2.我国户外运动安全事故的时间和空间特征。

时间特征。以 2011 年 85 起安全事故案例进行时间特征分析可见,户外运动安全事故发生的月度分布存在较大差异性。在年度安全事故中,10 月份的安全事故数目最多,占 27.6%,其次是 11 月、7 月、8 月、9 月和 5 月份,分别占年度安全事故总数的15.29%、11.76%、10.59%、9.41%和 8.2%,其余月份的事故发生率则在 1.2%至 5.5%之间。10月份的安全事故发生率最高,显然与"十一黄金周"的长假有关;11 月是旅游和户外运动的最佳时间,户外运动频繁,安全事故发生率也较高。7 月、8 月和 9 月是学生暑假和旅游的旺季,户外运动数量增加的同时带来安全事故率的上升。

空间特征。从 278 起安全事故案例分析发现,户外运动安全事故的空间特征表现出以山林森林、峡谷悬崖、雪山、岛屿、河川区域和沙漠等为主的自然空间特征,其中以山林森林最为突出,占事故总数的 46.9%,迷路被困较为常见,峡谷悬崖的安全事故发生率也较高,占 20.2%,其事故表现为坠崖、坠溪以及被困峡谷等,高海拔雪山也是户外安全事故多发区,占 18.8%。

以 2011 年的年度安全事故案例分析发现,明确发生省份和地点的案例有 80 个,其中广东省最多,达到 11 例,其次是四川、陕西和北京均为 9 例,广西和河南都为 6 例。

3.安全事故与组织形式的相关性

户外运动休闲活动的五个组织形式:自发组织、网络组织、俱乐部组织、专业协会组织和赛事训练,以自发组织的户外活动发生的安全事故最多,高达 180 起,占户外运动安全事故案例总数的 60%以上。目前我国户外运动基本都是自发组织,没有经过严格的培训或者规范组织机构的指导,有些甚至完全是自行探险性质的活动,户外安全知识的欠缺和准备不足是导致户外运动安全事故发生的主要原因。在自发组织发生的户外运动安全事故中,驴友自发组织的安全事故和大学生自发组织的户外运动安全事故也占有一定的比例,分别有13起和7起。即使是目前较为流行的网络组织和户外俱乐部组织的两种户外活动,其发生的户外安全事故也占到近30%,需要引起关注与重视。数据也显示出由各省市体育局、登山协会等专业协会组织的户外运动发生的安全事故明显较少。

4. 活动项目与安全事故的相关性

以2011年发生的85起户外运动安全事故案例为例,登山和穿越活动项目是目前比较常见和普及性较高的户外运动项目,其安全事故的发生频率也是最高的,分别为37起(包括团队登山和个人登山)和38起(包括个人穿越和团队穿越事故)。作为一种新兴的户外运动项目,户外速降活动也出现3起安全事故,表明即使是对活动设备和参与者技术等要求相当高的户外运动项目,安全事故的突发性也是不可避免的。

5. 户外运动安全事故原因

户外运动安全事故的发生原因可归纳为客观气候原因,包括雪崩、暴雨、山洪、雷电、炎热气候等自然灾害类。主观自身原因,包括迷路、身体不支、中暑、准备不充分、缺少经验等。意外事故因素,主要指意外事件导致的诸如坠崖、速降跌落、石头砸中等。人为造成的因素,诸如冒险行动、违规驾驶、超车打架等。

从2011年的安全事故案例分析可见,导致安全事故的客观气候原因包括意想不到的天气变化、气候骤变、洪水暴发、泥石流、山体滑坡、雷电、雪崩、洪水上涨、突遇瀑布等;导致安全事故的参与者主观自身原因包括缺乏户外运动经验、准备不足、对潜在的危险认知不够、缺乏安全知识与技能培训、在健康状态欠佳的情况下盲目行动、过分自信、不听领队指挥、"驴友"之间缺少沟通等;导致安全事故的意外事件原因包括意外坠崖、意外晕倒、速降意外事故、意外的交通事故等。

第一节　绳带保障

一、安全带

在高海拔登山、攀岩、高空游戏等活动中,我们经常需要使用安全带。安全带是连接使用者和主绳的装备,需要能够承受一定强度的冲击力。作为保护系统中的一部分,安全带的主要作用是为使用者提供舒适、安全的固定。另外,登山、攀岩时通过安全带上的装备环也可以携带快挂、铁锁等技术装备。

(一)分类

1. 根据使用分

根据安全带的使用可以分为可调式安全带和不可调式安全带。

（1）可调式安全带

可广泛应用于登山、攀冰、攀岩等户外活动。腿部的固定环可以根据身体体形来调整，适用范围较广，所以购买、使用较多。

（2）不可调式安全带

此类安全带主要用于攀岩等活动，腿部的固定环比较舒适但不可调整，使用者需要选择合适自己身材体形的大小规格。

2.根据形式分

根据安全带的形式可以分为坐式安全带、胸式安全带和全身式安全带。

（1）坐式安全带

坐式安全带基本可应用于各项户外活动，是最为常用的一种安全带。主要由腰带、腿环、装备环等部分组成，外形类似一条短裤，穿着时两腿分别套入腿环，系紧腰带扣和腿环即可。此类安全带重量轻，携带、使用都很方便，应用范围很广。

（2）胸式安全带

由于坐式安全带的保护点在腹部附近，如果身体重心比较靠上，则滑坠时可能会头部向下，十分危险。而胸式安全带可以为使用者多提供一个保护点，在发生危险的时候，可以保证使用者的身体平衡，提高安全性。注意：绝对不能单独使用胸式安全带，需要使用时一定要配合坐式安全带一起使用。

（3）全身式安全带

全身式安全带将胸式安全带及坐式安全带合为一体，构成了一个完整的全身保护系统。由于全身式安全带的受力点较多，所以能够将冲击力平均分散到身体的各个部位，而且可以避免因身体失去平衡而造成的身体倒转坠落。此类安全带比较适合小孩子和初学者使用。

3.根据用途分

根据安全带的用途可以分为以下几种。

（1）登山用安全带

在攀登高海拔雪山时，由于多人结组保护的需要，每个队员都需要穿戴安全带，以达到彼此间保护的目的。相比较攀岩，登山用安全带的设计以功能性和轻质为主，比如在腰带上一般都设有 2～4 个装备环以便于穿脱衣服，甚至在危险地带上厕所和睡觉的时候都无须脱下安全带。一般高山着装都比较厚，安全带正好减少护垫的设计以减轻重量和体积。材料方面，登山用安全带主要选择防水、耐磨的材质，以适应寒冷潮湿的雪地环境。

（2）野外攀岩用安全带

在野外攀岩，一般需要在岩壁上待很长的时间，而且一般攀岩时穿着衣物较少，所以此类安全带的设计主要强调舒适性和功能性。比如为了减轻腿部的不舒适感，柔软的腿环护垫必不可少。另外，在腰带部位也可以将护垫加厚垫高。材质方面外层多选用耐磨材料，贴身部位则以透气、速干的材料为主，使汗水可以迅速排出。在安全带的前面还需要设有一个绳环，用于下降和保护时使用。另外，为了便于携带修路器材，安全带上的装备环也是必需的。

(3)运动攀岩用安全带

运动攀岩需要尽量减轻攀附在身上的负担,所以需要重量轻、舒适性高的安全带。为了减轻重量,此类安全带的带子宽度比普通的窄。另外,还多采用不可调式腿环,减少了搭扣,装备环也尽量减少。但是根据使用的需要,在安全带的前部需设有绳环,用于下降和保护。

(二)结构及功能

1.腰带

腰带是固定使用者身体的主要部分。由腰带和腰带扣组成,腰带承载了大部分的冲击力。腰带通常内层为柔软的护垫,外层为耐磨的尼龙。腰带扣分为单扣和双扣,双扣调节方便。为了保证安全,目前腰带扣都是采用反扣设计,即腰带穿过扣子后需折回再次穿过腰带扣收紧。这样可以在受到冲击力时,保证腰带不会从腰带扣中滑出。

2.腿环

腿环用于固定腿部,不可调式安全带的腿环采用有弹性的材质,而可调式则每个腿环都有一个收紧扣,穿上安全带后可以根据体形和从事的攀登方式来确定大小。和腰带扣一样,腿环上的收紧扣也采用反扣的设计。

3.装备环

装备环大多设在腰带上,主要用于携带粉袋、快挂、铁索、岩锥、岩石塞等器材。这些器材可以用铁锁扣在装备环上,需要时可以方便取用,一般安全带都设有2～4个装备环。

4.绳环

绳环位于腰带的前部,主要作用是让使用者可以方便地为别人做保护或者自行下降。

(三)购买

安全带使用的范围很广,从攀登雪山到室内攀岩、溯溪、高空游戏等,每项运动对于安全带的需求不同,可能有重合,可能有特殊的需要;加之安全带又类似于衣服,根据个人的体型的不同,需要的型号规格也不尽相同,所以在购买安全带时应该考虑到实际使用的环境和要求,然后选择最适合的安全带。

1.用途

用途是决定安全带型号最关键的因素,购买时可以根据自己最常使用的户外活动来决定,例如高海拔登山,可以选择可调坐式安全带,尽量选择重量轻的,腰带和腿环可以不用太厚的护垫,且至少配合两个装备环。而如果是为拓展中的高空游戏购买安全带,如高空单杠等项目,则最好是全身式安全带。参加溯溪活动的安全带除了一般的要求之外,还需要材料经过防水处理,而且可以配有保护"短裤",防止衣物被岩石磨破。

2.体型

挑选适合自己身材的安全带很重要,如果太紧,会限制灵活性,活动时会因压力过大感觉到不适;太松,则会产生滑动,甚至身体会滑落出来。虽然一般安全带都有比较宽的适用范围,但是购买安全带时,使用者最好自己亲身试穿一下。同时,要考虑到在户外的衣服厚度,攀岩穿着单层衣物即可,而高海拔登山则需要多层衣物,所以收紧扣无论紧松都要留有余量,否则就要更换尺寸。另外,如果活动需要使用到背包,还要考虑安全带和背包的配合不能有矛盾。具体的调试方法如下。

①腰带。穿上安全带后,腰带应处在髋骨上方位置;穿好后反扣收紧腰带扣,腰带应该还能有一定长度的剩余;使劲向下拉动腰带,安全带不能脱落。

②腿环。如果是不可调式安全带,则腿环的大小该让大腿感觉舒适,没有紧迫感;如果是可调式安全带,则和腰带一样,带子通过收紧扣系紧后,末端应该还要留有一定长度的剩余。

（四）使用技巧

①在使用安全带之前,一定要检查安全带是否有缝线脱落、缺口和其他损坏的情况。

②每一款安全带的固定方法都不尽相同,所以使用者一定要熟悉所穿戴的安全带的使用方法和程序。

③所有的扣子必须反扣收紧,使用前调整好松紧度,多余的带子可以别起来,使用过程中不要解开安全带。

④装备环不能用于任何形式的保护。

⑤安全带有一定使用寿命,一般为 2～3 年,如果是使用频繁或者经常发生冲坠,则寿命要短许多。

⑥使用中要避免以下情况:冲坠、摩擦岩壁、砂石侵入、冰爪踩踏、阳光直射等。

⑦尽量不要购买二手的安全带,尤其是使用情况不明的安全带。

二、绳子

无论是攀岩登山还是溯溪垂降等户外活动,绳子都是必不可少的装备。早期的登山家、航海家为了互相保护,已经开始使用由天然纤维制成的绳子,直到今天我们还能在某些地方看到此类绳子。但是此类绳子的抗冲击力、耐磨性都不能满足现代登山、溯溪等户外运动的要求。随着人工材料的不断发明,人们推出了各种新型的绳子。到了 20 世纪 50 年代,出现了夹心绳,很好地解决了承重和耐磨两个关键方面的问题。

没有任何一种装备比绳子对于登山者来说还重要了。试想一下,你的身体重量是全部依靠一根绳子维系着,在发生滑坠的时候,高速的下落会对绳子产生极大的冲击力,这个时候你就会意识到绳子的重要性,一根绳子足以决定我们的生与死。

（一）分类

绳子可分为静止绳和动力绳两大类。在有冲坠可能的户外活动中,如攀岩、登山等,一定要用动力绳。静止绳则主要用于探洞、高空作业、溯溪、下降等活动。静止绳一般为单色,而动力绳有多种颜色交织在一起。

1.静力绳（static rope）

伸缩性很小的绳子我们称之为静力绳,直径通常为 9～11mm,其在受到拉力的情况下只会有很小的延伸量（2％左右）,比动力绳耐用。静力绳不能通过绳子的伸缩来吸收拉力,由于冲坠时静力绳会对身体和保护点带来强大的冲击力,所以一般被用在不会发生长距离坠落的户外活动或者高山攀登中。攀岩的上方保护方式也可以用到静力绳。

2. 动力绳(dynamic rope)

动力绳具有较大的伸缩性,其延展量可以吸收攀登者或者滑坠时所带来的动能。发生滑坠时,如果使用静力绳,在高速下突然停止,身体会受到强大的冲击力,甚至会因此受伤。在采取先锋式攀登和多人结组时一定要使用动力绳进行保护工作。当然,动力绳的延展性不是越大越好,一般单绳的延展性为7%~8%。动力绳又分为单绳、半绳、双绳三类。

(1)单绳(single rope)

单绳的直径通常为9.4~11mm,重量为每米60~80g。单绳简单易用,是最常用的一种绳子,用于连接攀登者和保护系统。此类绳子主要适合用在垂直或曲折较少的攀登路线。

(2)半绳(double rope)

半绳的直径通常为8.1~9.1mm,重量为每米47~54g。攀登者在使用时需要两条绳子同时使用。半绳的操作比较复杂麻烦,因为需要两条同时使用,所以重量和体积上也要大于单绳。半绳主要适用于难度较高、有长距离横向或者曲折较多的攀登路线。两条绳子等于两个不同的系统同时使用,所以半绳最大的好处是当绳子被尖锐物损坏时或者领攀者坠落时,可以大大降低冲击力,能最大限度地保证攀登者的安全。

(3)双绳(twin rope)

双绳是指将两条较细的绳子(直径7.4~8.8mm)当成一条单绳使用,两条绳子挂进同样的保护点。双绳构成的保护系统能比单绳更好、更多地吸收冲击力,并能承受较多次的冲坠。双绳不适合单独使用,但是如果双绳系统中一条绳子被割断或者损伤,另外一条还能保证攀登者下降到安全地带。另外,双绳单位重量较轻,利于携带。

(二)结构功能

1. 构造

现代登山使用到的绳子是由"绳芯"和"绳皮"两部分所构成。里层的绳芯主要承受力量,外层的绳皮紧紧包裹在绳芯外面,起到防磨的作用。绳子通常是用尼龙纤维编织而成,而编制过程中的方式决定了最后生产出来的是"绳芯"还是"绳皮",同时也决定了绳子所能承受最大拉力和最多冲坠。

(1)绳芯(kern)

绳芯承受了大多数的重量和冲坠力,大多数绳芯都是采用缠绕和编织的方式来生产的。静力绳通常采用平行排列方式的尼龙纤维,目的是减少延展性。而动力绳绳芯主要采用弹簧式编制方式,在一定的范围内可以快速复原,超过范围或者多次拉伸则会丧失复原能力。

(2)绳皮(mantle)

绳皮主要作用是耐磨,决定了绳子的耐用性。在生产绳芯的同时,机器也同时包裹上绳皮。绳皮的厚度和缠绕圈数在绳子的耐磨性和耐久力上起着关键作用。松软的表皮虽然手感很好,但是绳子易变形和易磨损;紧绷的表皮虽然有较好的保护性能,但是太过僵硬不易操作。单股绳皮光滑、摩擦力小并且手感好,通常用于半径很小的绳子;而双股绳皮价格较高,但是耐用性较好。另外,有些绳皮在编织过程中会变换样式,攀登者在使用过程中可以根据皮的不同而定位。

2.材料

制造绳子的材料通常用比铁还有更强拉力的尼龙纤维。6号尼龙是制造动力绳的重要材料,这种材料的分子构成有很好的弹性和延展性。6.6号尼龙通常用于制造静力绳,此类材料有较好的耐高温能力和承受力。

3.防水处理

尼龙材料较为容易吸收水分,一条绳子吸收水分之后,不但重量增加,其耐磨性和强度也会大大减小。尤其在寒冷的地区,吸水后的绳子还会结冰变得僵硬,带来使用上的困难。所以很多绳子作了防水处理,在生产的时候就对纤维进行干燥处理。这样的处理在攀冰和高海拔登山中显得尤为重要。另外,除了能够防水、延长使用寿命外,防水处理还能提高绳子的耐磨性,降低使用中岩石和铁索对绳子的损耗。

(三)购买

绳子是登山保护系统中最重要的一项装备,挑选时要十分慎重。不同的绳子适用于不同类型的户外活动,没有一种绳子可以适用于所有活动,所以在选择时应该根据实际需要合理地挑选、购买绳子。具体购买时可以综合参考以下几点。

1.用途

购买时首先要考虑绳子是用来做什么的,确定了用途也就确定了绳子的种类。静力绳通常用于探洞、高空作业、溯溪等活动,也可以作为路绳和攀岩时的上方保护。而动力绳的使用范围主要是高山攀登的结组和先锋攀岩的下方保护。一般雪山的结组,单绳就可以达到保护的目的,但是在技术性登山和野外攀岩时,锋利的冰块和石头可能像刀一样割断你的绳子,所以双绳是个很好的选择。

2.直径

通常情况下,相同材料工艺的绳子直径越粗,强度越大,寿命越长,但是同时也会操作不便,重量也更重,携带会比较吃力。直径一般用毫米表示,初学者或者无须长途行走的活动可以选择11mm直径的绳子,常规的攀爬可以选择10～10.5mm的绳子,而高山攀登者适合选择直径较小的绳子,因为其更加轻便。

3.重量

绳子的重量一般按g/m计算,单位重量相差十几克,那么一条绳子就可能相差1kg,而在登山时增加1kg重量代表着需要耗费大量的体力。当然需要注意的是,不要刻意为了追求质轻而选择直径小的绳子,而应该先确定绳子是否能达到使用强度。

4.长度

从专业户外用绳开始使用后,主绳的长度越来越长,可供攀爬的绳距或垂降的高度也愈大。目前市面上攀岩主绳长度从50～70m不等。绳子越长作保护系统的次数也越少,对付较长的线路时使用更加方便。在攀爬初级雪山时,可以使用100m甚至更长的半绳作为保护。当然绳子长了,重量、体积和价格也随之增加,而且在滑坠时增大了拉力。另外,要注意绳子有收缩性,在使用一段时间后,可能会变短。

5.柔软性

绳子的柔软性会影响使用者的操作，柔软性大的绳子，比较容易使用绳结，但当绳子受力后，绳结收紧会比较难解开；而柔软性小、较硬的绳子，能轻易穿过不同的钩环，绳结也比较容易解开。在挑选绳子时，可以用手仔细触摸绳子表面，看绳皮和绳芯是否光滑且没有褶皱，过软或者过硬的绳子都不是好绳子，把绳子卷起来看是否僵硬，如果用手挤压就很容易变形的绳子就是过软了。

6.颜色

一般说来，最好选择较深颜色的绳子，浅色绳皮容易弄脏。登雪山或者攀冰的时候，最好选择鲜艳的色彩，以便于在野外环境中的辨认。静力绳一般为单色，辅色不能超过两种；而动力绳则颜色众多。选择半绳或者双绳时，每对绳子颜色需要有较大差别，否则容易混淆（注意：除了颜色之外，半绳或者双绳需要直径、长度、牌子都是一样，否则其中一条会特别容易损坏，造成危险）。

7.防水

做过防水处理的绳子价格要比一般绳子贵一些，但是带来的好处就是在潮湿、寒冷的环境下能够保证使用。另外，防水处理也能提高使用寿命，所以如果不是只为了在室内使用，建议多花钱买那些经过了防水处理的绳子。

（四）使用技巧

①尽量不要将绳子借给别人使用，除非你和他是一个团队。也不要借别人的绳子使用，也就是说不要用情况不明的绳子。

②尽量不要让绳子接触地面，最好放在绳袋上，以便减少小石子钻入绳子内部的机会。

③不要踩踏绳子，一些肉眼不易看见的沙粒会因此钻进绳子，在绳子内部如同刀子般切割绳芯纤维和绳皮。

④穿着冰爪的时候一定要小心，不要踩到绳子，虽然绳子表面可能看不到损伤，但是里面的尼龙纤维却可能已经被割断。

⑤尽量避免让绳子通过尖锐的岩角、冰块等地方，如果需要通过，最好将绳子和尖锐部位之间用布或绳套垫住。

⑥如果不作处理，绳头是很容易散开的，可以用火烧绳头使尼龙纤维熔化黏合。也可以在需要切割的部位缠绕上强力的胶条，然后从胶带的中部切下。

⑦绳子不可直接穿过挂片、扁带等器材，和这些地方的摩擦会对绳子造成伤害，挂片的边缘的在受力的情况下可等于刀割的效果。不要把绳子绑在树上，这样对绳子和树都不好。

⑧除双绳外，不要将两条绳子穿过同一个铁锁，尽量避免两条绳子间的摩擦。

⑨在潮湿的环境下应该使用经过防水处理的绳子，被打湿的绳子强度减低，磨损也快。

⑩不要高速下降，否则摩擦产生的热量会破坏绳皮，而跳跃式的下降，则会对保护点和绳子造成非常大且不必要的冲击。

⑪掌握自己绳子的使用状况，可以给每条绳子做使用记录，记下使用次数、使用环境、

承受坠落的次数和坠落情况、是否被人踩过、与绳子连接器材的状况等。

⑫绳子的使用寿命取决于你使用的频率和使用情况,所以不要关心你使用了多久,而是应该凭借自己的判断,决定是否能继续使用。可以通过手对绳子进行检查,观察绳皮上是否有很严重的细毛、某处特别松弛、绳子的粗细不均匀或绳子上有肿块和鼓包出现等,出现这些迹象的任何一种都表明你该更换一条新的绳子了。在每次使用前和发生滑坠之后都要进行这样的检查。

⑬绳子是消耗品,不可能终身使用,如果发现绳子有问题应该立刻更换新的,不可掉以轻心。报废的绳子可以改作日常他用或者彻底销毁,避免其他人在未知的情况下使用。

捆绑登山绳的方法如下:

①将绳子折叠成圈分好,周长大约等于两倍双手张开的距离。

②将绳头分为左右两边,末端折成一个圈。

③用另一末端缠绕绳捆,压住刚才折成的绳圈,将此末端从绳圈中穿过。

④拉近绳子的两端,打一个结,如果需要还可以从打结的位置对折,捆一下装于包中或者外挂在包上。

三、扁带

扁带是一种用途广泛的保护工具,可以用来连接快扣、提供缓冲、携带装备等。扁带可以为使用者提供很多便利。扁带拥有很高强度与耐磨性,能够大大增加保护系统的安全系数。

(一)分类

扁带可分为以下几类。

1.散扁带

散扁带的长度可以根据需要随意裁截,使用方便,安全系数较高,但需要使用者能够自行熟练打结。

2.快挂扁带

快挂是保护系统不可缺少的一部分,快挂扁带用于连接两个铁锁,形成一个快挂。快挂扁带的两端均以缝线束紧,长度为 $10\sim25cm$。快挂扁带通常能承受 22kN 的力。

3.成型扁带

成型扁带是厂家根据大多数使用者的需要推出的成品扁带,其长度多为 $30\sim120cm$。由于合格的成型扁带需要经过专业评测才能销售,所以此类扁带拥有较高的安全系数。大多数使用者都是直接购买成型扁带。

4.菊绳

菊绳也叫扁带链,是一种上面缝着数量不等的环的扁带,环和扁带的连接处都有加强的缝线。使用者可以通过菊绳方便携带各种登山器材。另外,有些地段需要设置比较复杂的保护系统,也可以使用到菊绳。

(二)结构功能

扁带并非一条简单的尼龙带,制作、检测、使用都有严格的要求。

1. 材料

扁带通常使用尼龙带经特殊方法缝制而成,具有高强度、耐磨性、抗剪切性等性能。例如常使用到的 Spectra 纤维具有同等重量的钢材 10 倍以上的抗拉力,而且质轻不易吸水,寒冷环境下可以减少冻结,尤其适合雪山攀登和攀冰。

2. 尺寸

成型扁带的长度为 30～120cm,一般常见的长度有 30、60、120cm。快挂扁带要短些,一般常见的有 10、15、20cm 和 25cm。有些使用者还可以根据自己的需要用散扁带自制需要长度的尺寸。扁带的宽度有 12、16、18、20mm 等不同规格。

3. 用途

在登山过程中,扁带环是应用广泛的保护工具,可用于做确保点和法式抓结等。而用作缓冲的扁带可以在很大程度上缓解冲坠造成的冲击力。整个保护系统能够承受的最大力适用于"木桶原理",所以无论其他器材有多大的承受力,系统所有器材中承受力最低的那个标准就是整个系统能够承受的最大冲击力。我们可以使用缓冲扁带延长缓冲的时间,使攀登过程中的冲击力尽量小,不会超过系统的最大承受力。

(三)购买

①能够熟练使用绳结的登山者可以考虑购买散扁带,然后根据自己的需要剪裁长度。

②一般登山爱好者最好选择购买成型扁带,散扁带虽然方便选择长度,但是对于使用者的要求较高,为了保证安全,经过检测的成品,相对安全系数较高。

③扭曲会导致扁带承重时更易断裂,管状或者较宽的扁带容易被扭曲,所以购买时可以选择较窄的扁带。

④一般的活动都需要携带一定数量的扁带,购买时可以根据需要购买不同长度的数条扁带。

(四)使用技巧

①为了增加攀登的安全系数,可以在易发生冲坠的情况下,使用缓冲扁带,如果有必要甚至可以连接两个缓冲扁带,进一步增加缓冲距离。注意缓冲扁带为一次性使用。

②扁带的尺寸有所不同,但一般每增加一个长度都是以前长度倍数增加,这样有利于配套使用。

③扁带留出的两节绳头要用胶布或透明胶绑在扁带上,以免缩短脱离。

④携带时扁带可以斜挎在肩上,或是打几个结,要避免多出的绳头绊倒自己。

⑤如果不是机制扁带,如自制扁带,一定要在使用前仔细打好结,避免因人为因素造成危险。

⑥菊绳属静态绳,只能用于承受身体的重量。

⑦使用时应该尽量避免扁带扭曲,以免出现危险。

第二节　器具保障

一、铁锁

铁锁英文叫作 carabiner,也有人叫钩环、主锁等,虽然现在已经有各种材质的锁,但是国内已经习惯性称之为铁锁。铁锁是户外活动用途最广、不可缺少的基本装备之一。其主要作用是攀登时用来联结保护系统的各个点,比如攀登者和登山绳、登山绳和保护点等,攀登者携带岩石塞等器材时也要用到铁锁。在攀登过程中,铁锁可以代替许多复杂而烦琐的绳结,使用十分方便。早期登山时使用的铁锁是用钢或铁制成的,钢质的特点是坚固耐用,承受力大;缺点是较沉,大量携带不方便。目前市场上的铁锁多采用合金材质,以求质轻且坚固,一般合金材质可承受的拉力能达到 20～30kN(千牛),足以保障攀登者的安全。

(一)分类

根据形状可以把铁锁分为三类。

1. O 形锁

外形类似一个"O"字,为最基本的铁锁外形,其左右对称、两侧受力均等。O 形锁的使用较广,因其形状,绳环在受力时不会改变方向随意移动,所以在使用上升器、下降器或滑轮时,必须搭配 O 形锁,加之其内部空间较大、活动性好,侧边较为平滑、摩擦力小,所以可较多地携带器材,且比较方便取用。但是由于 O 形锁受力时,是由两侧平均分担,开口处会受到较大的力,所以 O 形锁的整体强度一般较弱,很少用来直接受力。

2. D 形锁

顾名思义其外形类似一个"D"字。其设计目的在于能将更多的力让没有开口的一侧来承受,比之 O 形锁大大增加了对冲击力的承受,安全系数更高,且相同尺寸和材料时,重量要较 O 形锁轻。D 形锁价格适中,坚固耐用,使用方便,是目前较为常见的一种锁扣。

3. 梨形锁

它是一种改良性的铁锁,在 D 形锁的基础上,一端加大,一段较窄,整体成梨子的形状。其内部空间要较前两种锁小。梨形锁开口较大,方便使用者挂扣。相同材料下,重量比 D 形锁更轻,而强度却更大,主要和 8 字环、绳索等器材配合用作保护或者下降。梨形锁的优势较为明显,正逐步取代 D 形锁。

(二)结构及功能

除外形的不同之外,铁锁的另一个主要区分方法就是通过开门。挂扣铁锁时,所有的器材都需要通过开门,开门的种类决定了锁扣的使用和安全系数。一般开门可以分为几下几种。

1. 直门锁

直门锁是最早的一种铁锁开门方式,也是最基础、最为常用的一种。

2. 弯门锁

弯门锁的开门向内弯曲一定弧度,以方便使用者将装备扣进锁内,其强度与重量和直门锁类似。弯门锁使用不当会自行打开,一旦绳索滑出会造成危险,所以需要特别小心使用。

3. 保险锁

保险锁即开门上还附有锁紧装置,使用时可以避免铁锁意外打开,给使用者提供更多的安全保障。一般有两种方式:螺丝旋转式(丝扣锁)和弹簧自锁式。螺丝旋转式在开门关上后,将螺丝转紧即可锁定。而自锁式本身有弹簧设置,开门关闭时锁紧装置可以自动锁定。旋转式设计简单、实用,使用范围广。但旋转式要注意不能锁太紧,否则在冲坠的情况下可能会锁死。而弹簧自锁式则需要考虑不能有泥土等杂质进入弹簧内,所以不太合适攀冰和溯溪等活动。

4. 钢丝锁

钢丝锁是利用不锈钢线圈取代传统的铝合金柱来做开门,其主要特点是在不减少强度的情况下,省却了传统的弹簧设计,可以减轻铁锁的重量,同时也增加了开门的开合空间。另外,它不会因为滑坠时的震动而自行打开,使用更加方便、安全。

(三)购买

铁锁的产生是为了确保使用者的安全性和便利性,根据使用环境和要求的不同,市场上有着不同形状、大小、价格和负荷的铁锁,以适合不同人士的需要。选择铁锁时应该先了解使用的环境和用途,然后再确定购买的种类和数量,一般来说最好各个类型的铁锁都购买一些。

1. 强度

铁锁作为保护系统的连接点,所以任何一只铁锁都必须达到系统的最低受力要求,也就是说,每个铁锁都必须能够承受发生冲坠的冲击力。铁锁的强度由专门机构进行评定,一般情况下,人们使用 kN(千牛)作为强度的标准,1kN 等于 225 磅的力(force),约等于 102 千克力。根据 UIAA 的标准,铁锁长轴方向的承受力打开时不能小于 6kN,闭合时不能小于 20kN。短轴方向的力不能小于 4kN。所以铁锁都应标有 3 个标准强度:长轴方向、短轴方向和开口强度。一般正规厂家生产的强度都要大于国际标准,无论是 UIAA 还是 EN 等,可以放心使用。但市场上还有很多仿冒的铁锁,其强度远远达不到使用要求,一般都应标有"NOT FOR CLIMNING",这些铁锁绝对不能用于登山的保护。

2. 重量

无论是登山还是攀岩,在满足强度的情况下,随身携带的装备当然是越轻越好。需要注意的是重量轻的铁锁价格较高,使用寿命却比较短,而且这些铁锁一般厚度较小,在受到震动时自行打开的概率比较大,同时也比较容易磨损绳子。所以在选购时,除非是对重量"克克计较",否则一般选择强度大的铁锁较为合适。

3. 材质

铁锁一般采用的是钢质或合金材料。通常钢质铁锁多在工业、搜救等领域使用,强度较大,也较为耐用,比较能适合恶劣的环境,但一般重量较重。户外活动常用的是合金材料铁锁,因为其重量轻、携带方便,而且强度也足够满足登山、攀岩等活动的需要。

4. 尺寸

铁锁的尺寸大小不同,各有优势。通常内部空间较大的铁锁方便穿绳,容易使用,可以携带更多的器材;而小型的铁锁重量轻、体积小,容易带,比较适合上方保护和自我保护点的设置。

5. 操作

在户外环境中操作便利性也是十分重要的。使用越顺畅,越能节省时间,有时候可能关系到行动的成败和人身的安全。所以在购买时,亲手拿起来,感受一下是否顺手易用,大小是否合适你的手掌。如果能够单手握住则最好。

(四)使用技巧

①使用前,要检查铁锁的情况,是否有裂痕,锁扣是否顺畅,如果有怀疑宁可更换新的。

②没有一种铁锁能100%保证安全,最重要的是自己要规范操作,小心谨慎。

③不要使用借来的或者使用情况不明的铁锁,也不要出借自己的铁锁。

④铁锁闭合时所能承受的拉力要远远大于开启时,在进行攀登、垂降或保护之前,一定要确认身上的铁锁是锁上的,即便是自动式锁也要检查一遍。

⑤随身携带铁锁以方便取用为原则,可以开门朝外、大头朝上。

⑥剧烈的震动或者撞击会让铁锁突然打开,这些情况发生后,应该立刻检查铁锁,注意不能让铁锁在开始的情况下受力。

⑦挂锁的动作要正确、迅速,出发前可以先练习好具体的动作。

⑧使用时如果沾上泥土、碎冰或其他杂物,应该及时清理干净,避免因此影响操作及安全。

⑨丝扣锁在锁紧时,注意不要太紧,可以锁紧后再回半扣,可以避免在冲击下被锁死。

⑩为了减轻绳索摩擦和保证安全,可以采用双铁锁固定的方法。

二、快挂

快挂(quick draw/express sets)是用扁带将两个铁锁连接起来的一种攀登用器材。顾名思义,快挂就是说能够快速地挂扣,它是攀登时保护系统中必备的器材之一。在攀登的过程中使用者需要快速、便捷地连接绳索和保护点,而快挂的作用就在于此。比如在先锋攀登时需要在路上预先打上数个膨胀钉和挂片,攀登者攀爬过程中将快挂一端扣进挂片,另一端扣入主绳。

(一)结构功能

1. 铁锁

快挂使用的铁锁主要为直门锁、弯门锁和钢丝锁,这三种锁较丝扣锁等其他铁锁,可以更加快速地挂扣。另外也有快挂使用插入式快扣代替上端的铁锁和保护点相连,使用起来更加快速。

2.扁带

用以连接铁锁的扁带长度一般为 10～25cm,扁带的材料有普通尼龙,Spectra,Dyneema 等。Spectra 纤维材质的扁带,具有质轻、抗拉、耐切割且不吸水的特点。

3.承受力

作为保护系统的一部分,快挂能够承受的冲击力不能低于整个系统的最低承受力,一般快挂垂直方向的承受力是 22kN。

(二)购买

①快挂一般都需要多个一起使用,所以购买时应该同时购买数套。

②快挂为专业攀登器材,所以最好在专业的户外用品店购买,不要使用那些低质的仿冒快挂。

③市场上有做好的快挂,使用者也可以根据需要,自行购买快挂扁带和铁索连接成快挂。

(三)使用技巧

①使用之前记住检查所有的部位,包括铁索、扁带和铁锁扁带的连接处,如有疑问宁可更换新的快挂。

②使用快挂时,绳索的扣入方式和快挂开口方向非常重要。主绳要从快挂与岩壁之间穿入,从外侧穿出,也就是说攀登者这一端的绳头要在外侧。

③若线路需要,用来挂绳的铁锁锁门要和线路反方向,如线路是从左至右,锁门须开往左。这样操作可以防止冲坠时绳子弹开锁门发生危险。

④快挂两端的铁锁都不丝扣,有可能会不慎打开或被冲坠时产生的力震开,而且保护系统应该遵循"宁多勿少"的原则,只有一个快挂时,不能作为固定保护点使用。

⑤为防止铁锁在连接的扁带中转动,可以用橡皮筋或胶布固定一下。

⑥攀岩时,往保护点上加入快挂最好选择直臂的状态,找到最佳的位置,可以休息一下,然后迅速扣入。

三、头盔

头部是人身体最重要的部位,在自然环境中攀登时,山上的落石冰块、头部撞击岩壁或是滑坠时头部着地都会对头部造成伤害,轻则头破血流,重则可能危及生命。为了避免这些危险的发生,人们设计发明了专业的登山头盔,能够在很大程度上防止头顶和侧面的冲击,防止尖锐物砸伤头部,以及减缓重物对颈椎和脊椎的冲击。

(一)分类

目前市场上的头盔主要有三种:轻质头盔、硬质头盔和混合式头盔。

1.轻质头盔

轻质头盔的内层是聚丙烯,外部为塑料构成的外壳。此类头盔通过聚丙烯的变形及碎裂吸收能量来保证头部的安全。由于聚丙烯质轻,所以此类头盔的重量都很轻,多用在攀岩、滑雪等活动中。

2.硬质头盔

硬质头盔外层材料主要采用工程塑料或碳纤维等硬质材料制成,优点是强度高、结实耐用,但是重量要高于轻质头盔。一般用于探洞、溯溪、登山等活动中。

3.混合式头盔

此类头盔结合了两种头盔的优点,内衬为聚丙烯或者海绵用于缓冲,然后再附上一层硬质外壳抵抗冲击力,重量介于以上两种之间。此类头盔的应用范围相对较广。

(二)结构功能

1.外壳

头盔的外壳是直接面对冲击的部位,对头部的安全性非常重要,所以在选择材质方面十分严格,需要具备抗冲击、耐磨等特性。通常头盔常采用的材料有工程塑料、玻璃纤维和碳纤维。需要注意的是,在受到强大冲击力的时候,外壳应该裂开脱离头部,而不是凹陷进去。

2.缓冲层

头盔不但要防止撞击,同时还要有缓冲功能,缓冲层的主要功能就是吸收外来的冲击力。如果没有缓冲层,外力将通过外壳直接作用于头部、颈部和脊椎,从而使这些部位受到伤害。缓冲层的厚度、材质的优劣决定了头盔的缓冲能力,目前主要采用海绵、发泡聚丙烯等材料。

3.固定带

固定带的作用在于使头盔能够舒适、牢固地戴在头上。其固定方式有:抽带式、环扣式和粘布式等。固定带应该有一定的调节范围,使用者可以根据自己头部的形状调节好大小,不能太松也不能太紧,这点十分重要的。

4.内衬层

很多头盔为了提高排气能力,提高佩戴的舒适度,还会在缓冲层上附有一层内衬,主要材料有 Coolmax 等快干透气材料。

5.头灯卡座

户外夜间活动,头灯是必备的照明工具,为了便于佩戴头灯,一些头盔设有专门的头灯卡座。利用这些卡座,头灯可以牢固地束于头盔上,而不用担心轻易脱落。

6.透气孔

大多数头盔的表面都分布着数量不等的透气孔,采用空气动力原理,以保持头盔内部的空气流通。这样的设计是为了能够让头部产生的汗气尽快排出,避免汗气在头盔内部凝结成水,从而保持头盔内部的干爽舒适。

(三)购买

1.认证

登山专业的头盔有欧洲联盟(CE)和UIAA(Union Internationale des Associations d' Alpinisme)两个标准,在欧洲这些标准是强制性的。欧盟要求所有在市场上销售的头盔必须通过 CE 标准的测试。而在美国,虽然没有相应的强制性规定,但事实上所有合法销售的登山头盔也都通过了 CE 或 UIAA 标准。CE 和 UIAA 标准的测试有四项：正冲击试验、侧冲击试验、锐物穿透试验、稳定性试验。购买头盔时，要注意是否通过 CE 和 UIAA 的认证，起码应该通过其中的一项。

2. 大小

佩戴头盔一定要大小合适，不松不紧，购买时可以亲自试戴一下。试戴时一是注意其形状与大小是否合适你的头型，如果太松，使用时可能会轻易脱离头部，丧失保护作用；如果太小则保护范围不够。扣好固定带时颚下应该还能伸入一指的空间，固定带要留有余量，如果只是刚好合适，最好换一款大一号的。

3. 外形

对于头部的保护，最关键的是头灯，其他还有侧面、后脑勺、面部等，如果能够兼顾最好。事实上每种运动都有特别设计的头盔外形，可以根据需要选择或者放弃一些保护。比如攀冰可以选择有面罩的头盔，防止冰碴伤害面部和眼睛；而一般登山用的头盔主要保护头顶和脑后。

4. 重量

重量是户外运动不得不考虑的问题，通常轻质的头盔抗冲击力要弱于硬质头盔，但如果在相同强度下当然越轻越好。一般情况下攀岩、滑雪和自行车等运动可以选择较轻的头盔，而攀冰和登山可以选择重一些的头盔。

（四）使用技巧

①登山攀登时应佩戴专业头盔，不要使用自行车运动头盔或工业用安全帽等来代替。

②使用前请仔细检查头带扣点是否有松脱。

③头盔要端正才能护住前额后脑及侧面，佩戴时应该完全扣住头部，前沿要盖住前额并和眉毛平行，不要向上翘起。

④头盔不用时，不要摔放在地面或者岩石上，不要用硬物敲击头盔外壳，摆放时应向上放好，不要顶部朝下。

⑤出现落石时千万不要仰视观望或以手抱头，这个时候应该让头盔发挥作用。

⑥如果头盔经过强烈撞击，请勿继续使用。撞击产生的裂纹有时不易发觉，但头盔强度会明显降低，再次使用可能因此发生危险。所以无论是否有裂纹或者损伤，发生撞击后都应该停止使用。

⑦头盔有一定使用寿命，根据产品说明，达到使用时间后，无论是否受到撞击，都要更换新的头盔。

四、下降器

在保护和下降过程中，当被保护者脱落时或自己需要下降时，使用者可以通过以较小的力来消减大的力，保证攀登者的安全，通过器械和绳索之间的摩擦力还可以控制人员下降的速度。这样的器械叫作保护器或下降器，常用的保护器有 8 字环、ATC 和 GRIGRI 等。

保护器被广泛地应用在登山、攀岩等活动。一旦发生冲坠，保护者可以拉紧绳索制动。人坠落时产生的冲击力是非常大的，直接用手握紧绳索很难制动，可能会伤及手掌甚至是两人同时滑坠。而使用保护器时,冲击力会通过绳索与铁锁、保护器之间的摩擦力而抵消,这样即便是体重较轻的人也可以用较小的力给体重较重的人作保护。

(一)分类

保护器型号较多,各个厂家品牌都有自行设计的保护器,但其原理都是通过摩擦力达到控制速度的目的。常见的保护器有以下几种:

1.8 字环

8 字环是最常见也最为常用的下降器。它形如一个"8"字,结构简单,使用十分方便,价格也比较便宜。8 字环一般由两个圆环组成,也有采用方形环的 8 字环。8 字环给绳索速度快、顺畅,一般 8 字环较适合在下降中使用。8 字环的缺点是绳索的扭曲比较严重,如果使用双绳则容易缠绕造成操作不便。

2. ATC

ATC 是目前较为常用的保护器,操作方便,使用双绳下降时不会使两根绳索互相缠绕。ATC 的重量较 8 字环轻,制动性却要好于 8 字环。ATC 常用于登山和攀岩等活动中,使用时需要配合铁锁、绳索穿过 ATC 的钢索和铁锁,构成一个保护系统。另外,ATC 的设计还可以除掉绳索上附着的冰雪,所以尤其适合在冰雪环境下使用。

3. GRIGRI

与前两者不同的是,GRIGRI 是带有自锁的保护器,是利用自锁达到制动的效果,常用于攀岩中。当攀登者坠落、GRIGRI 受到大的冲击力时,内部的齿轮就会锁定住绳子,使用者不会有滑脱的危险。需要下降时,只要轻轻按住 GRIGRI 的杠杆,就可以松开绳子,攀登者可以安全地降下来。GRIGRI 的设计可以摆脱绳子缠绕的麻烦,而且在使用过程中,使用者还可以松开双手,这一点是 8 字环和 ATC 无法做到的。GRIGRI 严禁用于登山和攀冰中,绳子沾水的情况下也不能使用。

另外,国内常见的保护器、下降器还有:Petzl 公司的 REVERSO、REVERSINO、STOP 和 PACK;CAMP 公司的 YOYO、DISSPATORE、STICK 和 CARRUCOLA;Simond 公司的 Cubik 等。

(二)购买

1.用途

虽然都是保护(下降)器,包括保护和下降两种用途,但是各型号的器材还是都有自身较为合适的用途和使用环境。例如 8 字环做保护和下降均可,但主要适合用来下降,且冰雪环境中较少使用。ATC 只能用作保护,较适合冰雪环境下使用,并且能够适用双绳。GRIGRI 用作保护和下降均可,但只能使用单绳。Petzl 的 PACK 主要用于探洞,可使用单绳和双绳,且可方便调节拆卸以适合使用者所希望获得的力。

2.重量

一般 ATC 的重量较轻,约为 8 字环的一半,且保护时使用效果还优于 8 字环,而GRIGRI 由于带有自锁系统,其重量重于前两者。

3.价格

保护(下降)器中,8 字环价格最低,ATC 稍贵,而带有自锁的 GRIGRI 等器材则价格较高。选购时可以和用途、重量相结合,购买合适的型号。

（三）使用技巧

①保护器是保证攀登者生命安全的器材,错误的操作所产生的危险往往要大于器材本身的原因。

②每次使用前和其他器材一样,保护器也要仔细检查,确认没有问题后才能使用。

③使用前一定要熟练使用携带的保护器,同时还要确认你的伙伴也能熟练正确地使用保护器。

④要注意穿绳的方向,切记使用前要反复检查。

⑤每种保护器都有适用的绳索直径,不要使用在其适用范围之外的绳索。

⑥自锁型的保护器可以先用力拽一下绳索,看是否可以锁定。

⑦使用下降器作长距离下降时应该控制好速度,不要太快,以免绳子摩擦产生太多热量损坏绳索。

⑧用 8 字环下降时不要和锁成一个角度或扭拧,否则可能把锁硌断。

⑨当被保护者坠落时不要紧张,一定要冷静、正确地操作保护系统。器材不是万能的,使用者的责任心和正确操作才是安全的关键。

⑩注意不要摔打保护（下降）器,使用过后应保存好以备下次使用。

五、上升器

上升器是攀登雪山、攀岩时常用到的技术装备,主要作用是协助使用者向上运动,使用者在攀登过程中可以得到助力和保护。随着登山运动的发展,上升器日渐成为雪山攀登的必备装备。登山者在通过危险、陡峭地区时,上升器是重要的自我保护装备,它和绳索、安全带等器材构成了一个保护系统。如果发生滑坠,上升器也可以较好地协助滑坠者离开冰裂缝等危险地带。

（一）分类

根据上升器的使用和外形可以分为以下几种:

1. 手持式上升器

手持式上升器是最为常见的上升器,广泛应用于登山、攀岩、探洞、溯溪等户外活动中。手持式上升器使用方便,一般单手就可以完成安装、拆卸等操作。为了适应使用者的不同习惯,手持式上升器还分左右手不同型号。另外,手持式上升器戴着手套也能操作,较为适用于冰雪环境。

2. 胸式上升器

胸式上升器常用在探洞等活动中,需要配合胸式安全带、手持式上升器使用。胸式上升器可以使身体更加贴近绳索,防止身体晃动失去平衡或坠落。

3. 脚式上升器

脚式上升器需配合手持式和胸式上升器使用,脚踏在上面,身体可以保持直立,并且能够同时减轻手臂的负担。

4. 无手柄上升器

无手柄上升器轻便紧凑,方便使用者携带,以及和铁锁配合,一样能够满足各种使用需要,但使用效果不如手持式上升器。

（二）结构功能

上升器都是利用摩擦达到制动的效果,所以其最关键的部位是齿轮,通过齿轮上升器可以在绳索上做单向运动,也就是说上升器可以通过绳索往上推动,停止后齿轮可以在绳索上制动,而不会下滑。

目前上升器框架多采用合金材质,有良好的强度,重量也较轻。在齿轮部分,为了保证最好的强度,一般采用钢制。

手持式上升器还配有橡胶材质的握把,可以增加摩擦力便于手持,也有着较好的握感。

（三）购买

①一般登山活动购买手持式上升器即可,主要用于攀登过程中的保护。如果要从事探洞活动,还可以购买胸式上升器或脚式上升器,配合手持式上升器使用。

②购买上升器时,要注意和绳索的配合,上升器一般都有一个绳索直径的适用范围,不能超过或低于这个范围。

③手持式上升器最为常用,如果追求轻量装备,可以选择无手柄上升器,但是使用上不如手持式便利。

（四）使用技巧

①上升器的齿轮在运动的过程中还能清除绳索上的冰雪等杂物。

②使用上升器时尽量保证推进的方向和绳索平行,对绳索的斜向或垂直方向用力。

③在探洞等活动中,手持式上升器还可以配一条静力绳制作的脚踏带,保持身体平衡。

④不要将上升器作为保护系统的连接点,上升器受到冲击时很容易脱离绳索,结组保护时还是需要使用安全带和铁锁。

⑤如无上升器也可以用绳结临时代替,但是比较麻烦,尤其是在寒冷的环境下,佩戴手套打结十分不便,但好处是滑坠后你并不能保证上升器在手能触及的范围内,而打结则只要有绳索就行了。

六、绳结操作

（一）作用

绳结是绳索与绳索之间、绳索与其他装备、攀登者身体或其他物体相互连接和固定的方式。结绳技术是否运用得当,直接影响绳索使用的质量和效果,更关系到攀登者的安全。结绳的原则是科学实用、牢固可靠、简单易结和易解。使用者不但要依以上原则熟练掌握,还要熟悉各种绳结的用途,在实际应用中才能临危不乱。

（二）分类

①固定绳结：将绳索一端固定于物体上的结绳方法。

②接绳绳结：将短绳接为长绳或做成绳套的一种结绳方法。

③操作绳结：用绳结起到类似器械的一种结绳方法。

（三）操作

1．固定绳结

（1）8字结

①单8字结：多用于绳头收尾。

方法A：一般最常使用的打法，适用于绳索较粗时。具体打法如下：

● 将绳端先行交叉。

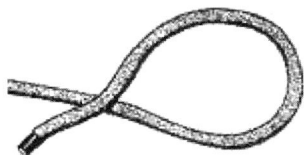

● 将一头的绳索绕过主绳。

● 将绳头穿过绳圈后拉紧完成。

方法B：适用于绳索较细时。具体打法如下：

● 将绳端对折，并用双手握住。

● 把对折部分朝箭头方向转两圈。

● 将绳头穿过绳圈。

● 拉紧两端打好结。

②双 8 字结：用绳索连接安全带或其他保护点，具备耐力强、牢固等优点，在安全方面非常值得信赖，经常被登山人士作为救命绳结使用。

方法 A：较常见，具体打法如下。

● 把对抓的绳索直接打个八字结，并且做成绳圈。

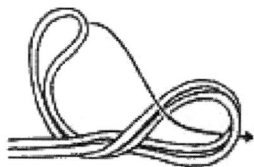

● 把绳索穿过去。

● 用力拉紧结目。

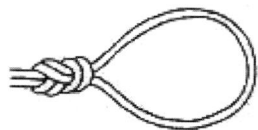

方法 B：利用双重八字结将绳索联结在其他东西上时使用，具体打法如下。

● 在绳索中部打个八字结。

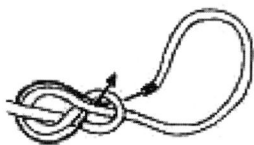

● 顺着结目从反方向穿过绳索的末端。

● 用力拉紧结目。

（2）布林结（称人结）

布林结被称为绳结之王，通常用于下降，起固定保护点的作用，也最广泛用于各种户外运动，甚至各行各业或日常生活中也频繁使用到。

① 基本结法,具体打法如下。

● 在绳索的中间打一个绳环。

● 将绳头穿过绳环的中间。

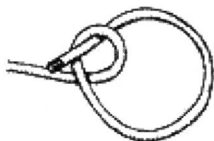

● 绕过主绳。

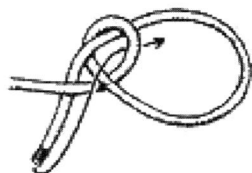

● 再次穿过绳环。

● 将打结处拉紧便完成。

②用双手结绳,具体打法如下:

● 将绳索交叉,用拇指和食指扣住交错处。

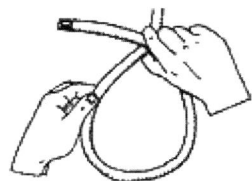

● 转动手腕。

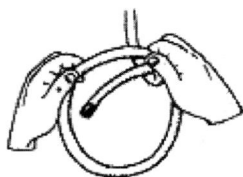

● 形成像下图一般的形状。

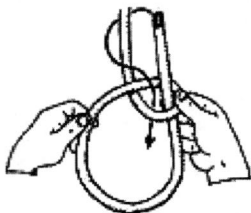

● 最后参考之前的要领来完成。

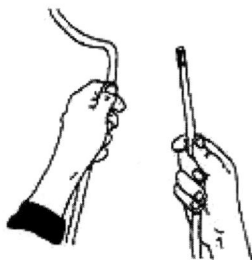

③单手结绳，具体打法如下：

● 用右手握住绕过身体腰部的绳索末端。

● 交叉绳索。

● 反扭手腕绕过。

● 如下图所示,形成右手在绳环内的形状。

● 用指头,将绳头绕至主绳。

● 抓住绳头直至右手从圆圈中抽出来为止。

④调整绳环大小的方法：（此种能够简易地调整圆圈大小的结法，用在自己身上结上绳结的时候，重点是要不断地练习抓到调整的诀窍）

● 将原先绕过腰部的绳子形成一圈圈，用左手穿过圈圈并抓住绳子。

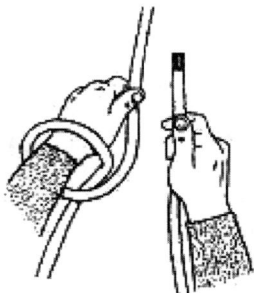

● 保持原来的姿势，之后把左手伸出来，并取出部分的绳索。

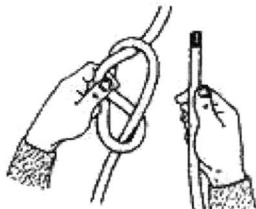

● 如下图所示将绳头穿过去。

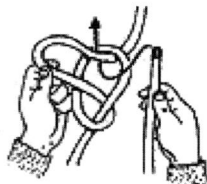

● 朝着箭头的方向拉。

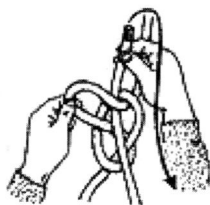

● 左手握原来的部分，右手握住前端，稍微地拉一下，调节大小之后，最后再用力地拉紧。

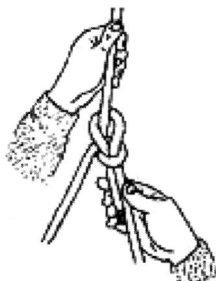

⑤在其他物体上的结绳方法。

用在将称人结系在树上及柱子上，尤其对露营有许多益处。

● 用单结将绳子绑在物体上。

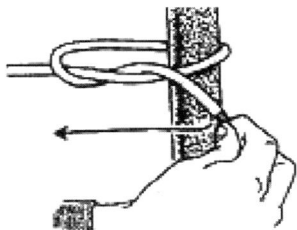

● 拉住绳子的末端用力地朝着手腕方向拉。

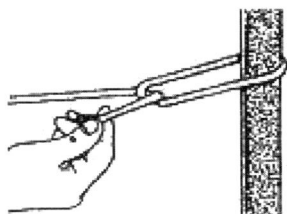

● 如此一来就形成如下图所示的形状。

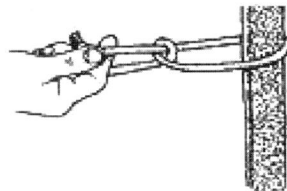

● 将绳尾绕回主绳。

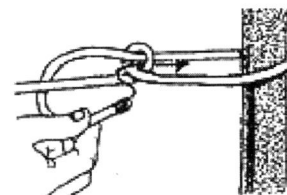

● 穿过绳环。

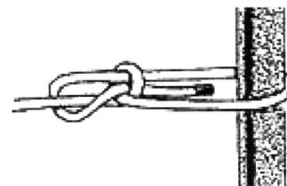

● 拉紧打结处。

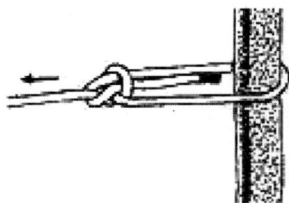

2.接绳绳结

（1）渔人结（交织结）

渔人结是连接直径相同绳子最为常用的办法，做绳套也常用此结，非常牢固。

①单渔人结，具体打法如下。

● 将两条绳子的前端交互并列，其中一条绳子像卷住另一条绳子般打一个单结。

● 另一边也同样打上一个结。

● 将两条绳端用力向两边拉紧。

②双渔人结，具体打法如下。

● 将渔人结的卷绕次数多增加一次后打结。

● 另一边也同样打结。

● 将两条绳端用力向两边拉紧。

（2）水结

水结用于连接扁带。

● 在一条绳子的末端打一个单结，尾端要留下充分的长度。

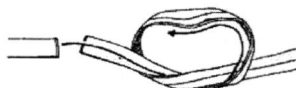

● 将另一条绳子从前一条绳子的末端开始,顺着结形逆向穿过。

● 两个绳子末端留下一定长度后,用力打成一个结。

（3）平结

将同一条绳的两端绑在一起,适用于联结同样粗细、同样质材的绳索,但不适用在较粗、表面光滑的绳索上。

● 准备两根绳索。

● 将绳索两端缠绕后拉拢。

● 将绳索交叉。

● 在交叉的上方再缠绕一次。此时如果缠绕方向错误,结果会变成外行平结,请特别小心。

● 握住两端绳头用力拉紧。

3.操作绳结

（1）单环结（意大利半扣结）

用于沿主绳快速下降时的速度控制,替代8字环。具体打法如下。

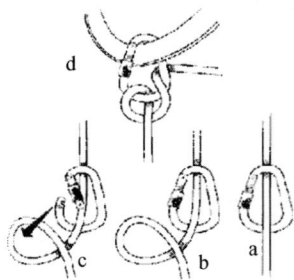

（2）抓结（普鲁士结、移动结）

主要用于行进、上升中的自我保护。抓结不受力时可沿主绳滑动,受力时在主绳上卡住不动,替代上升器。具体打法如下。

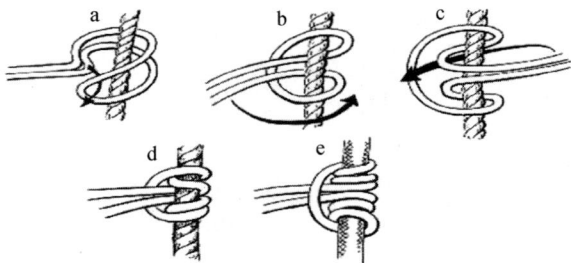

【经验性训练】

户外运动的十个有用问答

1.正常的户外活动中,人体缺水的真正指标是什么?

答:嘴巴感觉很淡。人体缺水初期,会有口干或喉咙干的感觉,这时你的身体在提醒你进水;当缺水超过人体代谢极限时,嘴巴会感觉很淡。

2.人在户外活动中,最容易导致疲劳、四肢乏力的原因是什么?

答:缺少盐分。盐中含有人体最主要的阳离子——钠离子。缺乏钠离子会导致神经肌肉兴奋性下降,产生疲劳或四肢乏力的感觉。

3.在户外活动超过72小时的情况下,人如果滴水未进(包括食物),多长时间会导致休克?

答:48小时。正常人如果滴水不沾,是熬不过48小时的。

4.户外活动中,不适合在什么树林附近扎帐篷?

答:漆树林附近。漆树在夜间会进行剧烈的耗氧呼吸,夜间的漆树林附近会严重缺氧。

5.在未知情况下户外活动超过两天,应该优先准备的装备是什么?

答:饮用水和食物。户外活动的根本原则为存活。

6.在登山活动中,如果需要用绳索攀登山崖,正确的队形是什么?

答:斜一字形。斜一字形能够防止上方掉东西砸中下方的旅行者。

7.在一次团队登山活动中,你们遇上了危险,有一个人受伤,但是大部分人还能继续活动,这时候你该怎么做?

答:部分人和伤者下撤,其他人继续活动。团队活动应该遵从一起来、一起走的原则。

8.徒步拉练是户外活动的一个重要组成,负重徒步和非负重徒步的区别是什么?

答:增强耐力。户外活动很多时候都会在超过体力极限的情况下进行,具备超强的耐力和毅力才能成就目标。

9.户外活动中难免有人受伤,如果你的同伴伤及了头部或脊椎,你需要将他移动到担架或者平坦的地方,正确的做法是?

答:一人托住颈部,一人托住腰部移动。最好三人平托,避免受伤的脊柱移动,伤及椎间孔的神经。

10.如果你带队外出活动时有人意外受伤,抢救伤者会导致更多的人受伤;不抢救伤者,会导致其死亡,你该怎么做?

答:这道题很残酷,没有正确的答案。对户外人来说,走进了户外,放弃比坚持更需要勇气。如果有事故发生,一定要保持冷静,最主要的是控制队伍的情绪,禁止任何冲动的行为;一旦作出放弃伤者、带队返回的决定,就要坚决执行。

撤退是为了保护更多人的生命,同时也应该让伤者交代后事,最大限度地替他完成遗愿。

【复习思考题】

1.如何正确使用安全带?

2.绳子的安全使用技巧有哪些?

3.铁锁的主要保养方法有哪些?

4.头盔的主要功能结构是什么?

5.熟练掌握至少三种结绳方法。

第七章

户外运动项目（一）

实操案例

某山祈愿一日游

【规则】

1. 由于事先要租车，尚不能确定者不报。

2. 报名时大家最好找朋友一起参加，组成临时拍档，否则抽签组合，整个行程由男生照顾女生，此次活动保证男女比例，以性别少的一方人数为准，请大家抓紧时间报名。

3. 每个参加的朋友，请仔细查找和阅读我们要去的地方的相关历史资料。

【安排】

〖06：00—8：00 集合抵达〗

乘车直达某山，路上需时约两个半小时左右。上车后签免责声明。

〖08：00—14：00××峰，赏景〗

整队上山，行程约两小时后停顿修整，大家自由组合或抽签成对，彼此照顾两天，不要掉队，团结友爱。结成对子后，再分成小组，每组有领队，离队必须请示分队队长，中午在山上集体就餐（食物自备），餐后开始集体游戏，时间约两个小时。

〖14：00～18：00 返回〗

休整结束开始下山，集合返程。

【装备要求】

1. 登山鞋，或者越野鞋，或者至少是防滑的旅游鞋。

2. 速干衣裤，护膝（如果有，就带上）。

3. 每人2L饮用水，可带巧克力、牛肉等高热量、易吸收、食用方便的食品和水果。

4. 请您根据自身情况自备常用药品（如感冒药、晕车药，胃药、止痛剂、创可贴、三角带等。）

5. 有对讲机、手台、GPS的带上。

6. 备用手机电池。山野信号不好，随时可以使你的手机电能迅速消耗。

7.垃圾袋。户外活动请一定带走自己的垃圾,尽可能地带走别人的垃圾。

【免责声明】（此次活动每人必须详读免责声明）

本次活动为非营利自助户外活动。本活动为自愿参加,自主报名,在活动中能自我约束和保护,不做危险运动,不擅自离队! 户外运动有一定的危险性和不可预知性。参加者对自己的行为及后果负完全责任。领队组除接受大家监督、有责任控制费用和公开账目外,不对任何由户外运动本身具有的风险以及往返路途中发生的危险所产生的后果负责。

参加者应满20周岁,是具有完全民事行为能力的人。如在活动中发生人身损害,领队组不承担赔偿责任,由受损害人依据法律规定和本声明依法解决。代他人报名者,被代报名参加者如遭受人身损害,领队组不承担赔偿责任。本声明中关于免除领队组责任及赔偿责任之约定效力,同样及于总领队、财务官。

【注意事项】

1.本次活动要上下一悬崖,请参加者量力而行。

2.早餐时尽量多吃高热量的食品。

3.尽量不携带金属、塑料等不易降解包装的食品,活动产生的垃圾一律带离,不允许破坏自然环境。保护野生动物,保护环境,只带走照片,只留下脚印。

4.因为没有消防道,山里落叶很厚,请不要有明火,吸烟的同学可以与大家过一个无烟日!

5.村民比较善良,问路要礼貌。遇见山民打柴负重下山,尽量避让。

6.因为天气情况或者其他不可控因素,发起人有权对活动内容和日程进行调整,并发布公告。

7.本活动属个人自愿参加的活动,目的在于放松心情,缓解工作压力,结识更多的新朋友,在活动中发扬互助、互爱精神。

8.严禁散布反动言论,严禁诽谤攻击他人,严禁泄露他人隐私。

第一节　徒步穿越

一、徒步穿越的含义

徒步穿越是户外活动的一种主要形式,是指在一定区域内主要依靠徒步行走,完成由起点到终点的里程,其间可能会经历山岭、丛林、沙漠、雪原、溪流、峡谷等地貌的一种户外活动。徒步穿越对参与者的野外综合技能要求较高,它集登山、攀岩、漂流、溯溪、野外生存于一体,一般要求穿越人员必须具备良好的体能、稳定的心理素质和道德水准,以及乐于助人的团队精神。

二、徒步穿越前的心理准备

(一)持正常心态,避免盲目乐观

对于首次参加野外生存徒步穿越活动的人来说,野外穿越无疑充满了神秘感和新鲜感。这种兴奋会使人暂时忽略掉许多困难。然而当你真正地融入野外生活当中,搭帐篷、烧火、取水、做饭等日常生活中易如反掌的事情,都成为必须花时间精力去准备的事情。

进行野外生存徒步穿越之前,需要对每个细节进行斟酌,了解当地的地理和人文环境,查阅资料,制订计划,列出可能出现的问题,找出应对措施,对于预计的困难要有充分的思想准备,做到胆大心细,避免出现不必要的事故。

(二)培养吃苦耐劳的品格

短期的艰苦生活一般人都能忍受,但是进行长时间的野外生存徒步穿越活动,需要耐心和毅力。日复一日简单、重复、枯燥的生活,还有许多意料之外的困难,容易使人失去信心和兴趣。在特别恶劣的条件下要保持乐观的心态,有战胜困难的信心,下意识地培养自己抵抗不良环境(如寒冷、低压、缺氧、饥饿)的能力。同时,运动也要注意循序渐进,自觉地培养吃苦耐劳的精神,不能光凭兴趣办事。

(三)培养团队精神

野外生存徒步穿越对个人来说是件艰苦的事情,但如果一个团队的人团结起来,就可能变成轻松有趣的乐事。此时,形成一个友爱互助的氛围是非常重要的。团队中每个人都要明确自己扮演的角色和肩负的责任,努力发挥自己的优势,与队友进行优势互补,提高整体的战斗力。团队生活必须分工明确,形成紧张有序、组织纪律性强的高素质团体。

一个优秀团队领导是团队的灵魂,有责任在团队中形成民主、公平的领导作风。行动时必须以身作则,调动大家的积极性,紧急关头及时作出准确的判断和决定,组织和鼓励大家共同完成任务。参加者可以在平时训练中以组为单位进行活动,建立相对固定的活动小组,有利于相互之间的交流和进步。

在集体活动中,不同性格的人需要相互理解和磨合。有些性格在集体生活中常常会碰壁,比如过分以自我为中心、脾气暴躁、不爱帮助别人、盲目自大、喜欢独行等,这些性格都是团队生活的大忌。参加者应培养自己的团队精神,努力使自己融合到集体中去。

(四)克服恐惧心理

陌生的环境容易造成紧张的情绪。在野外生活的人,由于生活模式被打破,常常会出现不同程度的恐惧、失眠等现象。由于野外环境的未知,对于可能出现的意外,如毒蛇猛兽、气候变化、方向迷失等,人们会感到胆怯和不知所措。这就需要克服心理障碍,进行一些相应的加强心理素质的锻炼。例如在训练中模拟野外生存环境,或以小组为单位讨论遇到困难时应采取的办法,未雨绸缪,防患未然。

三、徒步穿越与路况分析

在地形复杂多样、人迹罕至的地方,没有现成的路可走,没有明确的路标指示方向,依靠地图、指南针,再加上自己的头脑和双脚阅读每一寸土地,在清丽脱俗或古老沧桑的地方留下自己的足迹,在沉郁安静或灵动跳跃中观察和学习到各种有益的知识是一种满足。而徒步穿越活动离不开路,路况的好坏直接关系到我们是否能够成功穿越,路面条件太差有时会使我们受到伤害,如能很好地掌握行走不同路面的技巧,在路上就会更轻松、更愉快。

(一)石板路面

1.路面特点

这种路面主要出现在石质山崖、陡崖或是石质断层,山体的基岩出露地带,或由整块石面形成,或由多块石面形成,也有人为铺就的石板路面。由于路面平滑且多青苔,故易打滑,一旦遇到雨雪容易发生事故,轻则跌跤、崴脚,重则骨折重伤。

2.行走经验

雨后,上山时除了穿防滑的鞋以外,心情还要放松。行走时重心不要太靠前,重心方向要和地面的石板垂直,尽量使用登山杖。背大包时包的重心应该是中部偏下,手尽量扶着岩壁或树木。下山时一定要用登山杖,重心略微前倾。脚的落点尽量踩在石板之间的缝隙,或者路旁的草木上。两个人之间一点要拉开距离,避免一个人跌倒后铲倒好几个。雪后,如有专业装备,最好用四齿的冰爪,如果没有专业装备,脚一定要落在路旁树根或草木上,登山杖必不可少,当然没有登山杖也可以寻找长度大小适合的树枝、木棒替代。

(二)跳石路面

1.路面特点

所谓的跳石就是没有明显的路,所谓的"路"主要由山谷沟壑经长期雨水冲刷和山洪暴发形成。或有路但周边是农地,农户在耕作时将地中石块分拣抛出,堆积于路面上,长此以往便让一条路成为大小不一的石块路,在这种路面上行走,需要在石头上跳来跳去前进,细砂、小溪、巨石参差交错,"杀机"四伏。

2.行走经验

克服对跳石的恐惧心理是最主要的,这就要求注意力集中。雨季,大雨来临之前、大雨刚过时不要去峡谷跳石,小心山洪暴发。准备好一双底厚一点硬一点的登山鞋,在跳石之前要先检查鞋带是否松动,然后要把背包肩带和腰带拉紧,让背包紧贴背部,以免跳跃时背包晃动、重心不稳导致失足。行走在跳石路面时眼睛要注意观察前方的情况,准确判断下一个落脚点,注意观察某些石头上留下的长期作为落脚点的暗痕。另外,一定要把鞋底清理干净,如果鞋底粘上了沙子,就要小心你的膝盖和门牙喽。

(三)泥土路面

1.路面特点

这种路面是最常见的,形成原因主要是石头风化和没有植被覆盖的地面经过人们的长时间踩踏形成的。也许你觉得这是最好走的路,有什么可注意的!那这样的想法就大错特错了。雨季时这种路面就是传说中的烂泥路,非常容易跌倒、伤到膝盖。

2.行走经验

大雨后经过太阳的曝晒,虽然土路表面已经被晒干,但实际上已经吸足了水分,这个时候上下山时很容易出现危险,走这种路面时鞋底一定要抓地,要充分利用登山杖作为支点,以免不注意一脚踩进很深的烂泥里。另外,春秋两季昼夜温差大,雨雪天后土路路面非常容易结冰,危险系数比较高。遇到这种情况上下山时要充分利用登山杖和可以攀扶的东西,注意攀扶物体时要先确保该支点是牢固的,这一点非常重要。

(三)灌木丛

1.路面特点

灌木丛包括很多种,大致可以划分为自然灌木丛和人工造林灌木丛。自然灌木丛主要分布于茂密丛林中,灌木种类较多且较为低矮,一般土质湿滑松软,可能会有沼泽,危险性较大;人工造林灌木丛主要分布于气候较为干燥的山麓坡地,是人为栽种防风固土用的,所在地一般土质干燥、含石沙较多,貌似坚硬其实一踩就滑。

2.行走经验

走灌木丛要带上眼镜、帽子、拉上冲锋衣的拉锁,队员之间至少要保持 1.5 米的距离,防止前面的队友带倒的树枝反弹回来伤到自己。时刻提醒后面的队友注意,距离过远容易迷路!徒步经过自然类灌木丛时最好有辅助设备及经验丰富的领队或当地向导探路先行,要注意灌木多带短刺,蚊虫较多,建议穿高帮防滑鞋底、纹路大且凹凸较深的丛林靴,要穿长袖、长裤,注意脸部的保护。人工造林灌木丛较自然灌木丛灌木高且多刺,建议准备手套(最好皮质)、长袖高领防刮衣裤和防滑抓地能力好的登山鞋,在徒步此类灌木丛时尽量走土质不滑、较宽的路,最好扶着枝干新鲜且可以支撑手力的活树枝,换手扶枝要牢固,落脚要稳要慢。

(四)雪地

1.路面特点

雪地路面因下雪积雪形成,由于积雪覆盖,无法判断地形及路面情况,情况会很复杂。积雪导致湿滑,阻力较大,行走不便。

2.行走经验

在下雪时行走,或走在积雪时间较长的地上,最重要的是步幅要小且保持固定步调,靠自己的步伐有节奏地走。若胡乱加快速度,或步伐太大失去节奏常会造成疲乏。行走在雪地需不慌不忙,按照自己的步伐行进是很重要的。如果积雪仅到埋过鞋子的程度,几乎不影响到步伐,可如履平地般地行走。如果积雪高过膝盖时,仅仅是举步就相当耗费体力,疲劳困倦就更不用说了。若积雪深及腰部,就得用自己的脚和腰推开摆在眼前的雪,采取步步为营的走法,即所谓的"除雪前进的方法",以尽量减轻疲劳,除雪前进的要诀是,将自己的身体(尤其是上半身)倾向前行方向,靠自己的重心和自己的体重推开雪往前进。若数人结队行走于膝盖以下程度积雪的雪地,脚步需与领头队员的脚印重叠前进,如此比三三两两凌乱地走,疲劳程度要来得低。走在柔软或积雪深的雪地,穿上雪地鞋就不怕脚会陷入雪中,且能轻松自在地走在雪地上。

在雪坡上行走更需要注意,雪坡由于坡度较大,行走难度加大,加之积雪将地面覆盖,不仅要注意防裂隙,还要注意不要将雪蹬塌。在冰雪和积雪山坡交界的地方,积雪往往很深,行动时必须结组(2～3 人一组)通过。过雪桥时开路者探测雪桥虚实后,再行通过。

如果雪很松软,而又必须由此通过时,应匍匐行进。攀登坡度很大的雪坡时,一定要两脚站稳后再移动。向前跨步,要用两脚前掌踏雪,踩成台阶再移动后脚。如果不慎滑倒,要立即俯卧,防止下滑。攀登雪坡,要少走有明显裂缝的地方。在积雪上行军,要拣雪硬的地方走。走热了,不要用冰雪解渴,骤然吞食冰雪,易得喉头炎。实在干渴得厉害,可用融化的冰雪漱口,尽量不要咽到肚子里,水分会增加人体循环器官的负担,影响体力。在松软的雪地上长时间行走时,要跨大步,缩短在雪地行走的时间。行走时要先把脚往后稍退一点,再向上抬脚大步迈向前方。脚后退是使雪鞋前有活动余地,向前迈出时还可以起到拂去附雪作用。走陡坡,要用雪鞋内缘踏坡,尽量避免身体偏向外缘。雪冻结得十分坚硬时,要脱掉雪鞋步行。在山谷中行进,应靠近山谷中心线,以避免山坡滚石。

(五)山地

1.路面特点

山地往往由起伏不定的山丘或沟岭组成,间有小溪、山崖或林丛。路面往往较复杂,可能会出现前面的石板路、泥路、跳石、灌丛等,需要综合应用各种徒步穿越技巧。

2.行走经验

在山地行进,为避免迷失方向,节省体力,提高行进速度,应力求有道路不穿林翻山,有大路不走小路。如没有道路,可选择在纵向的山梁、山脊、山腰、河流小溪边缘,以及树高、林稀、空隙大、草丛低疏的地形上行进。一般不要走纵深大的深沟峡谷和草丛繁茂、藤竹交织的地方,力求走梁不走沟,走纵不走横。行进应遵循大步走的原则,山地也是如此。如果将步幅加大,三步并作两步走,几十公里下来,就可以少迈许多步,节省许多体力。俗话说:"不怕慢就怕站。"当疲劳时,应用放松的慢行来休息,而不要停下来,站立一分钟,慢行就可以走出几十米。

山地行走,经常会遇到各种岩石坡和陡壁。因此,攀登岩石是登山的主要技能。在攀登岩石之前,应对岩石进行细致的观察,慎重地识别岩石的质量和风化程度,然后确定攀登的方向和通过的路线。攀登岩石最基本的方法是"三点固定"法,要求登山者手和脚能很好地做配合动作。两手一脚或两脚一手固定后,再移动其他一点,使身体重心逐渐上升。运用此法时,要防止蹿跳和猛进,并避免两点同时移动,而且一定要稳、轻、快,根据自己的情况,选择最合适的距离和最稳固的支点,不要跨大步和抓、蹬过远的点。

草坡和碎石坡是山地间分布最广泛的一种地形。在海拔3000米以下的山地,除了悬崖峭壁以外,几乎大都是草坡和碎石坡。攀登30°以下的山坡,可沿直线上升。身体稍向前倾,全脚掌着地,两膝弯曲,两脚呈外八字形,迈步不要过大过快。当坡度大于30°时,沿直线攀登就比较困难了。因为两脚腕关节不好伸展,容易疲劳;坡度大,碎石易滚动,容易滑倒。因此一般均采取"之"字形上升法。即按照"之"字形路线横上斜进。攀登时,腿微曲,上体前倾,内侧脚尖向前,全脚掌着地,外侧脚尖稍向外撇。通过草坡时,注意不要乱抓树木和攀引草蔓,以免拔断使人摔倒。在碎石坡上行进,要特别注意脚要踏实,抬脚要轻,以免碎石滚动。在行进中不小心滑倒时,应立即面向山坡,张开两臂,伸直两腿(脚尖翘起),使身体重心尽量上移,以减低滑行速度。这样,就可设法在滑行中寻找攀引和支撑物。千万不要面朝外坐,因为那样不但会滑得更快,而且在较陡的斜坡上还容易翻滚。

雨季在山地行进,应尽量避开低洼地,如沟谷、河溪,以防山洪和塌方。如遇雷雨,应立即到附近的低洼地或稠密的灌木丛去,不要躲在高大的树下。大树常常引来落地雷,使人遭到雷击。避雷雨时,应把金属物品暂时存放到一个容易找的地方,不要带在身上,也可以寻找地势低的地方卧到。在山地如遇风雪、浓雾、强风等恶劣天气,应停止行进,躲避在山崖下或山洞里,待气候好转时再走。山地行进不要过高估计自己的体力,疲劳时,就应适时休息。不要走到快累垮了才休息,那样不容易恢复体力,再走也提不起劲。正确的方法是大步走一段,再放松缓步慢行一段,或停下来休息一会,调整呼吸。站着休息时,不要卸掉装具背包,可以在背包下支撑一根木棍,以减轻身体负重。若天气冷,不要坐在石头上休息,石头会迅速将身体的热量吸走。

（六）河川

1. 特点

河川穿越是一项户外徒步可能遇到的问题,通常我们可以依靠地图来判断穿越区域是否有大的河流,但在地形较为复杂特别是海拔高差较大、河谷强切割的地区,一条看似不大的溪流往往成为穿越障碍,在暴雨多发的季节,原本不能构成威慑的小溪沟也许会成为洪水暴涨的大河。因此穿越河川必须慎重选择过河地点。

2. 行走经验

最好的办法是寻找桥梁通过或询问当地人了解桥梁位置,在万不得已时才准备徒步穿越河川。在过河时,首要工作是仔细观察水流的情况。水流缓慢的,可选较浅处渡过,并在容易上岸的岸边登陆。而在瀑布的正上方或旁边,河通常较深,且水量多,绝不可渡过。河道较窄的上游,蹚水过河也许可行——但首先要用撑竿试一试河水的深浅。可能会有落脚的岩石,也可人为地放置石块,帮助自己蹚过河去。团队探险时,部分人可能能够直接跳越狭窄的河谷,或者利用岩石穿过溪流,但如果还有许多人做不到,意义就不大。另外,从圆滑的岩石上摔倒很容易扭伤脚踝。河流三角湾外通常波涛汹涌,河面也很宽,有些河流甚至会受潮汐影响,不要在其处穿越。除非有木筏或浮艇,否则还是应向上游前进,寻找适合穿越的河段。在宽阔河面,迫不得已而又有条件有能力时,可捆扎浮排泅渡过河,即便拥有木筏与浮艇,也不要轻易穿越,因为木筏与潜艇很可能会被河水冲走,离理想的彼岸越来越远。不过这也得根据实际情况——水流和风浪对航行的影响程度而定。如果水温过低时,可以制作木筏,当你到达彼岸时,只是湿了双脚,可以及时生火烘干。

只有在河水很浅,仅会弄湿鞋袜时,你才可以考虑蹚水过河。涉水渡河时一般要采用斜线渡河方式,即要将上岸目标定在下游方向。渡河本身是一件非常危险的事,应穿着袜子拖着脚涉水而过。另外,拿根拐杖拄着,在上游较易取得平衡。缆绳（登山绳）也是很好的工具,将绳子的一端固定在河岸,另一端绑在走在最前面的人的腰部,走在后面的人也就较有保障。涉水过河之水深以膝盖为准,若水深及腰,除非水流特别缓慢,否则寸步难行,更别说过河了。背对彼岸,身体与河道有一个倾斜角,水流会帮助你向对岸移动。步距不可过大,拖着脚走。用棍棒试探河水深浅,探测落脚点是否可靠。急流应尽量避免直接涉水渡过,遇非渡过不可时,则应准备粗而长的木棍,推向河中央的岩石,以该处为中心划半圆斜向渡过。长裤或登山浮袋可代替游泳圈,圆木或木片均可善加利用以利渡河。

四、徒步穿越技术要领

徒步穿越因富于求知性、探索性、不可预见性等特点，穿越者必须掌握相关野外生存知识与技能，去应对千变万化的野外情况。

健康的体魄与良好的体能储备是徒步穿越最重要的条件之一。这些没有捷径可走，必须制订适合自己的一个体能训练计划，在耐力、力量、负重行走等方面渐渐增进，体能耐力训练可以通过游泳、爬山、长跑、骑自行车去获得，力量训练可以每天坚持做俯卧撑、举哑铃、仰卧起坐、引体向上去获得。

徒步行走不单是腿部运动，而是种全身运动，注意通过摆臂来平衡身体、调整步伐。控制节奏，最好的行走速度是走而不喘，脉搏尽量不要超过 120 次/分钟，背部肩沉背挺，用腹部深呼吸，全脚掌触地，从脚跟到脚尖位移，什么时候都要按自己的行走节奏去走，不要时快时慢，时跑时停，尽量保持匀速。

刚开始徒步可以放缓一点，让身体每个部分都先预热，有个适应的过程，5～10 分钟后才加快步伐，行走中从安全角度出发，队员之间应该保持一个合理的距离，一般为 2～3 米，这样就算有人因各种原因暂停时，如系鞋带、脱衣服、喝水等等，暂停队员与前进队员也不会互相影响，一般情况下，暂停队员靠右边停留，前进队员从左边跨过，与迎面而来的其他队伍相遇时，也是按我右他左、礼貌相让通过，暂停人员与队伍的安全距离在白天一般不能超过十分钟或者 200 米以内，夜晚必须在 5 分钟或者 20 米以内。在行走中，要养成个良好习惯，集中精力行走，不要边走边笑，打闹嬉戏，更不能大声歌唱，这样不但会分散其他队员的注意力，同时还会无谓地消耗自己的体能。

行走重心在上坡时，应在脚掌前部，身体稍向前倾，下坡时重心放在后脚掌，同时降低重心，身体稍微下垂，无论上坡下坡，对于坡度较大的坡迹，应走"之"字形，尽量避免直线上下，这是一种相对安全的走法，上下坡时，手部攀拉的石块、树枝、藤条，一定要用手试拉，看看是否能够受力，才能去做其他攀爬上下动作。经常有队员因为拉的是枯萎腐烂树枝、藤条而跌倒受伤，导致意外。

行走中的休息原则也要讲究方法，一般是长短结合，短多长少。一般途中短暂休息尽量控制在 5 分钟以内，并且不卸掉背包等装备，以站着休息为主，调整呼吸。长时间休息以每 60～90 分钟一次为好，休息时间为 15～20 分钟，长时间的休息应卸下背包等所有负重装备，先站着调整呼吸 2～3 分钟，才能坐下，不要一停下来就坐下休息，这样会加重心脏负担，可以自己或者队员之间互相按摩腿部、腰部、肩部等肌肉，也可以躺下，抬高腿部，让充血的腿部血液尽量回流心脏。谨记：休息是主动的、积极的，而不仅仅是躺下休息这么简单。

徒步行走时，应带足饮用水，每人每天约 3 升的量，根据天气情况去增减，宁多勿少。如果途中溪流、湖塘、沟河有水补给，一定要先观察水源污染情况，是否有人畜活动、是否有动物尸体倒于水旁，有无粪便、毛虫污染，是否发黑发臭，根据观察到的情况，采取沉淀、过滤、离析等方法处理后才能饮用。一般情况下最好先用少量水珠涂擦嘴唇，等过 3～5 分钟后，嘴唇不发麻发痒、无臭无味才饮用。野外补充的水，有条件的话最好煮沸五分钟再饮用。喝水要以量少次多为原则，喝水也是主动的，不要等口渴了才被动喝水。每次喝两三小口为好,太口渴了可以缩短喝水的时间,增多喝水次数,一次喝水太多,身体吸收不了,浪费宝贵的水源不算,反而增加心脏的负担。一般的徒步等户外运动消耗水分的补充方式最好是每15分钟250毫升为好。正常的徒步时间里排尿也应该是4小时/次,可以通过观察排解的尿液颜色,了解自己体内水分脱失症状。尿液呈深黄色,微感口渴,脉搏速度正常为轻微脱水症状;尿液呈暗黄色,口内黏膜干燥,口渴,脉搏速度加快但弱,为中度脱水症状;重度脱水症状为无尿液,脸色皮肤苍白,呼吸急促,口渴昏睡,脉搏快而无力很弱。

五、徒步穿越注意事项

(一)团队精神

集体穿越(2人以上)是表现团队合作精神的好机会,成功、愉快、顺利的穿越是要靠集体中每一个人努力才能做到的。尤其在恶劣艰苦的环境中,团队精神更加重要。

提示:

①确定一个队长,并赋予他相当权力,有民主也要有集中,这点很重要。

②明确分工,如:开路、断后、生火、扎营……

③人数较多时要注意行进队形,队伍过长容易走失队友或有人出现意外而不能及时发现。

④所有装备和给养应根据各人体力好坏及性别做科学分配背负,以便使队伍能保持一致的速度。

⑤如有人遇到严重的伤病,整个穿越计划必须做出应变,全体放弃或部分人带伤员撤退。

(二)体力分配

一般而言,在上坡时可半小时休息5～10分钟,下坡时每1小时休息10～15分钟。

提示:

①全程尽量保持匀速,掌握节奏,按计划的休息时间休息和进食。

②根据大家途中的体力情况及时调整计划,必要时宁可延长穿越时间。避免不必要的体力过分透支,要为后来不可预见的意外情况使体力留有余地。

(三)方向问题

出行前尽可能地搜集活动地区的地图和相关资料,对将要出现的较大转向和明显的标志物作初步了解。当有等高线地图时,可对预定线路和方向进行分析,如需翻越几道山梁、经过几个垭口、大致海拔上升和下降情况。这样有助于在行进中判定方向。

提示:

①携带较准确的指北针和海拔表(有的地区很需要)。

②携带并保护好地图和资料。

③带信号笔和扑克牌,以备迷路时作路标记号用。

④如对穿越地区所知资料甚少、条件又较复杂时,最好请走过的人同行或找当地向导带路。

（四）防水问题

在雨季或多雨地区，特别是长时间的穿越，如防水准备不充分整个活动会遇到极大的麻烦。如：无干燥衣物可换，相机、电池、食物等物品遭打湿破坏。因此在出行前要对活动地区的气候做些了解，并做好相应准备。

提示：

①帐篷应选用三季或四季帐。专用高山帐不能用，专业高山帐的防风保暖性更好，但是防水性并不见长。

②使用背包罩或塑料布遮盖背包，即使背包有防水功能也要如此。

③在向背包内填装物品前，用塑料袋或密封袋先包裹一下，这样既可防水也有利于物品分类。

④有条件就准备好防水冲锋衣裤（waterproof、GORE-TEX 材料都可以），但雨具一定还要准备。

⑤防水登山鞋有条件就准备好些的，反正可以用很长时间（waterproof、GORE-TEX材料都可以）。

（五）饮水问题

在短途穿越时，如已知补水困难就应带足饮用水，每人每天大约 2 升。长途穿越，可在途中的溪瀑、江河、湖塘取水，但一定要观察其污染情况，如水附近有无人畜活动、有无动物尸体、有无粪便及其他污染物。水中有大量泥沙时要使水沉淀 10 分钟以上。蚂蟥多的地区，打水时要用敞开或透明的容器，以便能及时发现水中是否有蚂蟥。

提示：

①缺水地区饮水要按计划分配饮用。除特殊情况外，在找到水源前绝不要把水饮尽。

②野外取水后，有条件务必将水煮沸后（煮沸 5 分钟）再饮用。

③有条件可以带过滤器和净水药片，在无法使用加热的情况下替代使用。

（六）生火问题

出行时要携带一种以上的火源，如：打火机（多种类型）、火柴、火镰等。有条件的最好携带野营炉头、气罐或者燃料罐。在营地生火时要留意营地是否是禁火区，不然除了生存需要不要违规。生火前先准备些干燥的细柴火（比筷子略细），放在用石头堆好的灶底，再往上面架粗的柴火，点燃细木用嘴使劲吹，就可以把火吹燃。当下雨或柴火较湿时，可劈开粗木从中间取干木，砍细后作引火柴（此时需砍刀或其他工具）。

提示：

①看好风向，不要把火堆放在帐篷的上风处，并要与帐篷保持一定距离。

②离开时用水和土石压盖将火灭掉，并一定要检查火是否确实熄灭。

（七）露营问题

寻找安全、避风、干燥、平整的高处扎营。此时要注意周围的环境，如是否有落石滚石、风向如何、有无动物巢穴、蜂巢等。尽量不要在河畔扎营，除非确定是枯水期，水位不会变化。营地不要紧靠水边，蚊虫较多。

提示：

①营地周围是否存在塌方、雪崩、山洪的危险。

②营地附近最好有水源，取水方便。

③如需生火就要考虑附近有没有柴火。

④下雨或多雨季节，视地形情况注意在帐篷四周挖好排水沟。

⑤风大时注意帐篷的抗风固定，确定做好后再休息。

⑥睡前最好把贵重物品、衣物、食品放入帐内（假如帐内还有空间），并准备好防身工具。

（八）野外生物

出行时要准备清凉油、风油精、红花油等药物。打绑腿可以有效防止蚂蟥、蛇及其他生物对腿部的攻击。毒蛇大量出没之地可以准备蛇药。

提示：

①遭遇大型野生动物（如：熊、豹、犀牛等），切忌大声尖叫和乱跑。动物一般情况不会主动攻击人类，除非受到惊吓而误认受攻击而反击。此时镇定大概是唯一的法宝。

②世界上只有很少的毒蛇是好斗并主动发起攻击的，除非你不小心踩到它，也许它会愤而自卫。

③如不幸被毒蛇咬伤（无法判断是否是毒蛇时当作有毒处理），除紧急处理外，心理的平稳会将你的生存可能提高数倍。

（九）营养补充

在较长时间的野外穿越中，体力消耗大，排汗多，人体容易出现盐分缺失、电解质失调、营养不足等现象，那样会严重影响体力和健康，有时甚至是很危险的。因此要及时补充营养。

提示：

①携带牛肉干、巧克力等高热量和营养食品以备不时之需。

②携带维生素合成药片，每日一颗。

③每天要补充盐分，吃些含盐食品，如：榨菜等。

④果珍冲剂是不错的电解质平衡饮料（当然还有许多类似的冲剂），平时在水壶中放一些随时补充。

（十）保暖问题

许多地区（如：沙漠、山区）昼夜温差较大，有的穿越海拔上升大也会出现几个小时就有较大温差的现象（海拔上升温度会下降，－6℃/垂直1000米）。注意保暖是必须的，尤其是在大量出汗后和睡觉前。

提示：

①对所到地区可能的最低温度做好充分估计，相应准备保暖衣物和选择合适睡袋。

②当衣物被雨水或汗水打湿后，热量散发的速度是惊人的，此时要尽快换上干燥的内衣。有条件可选用Coolmax等排汗快干面料的内衣。

③高寒地区则需要更专业的装备和知识。

(十一)其他有关问题

①攀爬和下降。除非万不得已,宁可绕行多走些路,也不要尝试危险的攀爬和下降,特别是独自一人穿越并负重时。如必须攀降时,应先卸下背负,空身攀降,然后用辅绳或带子把装备提吊。

②平衡。在路经险境时(如独木桥、涉水、崖边等)应记住把背包的胸带和腰带松开,以保证能及时迅速卸载而"丢卒保车"。

③夜路。除特殊地区外(如沙漠)不要轻易冒险走夜路,很多迷路都是发生在能见度很低的情况下,而且夜路很容易造成失足。当不得不走夜路时,有头灯准备是最好的,手电筒会占用一只手,不利于平衡保护。

④涉水。在不明水深和水下情况时先不要贸然涉过,应尽量想方法探明。有携带沙滩鞋的尽量不要光脚涉水,因为容易滑倒和扎伤,还要小心水中的石块,它们常常是非常圆滑的,一不小心就会失足。另外涉水前应对水的流速作好充分估计。

⑤应将所有遗留的可见垃圾全带走。长途穿越应至少将那些不可降解的垃圾带上,直到有统一垃圾堆放地。所以垃圾袋是必须要带上的。

(十二)常用装备

穿越不同的地区、不同的难度、不同的时间长短、不同的季节气候,选择的装备差异很大。有时计划选择不当会使穿越中负累不小,而有时又因为装备不全,感到非常棘手甚至危及安全。出行前在对活动地区尽量充分了解后,仔细挑选应带装备和给养。许多装备用品都有不同的品牌和种类,根据实际需要和自身条件慎重选择。

下面列出常用的一些装备。

1.公用装备

具体包括:帐篷,炊事用品(炉具、燃料、炊具等),绳索(视情况选择携带),专用工具(砍刀、手斧、行军铲等),公用药品(通用药,紧急救护药等),胶带,营地灯,其他集体专用器材(攀岩器材,登雪山器材等),公用食品营养品,海拔表,指北针,温度计,地图。

2.个人装备

具体包括:背包,睡袋,防潮垫,手套,帽子,换洗衣物,墨镜,头灯,水壶,个人卫生用品,防晒霜,润唇膏,摄影器材,望远镜,笔记本,笔,个人药品,打火机、火柴,餐具,干湿纸巾,便鞋或拖鞋,个人食品,其他杂品。

3.徒步旅行的防病准备

徒步旅行对于青年人和中年人,无疑可以增强体质,但是,如果不做好徒步旅行的防病准备,则有可能适得其反,主要注意以下几点:

①防疲劳。预防的关键在于:一要步姿正确,二是不要心急,三是要会走路。走小路而不走平坦的公路,即使走公路也不走平坦的中心而是走高低不平的路边,都是不会走路的表现。

②防脚打泡。万一选鞋不对或步姿不正,行走中感到脚的某个部位有疼痛或摩擦感,可在该处贴上一块医用胶布或在鞋的相应部位贴一块单面胶,在一般情况下,这就可以防止打泡。

③防寒暑。北方徒步旅行要带一些质轻防寒性能好的衣物,如果行走在广阔的北方平原,风速较大,衣着应及时调整。南方徒步旅行,夏季要防暑防雨。

④解渴要适可而止。出发前最好准备一壶清茶水,适当加些盐。清茶能生津止渴,盐可防止流汗过多而引起体内盐分不足。

⑤热水洗脚去疲劳。

⑥随身携带一些常用的感冒药、防暑药和外伤药,备一盒酒精棉球。

第二节　登山攀岩

攀岩运动是一项集智力、体力为一体的心智型体育运动。根据自己的能力选择线路攀登是极为独特而令人兴奋刺激的经历,每一次感受都不相同。攀岩运动是一项智力与体力并重的运动,只有脑力与体力协调配合才能取得期望的理想成绩。它在攀登能力和技术动作方面要求很高,但攀岩运动不仅仅是一项富有冒险精神的专业运动员的体育项目,任何喜爱户外运动的人都可以去感受攀岩运动的魅力。它的技巧较易掌握,是大多数青少年朋友喜爱的极限运动之一。

一、攀岩运动介绍

(一)攀岩运动的定义

攀岩运动是攀登者借助于技术装备和同伴的保护,能够在不同的高度和角度的岩壁上,在有限的时间内选择自己认为最佳的、最合理的线路准确地完成腾挪、蹿跳、引体等惊险的技术动作,依靠自身顽强的意志、体力和思维能力,直至完成整条线路的攀登。

(二)攀岩运动的起源与发展

攀岩运动是由登山运动中派生出来的现代竞技体育运动项目。它起源于18世纪末期的"阿尔卑斯运动",即登山运动。曾有一个善丽的传说:在欧洲阿尔卑斯山区海拔3000～4000米的悬崖峭壁上,生长着一种珍奇的野花"高山玫瑰",采摘这种野花是很困难的。据说很久很久以前,阿尔卑斯山区一直流行这种风俗:当小伙子向姑娘求爱时,为了表示他对爱情的忠诚,必须战胜重重困难和危险,勇敢地攀上高山,采来"高山玫瑰"献给自己心爱的姑娘。直到今天,阿尔卑斯山区的居民仍然保留这种风俗。攀岩运动也就由此而来。

由于攀登高山对于普通人来说是相当困难的,为了让人们了解登山运动,体会登山运动的魅力,让人们有更多的机会去参与这项运动,一些热爱登山运动的登山家把惊险、刺激且具有非凡观赏性的攀登悬崖峭壁的技术、方法移到郊外的自然岩壁,市内的室外,室内的人工攀岩壁。攀岩运动作为一项体育项目起源于20世纪50年代的欧洲,主要以攀登自然岩壁为主。世界攀岩运动是在20世纪60年代末兴起并得到迅速发展。这期间举行了各种形式的攀岩赛事,都是以自然岩壁为主。但由于场地、天气、交通等因素的限制,攀岩运动没有得到很好的发展,直至 1985 年法国人弗兰西斯沙威格尼发明了可以自由装卸的仿真沙子、石头、玻璃纤维和其他原料混合制成的岩壁,实现了人们要把自然中的岩壁搬到城区的设想。

早期的攀岩比赛形式是结组攀登,以速度为主。随后,发展到以个人速度赛为主,采用上方保护。人工岩壁出现以后,主要是以技术为主的难度赛。1987 年,国际攀登联合会(UIAA)规定,国际比赛必须采用人工岩壁,同年在法国举办了首届人工岩壁比赛。1989 年,首届世界杯攀岩分站赛分别在法国班牙、意大利、保加利亚和苏联举行。1991 年举行了首届攀岩锦标赛,1992 年举行了首届世界青年攀岩锦标赛。在亚洲,攀岩运动开展较晚,1991 年 1 月"亚洲竞技攀登联合会"在香港成立,标志着亚洲攀岩运动进入了一个新的阶段。1992 年 9 月,在韩国首尔举办了第一届亚洲攀岩锦标赛。

由于攀岩运动的特殊意义,这项运动在国外深受青少年朋友的喜爱,并得以快速地发展和普及。

（三）攀岩运动的分类

攀岩运动可分为不同的类型,它是攀登运动形式中的一种。主要分为:高山探险、攀岩、攀冰、冰岩混合。

攀岩的分类方法很多,按照不同的方法可以将攀岩分成很多种。

1. 按保护方法分

按保护方法可以将攀岩分为:

①先锋攀登。从岩壁底端开始,一边攀登一边把保护绳挂入保护点。

②顶绳攀登。保护绳从上端已经挂好,只有上方一个保护点的保护方式。

2. 按攀岩场所分

按攀岩场所可以将攀岩分为:

①人工场地攀登。在人工制作的攀岩墙上进行攀登。

②自然场地攀登。在天然形成的岩石上进行攀登。

3. 按使用器械的不同分

按使用器械的不同可以将攀岩分为:

①运动攀登。在有非常安全保护点的线路上进行攀登,危险很低。

②自由攀登。只利用手脚握踩支点进行攀登,绳子等器材只用于保护。

③器材攀登。要借助绳子、铁锁、上升器等器械进行的攀登。

④传统攀登。自己设置途间保护点的攀登。

⑤无保护攀登。不用任何保护的攀登,如果脱落会有生命危险。

⑥岩壁攀登。通常要连续几天进行攀登。

⑦抱石攀登。非常难的短线路攀登。

4. 按比赛形式分

按比赛形式可以将攀登分为:难度赛、速度赛和攀石赛。

二、攀岩运动技术装备

攀岩运动是一项具有一定危险性的运动,要在安全范围内进行,就必须要求技术装备符合攀岩运动的需要。开展攀岩运动,进行攀岩训练之前应该了解攀岩装备的性能、保养及其作用。

由于攀岩具有一定的危险性,从这项运动产生之日起,人们就开始不断地研制生产各种为攀登者提供安全保障和便于这项运动开展的各种装备和器械。主要分为保护性和辅助性两大类。保护性装备包括主绳、安全带、铁锁、头盔、保护器、上升器等。因为所有这些装备都会关系到攀登者的生命安全,在选择和购买上一定要考虑其质量、用途、性能等因素。一般来说,有国际攀岩联合会(UIAA)认证标记或欧洲标准(CE)标记的都能保证安全。辅助性装备包括攀岩鞋、镁粉、粉袋等。可根据自己的喜爱去挑选适合自己的装备。

(一)个人装备

1.攀岩服装

攀岩运动对服装的其中一个基本要求就是能防风。另外,服装的透气性也很重要,这一切可使穿着者保持身体的干爽和舒适;攀登岩壁时服装的耐磨性也不可忽视。为了既吸汗又透气,快干衣、裤是不错的选择。这类服装的材料是由一些导水性极强的材料制成的,这些材料具有独特的速干性,有些材料在洗后 10～15 分钟即可变干。在攀岩的过程中,衣服里面会积聚大量的汗液,很容易着凉而引发感冒,在登山或极地探险活动中还会造成冻伤,这类材料在很大程度上解决了这一问题。

为了解决保暖的问题,我们可以穿上抓绒材料制成的夹克和背心。抓绒的材质轻,而且保温性好,同等重量的抓绒和同等重量的羊毛相比,抓绒的保暖性要强于羊毛。抓绒材料的导汗性也很不错,缺点是防风性较差,在有些地方不能直接穿着,还必须加上一层防风外套。抓绒夹克加上防风外套这样的组合已成为户外运动中常流行的穿着方式。

为了应付多变的天气,我们在出发的时候还必须配备一件好的外套。外套层服装习惯上也称为全功能外套,它是户外运动服装中非常重要的一部分,能为我们的身体减少一切不必要的损失。它们的款式有短风衣或束腰夹克式样,大部分还带有帽子。内里服装的不足都可以靠这一层来弥补,像保温层服装大都耐磨性较差,抓绒夹克的防风性也不好。而全功能外套则完全弥补了这些不足。

2.攀岩鞋

攀岩鞋的选择是穿起来舒适且不痛,趾尖部分要合脚。为了让你的攀岩鞋寿命更长,应保护好鞋底:使用后将鞋底上的黏土、灰尘、小沙粒清理干净,放在凉爽的地方风干,绝不要暴晒或放在高温处烘干。

3.头盔

头盔可保护头部,防止落石等东西坠落时的意外撞击。

(二)技术装备

1.主绳

绳子长时间使用后,应注意绳子的安全性。只有你知道你的绳子是否安全。攀登绳寿命最简单的判断方法是:室内训练攀登绳,大约几个星期;每个星期数次攀登,2～6 个月;一个星期一次,大约用 2 年;当绳子已经变硬,或局部区域有变软或变扁的现象、表皮损坏就应该换掉。当绳子任意一端变得毛糙,就剪掉这一节并继续使用剩下的部分绳子,但使用一定要谨慎,一方面它同样已经承受了多次下降的考验,另一方面,确保它在线路上放下时仍足够长。

当你在攀登线路时脱落或下降后,应在重新攀登前让绳子休息几分钟,使其恢复一些弹性和承受压力的性能。

2.绳套

绳套在保护系统中做软性连接,主要有机械缝制和手工打结两种。一般机械缝制的绳套可抗拉力达22kN,而手工打结就很难达到20kN。

3.安全带

安全带主要是为攀登者和保护者提供一种舒适、安全的固定。安全带分为可调式和不可调式。每次使用安全带时,应对安全带的安全性能进行检查,尤其是长时间使用安全带,造成安全带磨损,保护套起毛或断裂,就应及时更换。使用时避免灰尘、暴晒、脚踏等。

4.镁粉及粉袋

镁粉的使用主要是在室内攀岩,以防手出汗时出现手滑现象或吸收岩壁表面的水分,用以增大摩擦力。为了较方便使用,镁粉一般存放在粉袋里,粉袋系在安全带上,在攀登难度大的岩壁或线路时使用。

5.保护器

在保护和下降的过程中,通过它与保护绳之间产生的摩擦力来减少操作者所需要的握力。保护器有很多种,但只有几种适用于攀岩。常见比较好的保护器有8字环、管状保护器和自动保护器"GRIGRI"。

6.上升器

上升器是在单绳技术中解决向上运动的方法,分为左手握和右手握两种方式,适用于不同用手习惯的攀登者。

7.铁锁和快挂

铁锁和快挂用于连接主绳与安全带。

8.螺栓

现代竞技攀登一般用直径3/8～1/2英寸的膨胀螺栓,这是一种拉起式螺栓,也是现有最好的岩石作业用的螺栓之一,适用于各种岩石表面,其安装容易、简便而且牢固。

9.挂片

随着竞技攀登的迅速流行,出现了大量新式螺栓挂片,从初级的、手工制作的挂片到光滑而结实的专用挂片都有。经常使用者应注意挂片上是否有裂痕或变形。

10.岩锥

金属做的钉子在攀登的时候可以敲进岩缝做成一固定点。

11.绷带

绷带的使用是保护疼痛的手指或关节,保护擦伤或破皮的指尖以及其他一些用处。

12.保护垫

在岩壁的下面,都会放一块保护垫,在下降或脱落时可以起到减震和保护作用,减少脚后跟和脚踝扭伤的危险。

三、攀岩运动保护技术

为了防止攀登者在攀岩过程中脱落或其他意外险情的发生而采用的保护措施及保护方法,称为保护技术。它是根据岩壁的条件,运用相应的保护装备、结绳方法、保护装置进行各种安全保护操作程序及解决办法。

(一)攀岩保护装置的安装

1. 保护点的设置

要在保证生命安全的前提下享受攀登的快乐,岩壁上固定点的设置安装是相当重要的。保护点的设置就是将保护的绳索固定好,绳索固定的好坏直接影响到攀登者的生命安全。因而,保护点的设置是保护攀登者与保护者,防止因坠落而发生不必要的意外伤害事故,是攀登者在攀登前必不可少的重要环节,必须引起攀登者的注意。

保护点的设置与进行保护的第一步就是自我保护。保护者用绳索与合理的固定点连接,当攀登者坠落或其他状况发生时,保护者才不致发生危险。

2. 保护点装置系统的安装

设置保护点所需的装备主要有:绳套、铁锁、挂片、膨胀螺栓、岩石锥、机械塞等。使用辅助绳来安装保护系统。

3. 天然固定点的选择与安装

(1)天然固定点的选择

决定受力方向后,在受力方向上找出适当、牢固的物体,一般选择树干、大石头、岩角等。选择时应注意树根、树干是否牢靠,岩石根基是否牢固,岩石的大小是否可以承受坠落的重力,岩角基部是否有裂纹,用手敲击岩石判断其发声频率是否正常。

(2)固定点的安装

固定点的安装应防止岩石的棱角割断绳索,必要时要加上垫布。固定点的测试,注意安全第一。操作时一定要把绳结系住。

当你安置了保护点后,可尝试进行撤卸:

①首先用快挂钩住铁锁,与自己的安全带连接;

②解开连接在自己安全带上的绳结,并将绳子穿过铁锁或将绳子从铁锁里穿过;

③将穿过铁锁的绳子重新与自己的安全带连接或将从铁锁里穿过的绳子打一个8字结,用铁锁把绳子与你的安全带连接;

④解开原来与你的安全带连接的8字结,然后请保护者准备好,将绳子收紧,再解开与你的安全带和铁锁连接的快挂;

⑤进行自我保护下降或顶绳下降。

(二)保护注意事项

①快挂与攀登方向。注意攀登方向,使绳子靠在远离开口端,而且身体这端要在钩环外侧。

②快挂方向。快挂要放好,勿转折;钩环要正;绳子要挂对方向。

③挂绳方式。有两种方法,一种是 Roll Clip,另一种是 Pinch Clip。

1）Roll Clip：快挂方向面对你时最好用此方法。用中指和无名指固定铁锁，然后用大拇指和食指将绳子放入。一般来说，快挂位置较高时，挂绳会比较顺手，不过快挂低到腰部以下的位置也可以用。

2）Pinch Clip：快挂方向背向你时最好用此方法。用大拇指和小指固定铁锁，用食指和中指将绳子放入。

四、攀登技术

岩壁的攀登技术可以简单地定义为攀岩者在没有外力的帮助下靠自身的力量利用手和脚向上攀登的过程，或在松弛的绳子帮助下向上攀登的过程。

（一）攀登的基本原则

①手脚协调统一，平稳地移动；

②平衡性、灵活性、柔韧性的统一；

③保持身体重心平衡，将身体的重心放在脚上；

④保持自己的能量，将重力作用在脚上而不是手臂上；

⑤合理运用耐力，减少不必要的能量消耗；

⑥放松肢体。

（二）脚的动作

除了攀登岩面大于 90°的岩壁之外，你攀登岩壁主要是依靠脚的动作，基本的脚法有蹬、钩、挂、塞、挤等。你的手只是帮助你从一个立足点到下一个立足点时平衡身体。

1.正踩、侧踩

在一般小的脚点上主要有三种踩法：

①正踩。使用鞋尖内侧边拇指处踩点，正蹬动作的特点是靠增加攀岩鞋与支点之间的压力来增大摩擦力，抬高脚跟可以尽量将身体的重心转移至脚尖，从而达到这个目的，所以做正蹬动作时应尽量抬高脚跟以增加支点的压力。

②侧踩。用攀岩鞋的前脚掌外侧边四趾部位踩点。侧蹬的原理与正踩一样，都是靠增加压力来增大摩擦力，所以做侧踩动作时也应尽量抬高脚跟。

③鞋前点踩。这种踩点的方法是使用攀岩鞋的正前方部位踩点。通常情况下一些比较小的支点或指洞点无法使用正蹬或侧蹬，而只能将前脚尖部塞进去，这时就要使用前点踩法。

2.摩擦点

用鞋底的大部分压在岩面上尽可能产生摩擦力，主要用脚的大趾头发力。这种踩点方式步子用到攀岩鞋的外侧边和内侧边，可能还要用到整个前脚掌，以增加接触面积，通常用于踩踏一些向下倾斜的支点。这种脚法的特点是踩点时脚跟要向下倾，尽量增加攀岩鞋与支点的接触面积，以达到增加摩擦力的目的，使踩点时更加牢固。这点正好与正踩和侧踩相反。

3.脚后跟勾

脚后跟勾就是指用脚勾住支点，这种动作通常出现在屋檐的翻出部位上，一般是把你的鞋后跟放在一些合适做这种动作的支点上,脚的后跟挂住支点。在钩的过程中,伸腿、屈胸,向上直到你的脚能勾到支点,腿部发力将身体勾向支点的方向,以减少手部所受的力量,达到省力的目的。脚后跟勾的动作需要攀岩者具有良好的灵活性、柔韧性和胆量,它的动作多种多样,需要不断地去实践,但它最终的目的是获得"第三只手",以保持身体平衡。

4. 交换脚

岩壁上数目较少时,可能会经常用到换脚技术。

①在移动脚之前确定你所要的脚点,脚点的大小、方向和位置决定了它的实用性,如果有可能,你的脚点应低于你的手点,以减轻上体的紧张。

②把脚准确放在脚点的最佳位置,要把你的脚集中放在一点上。

③将重心平稳过渡到另一个脚点。

④当你站立或移动时保持脚的绝对平稳,移动时以脚踝为中心减少上身的运动。脚的移动可能会使脚滑出脚点,集中力量保持脚的平稳,保持平稳移动重心至两支点之间。

5. 叉脚

当一只脚踩踏支点时,另一只脚从身体内侧或外侧交叉穿过,踩踏线路中下一支点。需要注意的是交叉脚后要移动身体的重心,所以做这个动作的时候要想好下一个动作的处理。同支点的交叉也是交叉脚的一种,当通到一较大的脚点时,可以用脚踩踏支点的一侧,另一只脚交叉踩踏支点的剩余部分,完成交叉脚的动作;同样,交叉脚也分内交叉和外交叉,采取哪种方法可以视情况而定。

6. 顶膝动作

顶膝动作是一个很好的休息动作,动作要点是用脚部踩住支点的同时用膝盖顶住另一个支点,形成脚部和膝部的互压,达到平衡,可以让手臂进行很充分的休息。

7. 膝盖勾点

这个动作主要用于翻出屋檐地形,当翻屋檐的手点和脚点很近时,可以用膝盖内侧勾住支点,以达到平衡的状态。

8. 挂腿

挂腿是个对技术要求很高的动作,当一只手抓握一个比较大的支点时,将这只手的对侧腿抬起,挂在手腕上,并依靠手腕和手臂和力量将身体抬升,另一只脚做辅助的发力,以控制平衡。

这个动作对手腕的力量要求很高,而且比较危险,但对于喜欢静态攀登的攀登者最合适不过了。

(三)手的动作

一般的初学者通常用很大的力量去抓住支点,但这是错误的,手部最重要的作用是维持身体的平衡,在垂直的岩壁上使用很小的力量就能维持平衡,当在斜面或屋檐地形时可能需要相对较大的力量来维持平衡。手的动作比脚的动作要复杂得多,它根据不同着手点和攀登要求有不同的握法。岩壁越陡,仰角越大,手臂所承受的力量越大,着手点也就越大。不管是什么样的岩壁,在攀登过程中都不要握得太紧,应适当放松,让手灵活些,用最小的抓握力保持身体平衡并使身体移动。抓握得过紧会导致过早疲劳或快速脱落。

手点的形状和大小多种多样,攀登者应首先熟悉各种支点的形状及可抓握的位置和方向,抓握支点最好利用的位置,并找准最好发力的方向,在攀登前计划好应抓握支点的顺序和方向,找出可以休息的支点是非常重要的。抓握支点的手法有很多,同一支点的不同方向也有不同的抓握方法。

1. 开握

就是平常所说的 OPEN 抓法,四指并拢抓住支点,四指与支点充分接触,整个手掌不用紧握支点。在这个动作中,拇指一般不协助发力抓握支点,其主要特征为手指的第一和第二关节弯曲程度均未达到 90°。

2. 抓握

同开握抓法近似,但通常需要拇指协同发力,可以用手掌去握住它,因为不仅仅依靠手指,整个手掌的抓握可以增加抓握的稳定性。

3. 紧握

就是平常的 CRIMP 抓法,四指并拢把拇指搭在食指上,通常只有第一指关节受力,紧扣支点;四指第一指关节弯曲程度超过 90°;此时大拇指的力量很关键,因为大拇指要锁住食指。如果支点过小,这样紧握时你会感到手指的肌腱被压迫得很疼。

4. 半紧握

抓点方式与紧握相似,只是拇指并未压在四指上。同样只有第一指关节受力,而且第一指关节弯曲程度超过 90°。

5. 曲握

曲握就是把手掌弯曲,四手指并拢,用手掌的外边缘握住支点,这种方法很省力,通常是一个休息动作,这样可以给其余手指一个很好的放松机会。有时根据线路上支点的分布,还可以用手的虎口部位夹住支点,这也是曲握的一种,同样可以达到休息的目的。

6. 手腕扣点

在大支点上,要放松你的前臂,可以通过弯曲你的手腕去握支点。手腕的这种弯曲,在很有限的条件下可以做,但是,它可以把你的前臂的力量转移到你的骨头上,所以这种手腕的弯曲动作是很好的休息姿势。在有比较大突出的支点上,这种动作应用很多。

7. 捏握

当一个支点无法用开握或紧握方法时,考虑一下捏握。注意要点:四指和拇指发力方向相对,捏住支点。有时由于支点的限制,可能四指无法同时发力,只能使用食指或中指的前两关节按住支点。

8. 侧抠

有些可捏住的点可以用四指侧向拉住支点,而大拇指压在支点的边上。其压的方向与四指的方向成 90°。对四指起到辅助的作用,使抓握支点更加稳定。

9. 侧握

和侧抠点和捏握手法很像,只是拇指几乎不发力。此动作通常只用于维持身体的平衡,或用于一些侧身动作中。

10. 口袋点

可以将手指伸进去的支点。大的口袋点可以将四指的前端全部伸进去,小的只能使用一个或两个手指。这种口袋通常称之为指洞点。

11. 反扣

支点的可抓握方向朝下或与身体移动方向相反。这个动作是靠手与手或手与脚之间的反作用来实现的。

12. 抓点

有些支点是向外或向下的柱状点，可以使用抓点的方法，使整个手掌充分与支点接触，以达到稳定的目的。

13. 前臂勾点

用于非常大的支点，用肘关节夹住支点，主要使用大臂的力量，通常要配合脚部的动作，也是一种很好的休息动作。

14. 拇指扣点

通常情况下，有水平抠槽的支点要使用开握或紧握抓法。但有时也可以用拇指扣住支点，其余四指辅助发力，使其得到休息，这时拇指为主要发力的手指，顺应支点的可发力方向拉住支点，尽量放松其余四指，以达到休息的目的。

15. 手掌按点

有些特别大的圆形点可能要使用整个手掌的摩擦力才可以按住。这时要将手掌和手腕弯曲成一定的角度，用整个手掌按住支点，以达到增加接触面积，从而增大摩擦力的目的，通常这种方法在野外自然岩壁的攀登中用得更多。

16. 指甲抠点

非常极端的抓点方法。对于可抓握部分非常薄的支点可以采用，手指指尖部分垂直顶住支点，利用手指第一指关节的力量支撑，手指甲和手指尖部要承受很大的力量，需要非常好的忍痛能力，但非常危险，可能造成指甲的损伤。

17. 换手

在攀登过程中有时可能需要在一个支点上进行换手的操作，即由左手抓支点换成右手抓支点，或由右手抓支点换成左手抓支点，这时就需要用到换手技术。整个动作的过程是比较简单的，重点是不要心急，应注意换手之前要控制好身体的重心，将身体置于一种平衡状态，同时保证换手动作结束后身体也要保持同一平衡状态。

还有一种动作也可归入换手技术，就是碰到比较大的支点，两手可以同时抓握。这时可以先用一只手抓住支点，并给另一只手留下可以抓握的空间，以便于另一只手抓握支点，省去换手的麻烦。

18. 交叉手

主要动作是当一只手抓握一支点时，用另一只手去抓握线路中下一支点，且双臂形成交叉。应注意的是，交叉手的下一步通常要移动身体的重心，所以交叉手抓握下一支点时要掌握好抓法，以便于下一步移动重心。同样，有一种同支点交叉手技术，即一只手抓握一比较大的支点时，为另一只手留下抓点的空间，使另一只手可以交叉抓握此支点的剩余部分。交叉手可以分为内交叉和外交叉两种，应该选取哪种可以视情况而定。

（四）攀登技术

由于技术、经验及心理等多方面的因素，初学者刚涉足攀岩时，很容易疲劳，这并不代表你的身体素质不好或力量不够，而是因为你的技术还不够熟练。一开始的时候，你应该注意手脚的配合、全身的协调，身体的平衡能力、灵巧性和柔韧性等；然后学会用脚来支撑自己的体重；其次，有效的休息也是攀登过程的关键；最后，完善你的技术。

攀岩很容易让人认为是一项主要凭借上肢力量的运动，其实并不是这样。好的攀岩者可以很好地利用腿部力量，发挥脚的作用，并不时调节身体的姿势，使手臂有机会伸直，避免长时间弯曲造成力竭。当手点较大时可以进行休息，放直手臂，降低重心，直立或采取下蹲的姿势，使双脚承担大部分体重，使其得到放松。要注意的是，休息时，两脚点间距不要过大，否则不利于下一步的动作，还可能失去平衡；但也不能过近，这样不会得到充分的休息，而且移动范围变小。手点的高度最好在头部附近，太高或者太低都不利于身体的舒展。

1.平衡攀登技术

（1）平衡攀登的基本原则

①用脚。每次向上移动时，应利用脚来支撑体重，不要用手拉单杠一样用力，手仅用来维持平衡。因此，攀登时不要一味往上寻找着手点，而是让自己的眼光下移，好的脚点是你成功的一半。

②三点固定。要移动你的手或脚时，应将重心移至其余三点，保持平衡后才可将该点的力量移动。

（2）平衡攀登的基础

①找到脚点后应依据技巧平稳地站住，切忌因姿势改变而任意变动；

②着手点一般使用推压方式，比上拉方式更为省力；

③不可在一个费力的姿势上停留过久，应保持攀登的连续性；

④使用较有力的部位，也就是能用脚站立，就不要用手去拉。

2.徒手攀登

（1）途中休息方法

在徒手攀登的过程中，动作是否合理、有效，对体力的保存起到关键的作用。在攀爬途中如果能有效地休息一会儿，紧张的肌肉会得到放松，体力就能迅速得到适当的补充。

①站立直臂休息动作。站立直臂休息动作是最常用的休息动作之一。其动作要点是上身外倾远离岩壁，而腿部和臀部尽量贴紧岩壁，两脚一般分开踩于两支点上，将手臂放直以达到休息的目的。

②蹲点休息动作。蹲点休息动作是指一只脚采用半蹲的姿势正蹬支点，将身体重心放在所踩支点之上，腿部和臀部尽量贴紧岩壁，上身稍向后倾或向侧面倾斜，放直手臂形成休息的姿势。这也是一个很好的休息动作，比较常用于垂直岩。

③双脚对侧踩点。此动作的要点是两腿成一定角度分开，两脚以正踩方法踩点，使身体重心在两腿之间，这样起到很好的休息作用，有利于放直手臂。这个动作经常出现在内角形岩壁攀岩中。

（2）攀岩基本技术动作

①侧蹬。侧蹬是一项很重要的技术动作，它能极大地节省上肢力量，在过仰角地段时

被大量采用。其基本技术要点是身体侧向岩壁,以身体对侧手脚抓握和踩支点,另一只腿伸用来调节身体平衡,靠单腿力量站起,抓握上方支点。以左手抓握支点为例,身体朝左,右腿弯曲踩在支点上,右脚应用脚尖踩住支点,且脚跟立起来,把身体的重心大部分放在右脚上,左脚只用来维持平衡。这时,右腿蹬起,靠腿部的力量让身体站起来以节省手臂的力量。左手可做辅助性的发力,右手向上抓握支点,动作最后一步时,右脚应保持用脚尖踩住支点,且脚跟立起来,这样可以使右手能够抓握住更远的支点。

②扭身锁定。这个动作的特点是将身体扭转,使身体侧对岩壁而不是正对岩壁。通常靠一只手锁定身体,另一只手去抓握下一支点。扭身锁定的动作只是上身的动作,下身经常配合扭膝动作或侧蹬动作,尤其在斜面或屋檐地形被广泛使用,因为这个动作可以让你非常省力地抓住下一个支点。

③侧拉动作。侧拉动作是一个在野外攀登裂缝时常用的技术。动作要点是双手侧向拉住支点,而脚部与手部的发力方向正好相反,向反方向踩蹬岩壁或支点,形成身体的互压状态,达到平衡。

④同手同脚。同手同脚动作是一个很费力的动作,有时候还会非常不平衡,有时还会出现我们常说的开门动作。例如,当你左手抓握一个支点,在这个支点下方有一个脚点,由于脚点位置的关系,你无法将动作变成侧蹬,而下一个手点在你现在所抓握支点的上方,这时就需要一个同手同脚动作。这个动作主要由你的左手发力去抓握下一个支点,所以会感觉比较费力。需要同手同脚的时候是很多的,需要注意的是如果手点脚点在一条直线上的话,就很可能出现开门的动作,造成脱落,这时就需要良好的手指和手臂力量去维持身体的平衡。

⑤脚上手点。脚上手点通常用于垂直岩壁或支点稀少的路线。当要将脚抬至腰部附近的支点而没有其他支点可以辅助时,通常要用到这种技术。以将右脚抬至右侧靠近腰部的支点为例(这时左手已抓握住一个较高位置的支点),先将腰部向左并向岩壁外侧做少许移动,为右脚空出一定空间。右手扶住腰部的支点,这时抬起右脚放在右手的支点上,靠左脚蹬起把重心压至右脚上。这时左手应辅助发力,右手不要离开支点,也要辅助发力,直到左脚抬起,重心已完全移至右脚上。这时抬起右手,去抓握下一支点。

⑥扭膝。扭膝动作是攀岩中最重要的技术之一。这个动作可以最大程度地节省你的上肢力量,而且使攀登的动作看起来十分优美。但扭膝动作的意义还远不止于此,在没出现扭膝动作前,蛙步动作一直是攀岩克服难点的唯一选择,这样使很多柔韧性不好或展髋能力很差的攀岩者对某些特殊的线路简直无法攀登。扭膝动作出现后解决了很多问题。扭膝动作的姿势为两脚分别踩于两支点上,两支点可以等高或不等高,开始时双脚均采用正蹬方式,做动作时一条腿保持不动,另一条腿以所踩支点为轴顺时针或逆时针旋转,使所踩脚点由正蹬变为侧蹬,同时身体变为侧向岩壁,靠一只手锁定身体,另一只手向上抓握支点。这个动作在斜面和屋檐地形使用非常广泛,尤其在屋檐地形配合扭身锁定动作更加完美。

⑦蛙步。蛙步动作是攀岩中比较难的一种技术,因为其对身体柔韧性和展髋能力要求较高。由于近年扭膝动作和动态动作的出现,现在已经很少使用,但也还有人坚持采用

蛙式攀爬。其动作要领是双手抓握两支点,双脚尽量抬高踩住胸前或腰部的一个或两个支点,使身体缩成一团,像青蛙一样,然后伸手去抓握下一支点。

⑧摆腿。摆腿动作是一个维持平衡的动作,通常配合同手同脚动作一起使用。当做同手同脚动作时,有时可能感觉不太平衡,这时将辅助腿摆向受力腿一侧,以维持身体的平衡,达到完成动作的目的。根据脚点位置的不同,有时可能会出现辅助腿与地面平行的情形。

⑨高抬脚动作。高抬脚动作指脚点位置很高时所做的动作,遇到脚点很高的情况通常有两种高抬脚方法:一种是双手抓握同一支点,将身体稍微向所要抬到的脚点转,身体向后倾,腰部向与所要到达脚点的相反方向扭曲,让出空间抬脚。当将脚抬到所要到达的脚点时,双手同时发力将身体拉起,同时抬起另一只脚,将身体重心压到所踩支点上;另一种方法是双手抓握同一手点,身体向后微倾,用将要踩踏下一脚点的脚踩现有的脚点,另一只脚蹬一下岩壁,同时身体借力向上,将所要抬的脚迅速抬到所要到达的脚点上,以完成高抬脚动作。

⑩动态动作。动态动作可以分为两种,完全动态动作和不完全动态动作。不完全动态动作指动态抓握下一支点时,发力脚并未离开原来的脚点,通常是用一只手动态抓握下一支点,身体上至少有两点仍固定在岩壁上(将双手、双脚算作四点)。完全动态动作指动态抓握下一支点时,发力脚已经完全脱离原来的支点,身体上三点甚至四点全部脱离岩壁去抓握下一支点。完全动态又可分为两种:一种是三点脱离岩壁,即一只手动态抓握下一支点时,另一只手仍抓握原来的支点做辅助性的发力,但两脚均脱离岩壁的动作;另一种是四点脱离岩壁,即双手、双脚在做动态动作时全部脱离岩壁,靠一只手或双手同时抓握下一支点,控制住身体的平衡。

3. 器械攀登

当一些岩面用正常的方法无法进行攀登时,可以考虑利用器械进行攀登。利用器械攀登的方法很多,本书着重介绍以下几种:

(1)上升器攀登

将主绳一端在上方固定好,另一端扔到岩壁下方。将上升器扣入主绳,然后通过保护绳套、铁锁、下降与安全带连接。检查安全后,开始攀登。攀登时手和脚要协调配合。

(2)抓结攀登

抓结是一种绳结,利用抓结攀登是在没有上升器的情况下采用。其连接的方法是用两根辅助绳在主绳上打成抓结(手握端),另一端打成双套结(连脚端),不断向上攀登。其攀登的方法及要领与用上升器攀登方法一样,都是抬腿提膝使拉紧了的辅助绳松弛,将上升器沿主绳向上推进到不能再推为止,脚随之下蹬,身体重心一侧上移,另一侧也如此动作,反复进行,直到你到达要到达的地方。在操作过程中,注意保持身体平衡,始终保持面向岩壁的姿势,动作要协调、有节奏。

第三节　水上运动

一、徒步渡河

徒步渡河是山地峡谷水上运动的基础。要掌握峡谷水上技术,首先应从徒步渡河开始练习。

（一）徒涉

徒涉即徒步涉水。走溪谷时最重要的技术就是徒步涉水,它的难易与水流速度、山谷宽度、水深有密切的关系。溪水的透明度通常都很高,所以乍看之下似乎很浅,实际上却很深,一般水深过腰部(肚脐线)即为危险深度,况且很多人因溪水温度太低容易引起抽筋。一般而言,溪流中心是水温最低、流速最急的地带。通常在河流宽度不大且水深较浅时进行。水愈深,浮力愈大,身体就愈难保持平稳。纵使水流再慢,一旦水深达肩部,其浮力就足以使人失去重心。徒涉的最大水深不应超过 1m,当流速在 $1\sim 2m/s$ 时最大水深为 0.8m,流速为 $2\sim 3m/s$ 时的最大水深为 0.6m。

在常有人走的溪谷里,往往有人工堆砌的石堆,指示可涉水的地点。但人迹罕至的溪谷,则缺少这种石堆,此时涉水者只能尽量选择水流较慢、溪水较浅、河谷较窄的地点涉水渡河。涉水者必须有明确的判断力,否则将徒增麻烦,浪费体力。

徒步涉水技术在走溪谷时是非常重要的,而涉水地点的选择恰当与否,则直接影响体力消耗。要选择正确的徒涉场。以下特征可作为快速选择徒涉场的重要依据:一是在不是船只渡口的两岸,但有通往江河的道路;二是在直线河段上,河面阔展而且河岸坡度徐缓;三是在水面上有像浅滩所特有的那种间歇甚短的细小波纹;四是在两个河湾的转换河段;五是在水位有明显落差的上游等。根据这些自然特征初步判断后,还要组织踏勘,最后予以确定。

选定涉水地点后,就可谨慎地渡河,但一定要顺流斜渡,否则会增加许多困难。更切忌进入水深超过腰部的地方。

在水中不可抬高脚部,否则重心会不稳。而是要拖着步伐,慢慢地移动脚步,尽量将身体重心放在两脚上。溪中的大石头上往往长满滑溜溜的青苔,一定要避免踏在大石上。冰镐、手杖(有时可用临时捡来的粗树枝代替)等是徒步涉水的重要工具。手握冰镐时,可把柄端的金属部分插进溪中的沙砾间,以增加身体的平稳。手杖也有类似的用途。

涉水者除保持个人身体的平稳外,更要注意团体的安全。所以可利用钢索、锚桩、钓环、安全吊带或救生用绳索等登山用具,以便安全渡河。

在涉水渡河途中,如果身体失去平衡,甚至不慎滑倒,而水流又很急时,就很容易招致不幸。因此一定要万分沉着才行,千万不可慌乱。不论如何,首先要尽力在溪底站稳,然后才能冷静地想办法爬上岸。

（二）泅渡

当河水较深，徒涉渡河难以进行时，就应该考虑运用游泳技术浮游过河了。泅渡时，要按照要领整理着装。先解开领子上的纽扣，将鞋插在腰带内，拉紧背带。为防止兜水，应将上衣口袋和裤口袋翻出。

通过宽阔的江河，为了安全起见，还应广泛利用制式器材，并就地搜集具有一定浮力的就便材料，制成浮具，作为泅渡的辅助器材。浮具的浮力，游泳技术较好的需 5～10kg，游泳技术差的则需 20～30kg。

最简单的浮具，是利用雨衣或塑料布捆包个人装置而成，其浮力一般为 8～12kg。使用时，手抓浮具，两脚蹬水前进。还可用竹段或木段制成的浮具，浮力一般为 10～15kg。它们的使用方法，和使用个人装具制成的浮具相同。

（三）利用绳索渡河

利用绳索渡河有三种方法：

1. 张纲渡河

主要用于游泳技术较差或江河流速稍大时。其方法是：先在泅渡处设绳索，绳索的两端牢固地固定在河边的木桩或树干上。河中绳索每隔一定距离系一节圆木或竹段，以增加绳索的浮力。绳索的直径视河幅情况定，河幅在 50m 以下的，通常使用 2～4cm 直径的绳索。渡河时，人员位于绳索的下游，两手抓住绳索交互前进。人员的间隔距离一般是 8～10m。

2. 拉绳渡河

在有足够长的绳子和三个人以下时可采取这种方法。过河遇到危险时，可以迅速被拖上岸。能力最强者第一个过河。过河者将自身安全绳系在绳索上。其他两人在其过河时控制绳索的安全，如果过河者滑倒，可以在另两人帮助下控制局势。第一位过河者到达对岸后，解开安全绳，握紧绳索，成为绳索控制者，第二位过河者不再控制绳索，而是同第一位过河者一样，利用安全绳控制在绳索上，在两岸的两人控制下，开始过河。这种方式运送多少人都可以。第二位上岸后，第三位系上安全绳，在前两位的控制下过河。其中第一位承重力量最大，第二位随时做好应付意外情况的准备。

3. 牵引渡河法

主要用于山涧水流湍急、水深、河底多尖石、水温低而河面不很宽的河流。先将牵引绳捆扎于河一端的树上，由一人涉水或绕道沿上游过河，将牵引绳的另一端固定于河对岸较低树干或地面上，后继者即以滑车或铁锁在牵引绳上滑行渡河。

4. 溜索

溜索分平溜、徒溜两种。平溜用一根溜索，它基本平直，没有倾斜度，来往都可以溜渡，开始用脚一蹬的惯力滑行，滑至江心时会停止，就要靠手足并用攀至对岸，平溜费时、耗力。陡溜有一来一往的两根溜索，倾斜度大约 25°，靠着这一头高、另一头低的倾斜度，倏地一溜而过，互不影响。

溜索有竹索、藤索、钢丝索。竹、藤索是用十多片竹、藤精心编扭而成，十分结实，两端各系在粗壮的树干上或突兀的岩石上。20 世纪 50 年代以来，钢丝溜索逐年增多，竹、藤溜索现在已经很少见了。钢丝溜索配有先进的滑轮,而竹、藤溜索是用挖成半圆凹槽的栎木做滑板,这种滑板叫"溜梆"。溜梆往溜索上一卡,再把长长的麻织的绳子一折为二,一端牢牢地把溜梆固定在溜绳之上,再用余下的绳子兜住大腿。另一股勒住腰杆,打牢扣结,双手紧抱溜梆,头一偏,脚使劲一蹬树干或岩石,腿一曲,顿时凌空,朝对岸飞去。头顶蓝天白云,身下白浪滔滔,就像鹰击长空、鱼跃水面,看得人心惊肉跳;亲身一试,有说不尽的刺激、痛快。

过溜索要有胆量。徒手过溜、负重溜、对溜,溜中放手、侧身、旋转及对溜时传递信物等,各种惊险、高超的花样令观者大开眼界,惊叹不已!

(四)筏渡

筏渡就是在缺乏舟或单舟载重量不足时采用木、竹、囊、桶等材料制作舟的替代品而实施的渡河方式。其特点一是取材容易,凡是具有一定浮力和强度的材料,如圆木、木板、毛竹、桶、浮囊等,都可以用来制作筏;二是使用方便,其制造简便,稳定性好,装载面积可大可小,不受河水深浅的限制,能穿急流、过险滩。

在制作筏的过程中,首先对于所使用材料的数量和尺寸强调因地制宜,应根据实地材料的规格和实际使用的需要,确定筏的结构、尺寸和形式;其次切忌粗制滥造、盲目从事。必须根据承载量的大小来设计筏。

1. 油桶筏

它是将若干个汽油桶固定在圆木或竹框架内,再在上面固定坐板而成。其浮力的大小,根据汽油桶的数量而定。如果用 12 个汽油桶,最终制作成的桶筏,其安全载重量通常有 1400kg 左右。

2. 木筏、竹筏

它是将若干根圆木或竹并列成单层或数层,用绳索、铁丝或竹篾联结而成的。单层竹筏可能无法支撑你的重量,或者过长难以操纵,所以最好制成双层竹筏。将粗壮的竹竿砍成三米长的一段,两端与中央分别钻孔,利用坚韧的树棍穿过竹孔,再用藤条把每根竹竿树棍绑牢。双层竹排间更要相互压紧,绑结实。

3. 浮囊筏

它是用雨衣、雨布、塑料布等捆包干草制成浮囊,然后把它们固定在用木材或竹构成的框架下面。

4. 夹筏

它是以圆木作筏身,用四根足够长的厚实木棍,分别在圆木两端将其固定成木排。

5. 舵筏

为了便于掌握木筏的前进方向,用一根长篙,前端绑牢一片舵板,长篙绑在木筏尾端固定交叉成"A"字形的构架上,构架底部钉入筏身圆木上一钻好的孔洞中,顶端分别用绳索拉紧,系牢在筏上。

二、溯溪和溪降

溯溪和溪降原本都是登山技术的一部分,现演变为相对独立的户外运动。

（一）溯溪

1.什么是溯溪运动

溯溪，是由峡谷溪流的下游向上游，克服地形上的各种障碍，穷水之源而登山之巅的一项探险活动。溯溪本是登山行进中的技术之一，由峡谷溪流的下游到上游，直至顶峰，称为完全溯溪。

在溯溪过程中，溯行者须借助一定的装备、具备一定的技术，去克服诸如急流险滩、深潭飞瀑等许多艰难险阻。这项活动富于变化，充满了挑战性。溯溪活动需要同伴之间的密切配合，体现一种团队精神。完成艰难的攀登，对于溯行者是一种考验，同时又能得到一种信任和克服困难后的满足体验。

溯溪是可休闲、可冒险的活动。溪谷的地形崎岖不平，激流、深潭、瀑布不断。在峡谷溪流中，到处都有意想不到的美景，与驴友享受远离尘嚣的宁静美丽，享露营垂钓之乐，赏飞瀑岩壁巍峨，享幽谷密林之恬静，是何等的惬意。

2.溯溪的装备与器材

因为溯溪是登山的一种方式，所以登山装备必不可少。除此之外还要有一些溯溪专用的物品，如溯溪鞋、安全头盔、救生衣、护腿、手套和防水衣物。因溯溪总在水边或水中行进，所带的装备应妥善打包，一应物品最好用塑料袋包好以后再放入背包，尽量使背包的体积最小。

（1）技术装备

①主绳。9～11m，防水，拉力在2000～3000kg，攀登用。

②安全带。攀登者穿在身上，由铁锁等与主绳相连，起保护作用。

③铁锁。用于连接各种绳索、安全带及攀登器械，使用简便、容易。

④上升器。在攀登过程中，用于向上攀登使用，也起到保护的作用。

⑤下降器。在攀登过程中，用于从上方下降到下方的专用器械。

⑥安全头盔。避免落石或跌倒时可能的碰撞，保护攀登者头部的安全。

⑦水镜。可保护攀登者眼睛。

（2）个人装备

①溯溪鞋。这是垂钓用的防滑鞋，鞋底摩擦力特别大，在湿滑的岩石上走特别方便。国内这种溯溪鞋很难买到，但手工编织的草鞋也可以作防滑鞋。

②护腿。使用护腿可防止蚂蟥等的叮咬。

③防水衣物。以轻便、透气性良好、易干燥的尼龙面料为宜。

④保暖衣物和露宿帐篷、炊具、食品等。视日程的安排而有选择性地携带，物资装备的准备以轻便、负重不宜过大为准则，帐篷可以携带外帐。另外可自带渔具等，在露营时行垂钓之乐。

3.溯溪技术

除了基本的登山技能，溯溪还要求掌握攀登瀑布等技术。因此从技术而言，溯溪比登山更为复杂，要求更高。溯溪的技术大致可分为：溯溪图的判读；具有溯溪特点的登山技术，即石堆穿越、横移、涉水泳渡、瀑布攀登和爬行高绕等。攀登技术的基本要领为三点式攀登，即在攀登时四肢中的三点固定，使身体保持平衡，另一点向上移动。下面分别进行介绍。

（1）岩石堆穿越

峡谷溪流中多滚石岩块，且湿滑难行，行走时应看准、踏稳，避免因踏上无根岩块跌跤或被急流冲倒。

（2）横移

在岩壁瀑布下深潭阻路，可尝试由两侧岩壁的岩根横移前进。岩石多湿滑，支点不易掌握，横移时须特别谨慎，有时支点隐藏在于水下，此时以脚探测摸索移动，若特别困难，干脆涉水或泳渡更简单。

溯溪过程中应尽量避免湿水，一般峡谷中多阴凉潮湿，湿水以后衣物鞋子等不易干，容易疲劳，脚久在水中易起水泡，所以不到万不得已不要湿水是溯溪的基本要诀。

（3）涉水及泳渡

涉水或泳渡时，必须清楚地判断水流的缓急、深度，有无暗流，必要时借助于绳索保护技术。在溯溪过程中经常使用绳索横渡过河，涉及一系列的绳网、绳桥技术，这里不作详细介绍。

（4）攀登瀑布

这是溯溪过程中最刺激，也是难度最大的技术。攀登前必须事先观察好路线，熟记支点，要充分考虑好进退两难时的解决办法。瀑布主体水流湍急，但苔藓少，有时反而容易攀登。

瀑布攀登虽然刺激，但难度大，经验和技术要求高，不具备娴熟技术经验或初学者不要轻易做这种尝试。

（5）爬行高绕

在遇到瀑布绝壁，其他方法不能实现时，可以考虑爬行高绕的方式前进。即从侧面较缓的山坡绕过去，高绕时小心在丛林中迷路，同时避免偏离原路线过远，并确认好原溪流。

（6）判断溯溪图

溯溪图是根据峡谷溪流的地形特点而绘制的简单明了的溯行路线特征图件，是溯行前必须准备的物品之一。有经验的溯溪者要根据该图清楚地了解溯行地区遇到的各种地形特征，从而有目的地进行各项准备工作。判读溯溪图是溯溪的基本技能，而能够学会绘制溯溪图则更是使溯溪组织之间多了一份交流的宝贵资料。

溯溪图一般以1：50 000的比例绘成，地形图足以显示主要的地形特点，如岩石堆、瀑布、深潭，地物标志溪流的汇流和分流点等。标绘得过粗过细都不适宜，过粗无法体现整体路线上的特点，而过细则显得杂乱，没有特点。

4. 安全准备与注意事项

溯溪乐趣虽多，却也不乏危险，尤其溪流地貌、河道常改变，暴雨、山洪等随时可能发生，因此在溯溪前一定要有周密而万全的准备，并跟随经验丰富的专业人员，学习运用技术和装备，才能顺利、安全。另外，溯溪是运动量极大的活动，平时就应强化体力及本身肌耐力。而对于各项溯行技术如游泳、攀岩、定位等及所需装备器材的使用，都应达到熟练的程度。

（1）安全准备

①选择溪流。依溯行目的选择郊山、中级山或高山溪流。

②搜集资料。由等高线图可判断溪谷地形,选择行进路线、紧急撤退路线,以及临近登山步径、宿营、交通等资料,以备回程使用。

③决定路线。溯行路线、下山路线、预备路线(紧急撤退或替代用)。

④队伍的组成。不论是新手或是老手,均不宜单独冒险溯行,原则上新手不宜超过全队 1/3,一般溯溪探险以 5～7 人为宜,稍具难度的溪流可至 10 人,大众化溪谷可多至 20 人左右。若人数过多,不但溯行时间会拖延,而且照顾不易反而不便。

⑤职务分配。依队员专长如绘图、泳渡、攀岩、记录等分配任务。

⑥装备的调整。依照溯行路线、人员、季节等调整。

⑦粮食计划采购。依一般粮食、行动粮、预备粮进行调配,以精简、轻量为原则,重质不重量。

⑧交通。尽量避免自行开车,最好采用租车、起始点接驳的方式,可节省精神与体力的负担。

⑨紧急联络措施。将紧急撤退方案及联络方式等详细资料备份留给留守人员。

⑩寻找溯行路线。遇困难地形时,应谨慎选择可行路线前进,主支流路线的选择,可借助地图、指南针与高度计来断定。高绕路线应选坡度小、植被良好、岩壁稳定之处绕行,并应注意上方踢落的石块,慎防隐藏在林间、石缝中的蜂、蛇等。

(2)注意事项

①暖身操。溯溪是必须使用全身的活动,为避免造成运动伤害,溯行前的暖身是必要的。颈、肩、手、胸、背、腹、腰、臀、脚等各部位的关节与肌肉都应该伸展开来。

②横渡溪流。选择横渡地点及横渡方式,可利用跳跃岩石、游泳、辅绳、木杖或数人互助同时渡河。

③宿营地点。避免在岩质不稳或易落石地带扎营。在气候不佳时,营地应选择在最高水线以上,以避免山洪暴发,措手不及。

④坚持三不原则。不贪快、不摸黑、不做超过本身技术能力的动作。

(二)溪降

1.什么是溪降

溪降指的是在悬崖处沿瀑布下降的运动。由于长期被瀑布冲刷的石头很滑,长满青苔,再加上溪水对下降者的冲击,会影响判断力,所以溪降比普通的岩壁下降更富变化,更有挑战性。关于溪降,欧洲人与美国人的叫法不一样,前者把它叫作 Canyoning,后者则叫它 Canyoneer。溪降比较适合在南方的夏季玩,因为水比较大,而且气温较高。

2.溪降的主要装备

溪降需要的装备是基本的登山装备。

(1)技术装备

①安全带。最好用溪降专用安全带,用一般攀岩或登山安全带也可以。

②铁锁。

③下降器。下降器8字环,不会扭曲绳子,通常用双绳下降,但制动手不能离开绳子。如果是单绳,则绕法有所不同。

④绳索。

⑤头盔。

（2）个人装备

①防水服。防水服为漂流用的发泡橡皮质紧身套装，较潜水服厚，质轻、紧身、浮力较大，具有保护作用。

②防滑鞋。无论瀑布下降、跳水，还是滑降，都必须穿鞋，最好是登山鞋，下降、横移或攀登时比较方便，另须备一双干爽的鞋子，以便离开水时换下湿鞋。

③装备头盔。当在瀑布里失去平衡或有落石时，应保护头部以免受到伤害，不管这是人为错误还是自然事故。

3. 溪降主要技术

（1）绳降

溪降中最常用的技术为下降，即利用下降器进行瀑布下降，还必须掌握横移和攀登方法。瀑布下降时由于瀑布主体水流急、水量大，一般应避开主体而选择水流较小的路线。绳索则选用防水登山绳，下降时因绳子湿，操作不如干绳便利，须小心，谨防降速过快而不易控制。

（2）悬崖跳水

悬崖跳水比专业的跳水要求低，类似跳"冰棍儿"，但必须正确掌握要领，否则易出事故。起跳前身体要稳，在起跳的同时两臂曲于胸前，两肘紧夹两侧，一手捏住鼻子，以防入水时灌水。跃出的距离视悬崖的具体情况来确定，一般水平两米左右，绝对避免碰到岩壁，且落水方向为潭水的最深处，不要离岩壁太近。身体在空中垂直并保持平衡，入水时一条腿微微上抬屈膝，这样能缓冲下降速度，不致受伤。只要正确掌握要领，有防水服增加浮力，并能保护身体，一般不会出现危险，但需要足够的勇气和胆量。

选择跳水的悬崖，首先必须探测悬崖高度和崖下潭水的深度，如 5m 左右的悬崖，潭水深度 2～3m 足矣，超过 10m 的悬崖则潭水深度至少 3m，且动作要领必须正确，对于有经验的溪降者，跳水时可以在空中做旋转动作，无跳水专业技巧者绝对不可以空翻或头朝下扎猛子。

（3）滑降

滑降是利用水流冲刷而形成的自然光滑的岩面滑水，像幼儿园的滑滑梯一样，但有两种方式：一是匍匐头向下游坐"飞机"，二是仰身滑水。匍匐滑水时两臂前侧平伸，抬头目视前方，入水时低头，身体几乎全部没水后抬头钻出水面；仰身滑水时两臂侧直并于体侧，抬头，身体呈直线，或两腿伸直并拢，呈坐式，上身稍后仰。

滑降的地形应较平滑，忌有突出明显的尖棱角岩块，坡度不宜太大，滑降面下方边缘距离不宜过高。

三、漂流

随着社会的进步，生活水平的提高，回归自然、挑战自我逐渐成为现代人普遍追求的时尚。漂流运动以其特有的运动形式、极强的参与性、挑战性及娱乐性，受到户外运动爱好者的喜爱，而迅速在世界各地得到普及。近年来，随着我国经济的发展，国民收入的增加，商业性的江河漂流运动也逐渐兴起，并被国人所接受和喜爱。

（一）漂流的起源与发展

漂流最初源于爱斯基摩人的皮船、印第安人的树皮舟、中国的竹筏、木筏……这些都是为了满足他们当时生活、交通及战争的需要,而真正广泛的休闲漂流在第二次世界大战之后才开始发展起来。第二次世界大战后,一些退役的充气橡皮艇被一些喜欢户外活动的人发现,他们开始买来自娱自乐。后来,随着战后经济的复苏,户外休闲活动有了较大的市场,他们便着手改进橡皮艇的规格,完善各种装备、器材,不断提高技术,经营起商业性的漂流旅游。在我国,江河漂流、激流探险的起步较晚,开发的河段较少,难度较低,参与的人员较少,使用的船具器材也比较初期,桨手的专业技术技能不够全面。我国可供开发用于商业漂流的河流非常丰富,地域的民族文化也不同。目前开发的都是尝试性的、短距离的、低难度的河段,船具多为橡胶材料,器材装备较简单,救生设施设备较差。

（1）漂流的分类

①按距离分。一般分为长漂、中漂和短漂三种。通常,长漂大多在10公里以上,比较惊险,适于喜欢冒险,敢于挑战的年轻人;中漂一般长5～10公里,适合在短漂漂流后意犹未尽者;短漂一般在4公里以内,比较平静,适于不愿冒险者。

②按流速分。按江河的流速一般分为激流漂流和平水漂流两种。激流漂流惊险刺激,平水漂流悠然惬意。

③按工具分。可分为橡皮筏漂流、皮划艇漂流、竹筏漂流、羊皮筏漂流、小船漂流等,其中以橡皮筏漂流和竹筏漂流最为流行,他们正好分别代表漂流探险的两种基本类型,即激流漂流和平水漂流。

（二）漂流的器材与设备

1.漂流船的类型

漂流的河段不同,可选择的工具也不同,主要有以下几种。

①竹排。适用于风平浪静的河段;竹筏(或称竹排)一般不宜在急流险滩中使用,容易被卡住或翻沉,但在风平浪静时漂行,却韵味十足。

②橡皮筏。橡皮筏的适应性非常强,即使遭遇落差较大的瀑布或是险峻的河谷,也几乎总能化险为夷。

③小木船。适用于河道较直、少弯道礁石的河段。小木船介于橡皮筏与竹筏之间,适应性比橡皮筏稍弱,其操作技术比橡皮筏要难一些,一般可坐8人漂流,在小三峡和神农溪的漂流中常可见到一种名叫"豌豆角"的小扁舟。乘坐橡皮筏或小木船都切忌站立或走动,必须注意保持船体平衡。

④橡皮艇。即充气船。因为橡皮材料柔韧性能好,又有充气囊可以柔克刚,一般的礁石奈何不得。

如今的橡皮艇已由过去的纯橡胶改进为高强度纤维,质地更轻,耐磨耐冲击,耐紫外线高温日晒,船体更具流线型。

2.漂流器材

（1）船桨

原以木制为主,选用上好橡木精制而成。现在多以高强度玻璃钢制成,更坚固更耐用,更轻便,可漂在水面。短桨:手柄用聚乙烯包裹,桨片使用的是超级强韧的聚乙烯,因此尽管威力强大但仍然很轻,平均重量约1kg。大桨:将近4米长,使用时需固定在船架上,一人用2支(双桨),多为船长使用,控制大方向。大桨可拆分,便于携带及更换。按所用桨数可分为:

①双桨船。双桨船包括一个船架,用于固定大浆和提供空间给桨手乘坐和放置装备。由一名主桨手用固定在船架上的两支大桨来控制前进方向。双桨船通常用于时间长的漂流,能携带大量装备。大桨可以安放在船身中部,也可放在尾部。

②排桨船。所有人都使用短桨,主要的一名桨手用划独木舟的方式控制船的前进方向。要求队员之间的配合性要非常好。

排桨船通常比双桨船轻便快速,在多石多弯的小河里能更好地操控。排桨船能在双桨船过不去的狭窄河道里挤过去。它适合白天漂流,不能携带大量的装备。

(2)救生衣

漂流用的救生衣比普通的救生衣具有更大的浮力,包裹身体的范围也大些,有前扣的皮带扣和更多的调整点,使它能适合更多不同体形的人。有些还带有头托来托起头部,以防无意中被撞到头部,并且在游动时保持头部能挺起。腋部的设计充分考虑人体工程学,不会摩擦手臂,方便划船。普通救生衣浸水过久会降低浮力,但专业的漂流救生衣则能长期保持强大的浮力。

(3)救生绳投掷包

专门用于漂流的救生绳以聚丙烯制成,绳子可漂浮在水面上,经测定,0.95cm粗的聚丙烯绳的抗拉强度约为860kg。

投掷包的宽口径设计类似攀岩用的镁粉包,使绳子在急需时容易拉出。投掷包上都附有浮力板,采用游泳背心的材料制成,浮力强大。投掷包有两种,一种是网状的,一种是密封的,以耐磨材料Cordura制成。

(4)绳索

用于救生(提醒:不用的时候一定要收好,否则会发生抛不出去的状况)。

(5)刀

常常在遇到紧急情况时,用来割破船艇或是割断绳索求生。

(6)安全扣环

漂流活动的必备装备之一,常挂在救生衣上面。

(7)防水包

载重型的防水包是长途漂流的最佳拍档。背包带和提手设计使它非常好运输,而坚固的PVC/涤纶结构使之能经受得住野外旅行的摔打考验。

3.漂流装备

(1)防水上衣

漂流者在探险活动中常常处于湿冷的状态之中,因而选择一件好的防水上衣来抵御冷水的侵扰显得非常必要。一般由3mm厚的杜邦合成橡胶(潜水服的防寒材料)制成。足够大的袖孔确保你在运动时有完全的自由,膝部护垫上有压纹,双拉式的YKK拉链,踝部的拉链是有弧度的流线型,可使人在冷水中长时间保持体温,避免因冷水刺激致使体温下降而出现意外。

（2）头盔

对于漂流探险来说，一个好的头盔可以在翻艇时保护头部不受暗礁、岩石的碰撞，起到保护人身安全的重要作用。因而漂流者在下水前一定要检查头盔的卡扣是否扣牢。高密度聚乙烯外壳和防水泡沫内衬起到了既舒适又强力的保护。透气孔能迅速地排水，而边上的开口设计让你听力正常。下巴上那个可调节松紧度的扣子使钢盔牢固地套在你头上。

（3）漂流靴

赤足在河岸行走或涉水时很容易被尖锐的石头割伤，准备一双防滑鞋是很有必要的。漂流靴既可以起到保暖的作用，也可以在岩石上行走时使脚得到保护。

（4）漂流手套

一副好手套可以起到保暖、防止手部起水泡的功效。此外它还可以增加摩擦力，便于操作船桨。

（二）漂流的读河技术

1. 激流

一条河有多种状态：有的河段河水蜿蜒平稳地流动，平静得像池塘一样；有的河段落差明显，激流如奔腾的烈马；在河流的某些地段，水面由于错综复杂分布的巨石的影响而扩宽成缓慢流动的水面；在河流的某些地段，河水通过狭窄的悬崖缝挤压而下，流水与崖壁碰撞，巨浪滔天。不同之处不可尽数，但形成这些不同的原因却只有以下四点：第一，斜度——河床顺流而下的斜度；第二，平整度——受石块、边缘形状以及砾石形状影响的河床表现；第三，构造——河床的宽窄度；第四，体积——顺流而下的水量（通常以立方米/秒来计算）。

可见，漂流的关键在于如何应付激流，而应付激流的难易程度由躲开障碍物的难易程度决定。这受水速、障碍物类型、湍流、通道宽度、拐弯处形状等的影响，而且，对于一股特定的流水来说，这些影响也是随其经过位置的水平面高低变化而不同的。但是，一个河流探险者必须了解每一股激流的特性。

激流的种类有：

（1）舌状潮水

在许多激流的开头，是平稳而快速流动的水，其形状呈倒"V"字形，这个"V"形标志着激流的通道。

（2）通道

顺流而下的河水通常以不同的大小沿多条通道通行，而激流和通道很少与河岸平行，并且在流动过程中经常分开，对一个漂流者来说，理解这些激流和横跨河面的激流对船的影响以及如何最有效地利用它们是很有必要的。

（3）形如干草堆的排浪

当快速流动的潮水趋向变缓时，将形成一系列大的持续的波浪（我们叫作干草堆），平直排列的持续的干草堆排浪通常表示着最深的通道。

2.河道弯曲

一个漩涡就是河水在该处不能停止也不能逆流而上的地方,是由于石块存在于河流的中部或河岸对河水一排持续的波浪的反射,或是一个较急的河流转弯……顺流而下的潮水和漩涡的分界线以打旋的水和水泡为标志。这是由顺流而下的主潮水和顺流而上的漩涡中的水之间的摩擦引起的。

在较急的河道拐弯处,潮水被离心力牵引,在外环线堆积。内环线则存在着流速较慢的水(可能是漩涡),并且较浅,因此最深的通道和最快的流速是沿着外环线的。

3.逆流

即部分河水在某一区段摆脱主流,逆向流动,形成一股与主流方向相反的猛烈的水流。逆流作为最危险的河流特征之一,可产生以下几种情况:孔洞、阻塞、水力(阻力)、拖滞、卷曲、侧向卷曲、激流尾部和滚浪。

(1)常见的形式是孔

当水流过巨石的表面时形成的。水流过岩石上面再注入河底,在水面形成一个间隙,这个间隙被往回的逆流填满。从逆流看,这些水孔后面是大量的、平整的、泡沫状的小水坑。

(2)垂直下落的瀑布底部

这是另一种典型的逆流。这种水力现象的形式与孔很相似,但更强,因为这些水以巨大的势能涌向瀑布底,他们也更危险,因为底部这些泡沫状的逆流有可能抓住游泳者和木筏。

4.间断连续的波浪

这种波浪与间断的海洋波浪非常相似,也有足够的力量打击漂流艇筏。

5.倒卷浪

河水流过半隐于水下的礁石的顶部,汇入礁石后面憩流(止水),河水自动形成反向的流动(向上游方向流动)。所以,倒卷浪多出现于隐秘于水下的礁石的下游位置。如果潜藏于水下的礁石体积较大,相应地在其下游也会出现较大的倒卷浪。而这种较大的倒卷浪通常被称作"洞"。一些"洞"的形态颇像抽水马桶,一旦误入"歧途",被吸住,就会陷在其中,甚至把船掀翻。

6.直立浪

当流速快的水流遇到流速慢的水流,水流量无法及时排走,就会浪浪相叠摞起来,形成高高的直立浪。直立浪通常都是些冲天大浪,但是非常有规律;而被礁石激起的水浪往往是散乱不齐的。如果直立浪很高但坡度平缓,不妨让船头对准浪尖,直接骑过去,这就是所谓"切浪"技术。如果直立浪非常陡峭汹涌,建议从浪的边缘通过。

尽管强度不同,大部分的小溪、山涧、河流都具有以上列举的各种成分。为了解水流运动中的相互作用,近距离地观察一下这些激流、漩涡、弯道等是非常有用的。

(四)漂流操桨技术

1.前进与后退

正对前进方向或背对前进方向向前侧身,手臂打直,把桨伸到水里,利用整个身体的力量把两边桨往回拉或前推,要记住身体的用力方向与桨对水的作用力相反、水的反作用力与推动艇筏前进的方向一致。每次划动都应是一个持续的动作,力量均匀地作用于每个桨,一个基本的技巧就是"直面危险,努力拉动"。因为这种拉动是最有力的,所以很多操作都用此方法让船减速或后退。

2.改变船的角度

改变船的角度,有两种方式:

①单桨转动。只使用一支桨,当一支桨划动时,另一支桨在水面,会让船产生一些后退运动。

②双桨转动。双桨转动需要一点技巧,需一支桨推动时,同时拉动另一支桨,双手反向运动。

双桨操作船会转得快些,并且可以围着中心转。这种技术是用于让船在大的波浪中直行,设置船朝向渡口的角度或者让船转向的。

3.避开障碍

为避开直接的障碍,常常用摆渡的方法从旁边穿越水流的基本技巧如下:

①确定水的流向(不必与河岸平行);

②让船左右转动以便与水流成一个角度(即设定摆角角度);

③平滑拉动,持续操桨。

4.激流摆渡

当船边水流的力量(由摆渡角度引起)推动船从侧边穿越水流时,猛烈的敲击会降低船速。这样即使最小的水流运动也可能让船摆上渡口。基本技巧如下:

①把船转到你想到达的角度上,改变船在河中的位置,最重要的是让船与流水保持一定角度,然后开始向后划桨,而不是向着河岸。

②当船处于一个不是直对逆流的摆渡位置,用旋转船的方法将船从侧边滑过障碍或穿过一个狭窄的通道。用双桨旋转让船转向,并利用船后部旋转时水流对船的力量,让船从障碍物后部穿越,让船首保持直指逆流的方向。

这种方式用于让船保持钝角(大于45°)或在没有空间转动船首时避开障碍,而无须花费太大的力气。(此技巧要求对水流有较高的认识和判断能力。)

5.利用后部旋轴使船转向

①以一个钝角接近障碍,在拐弯处上渡口。最重要的是船对水流的角度,而不是对岸的角度。

②拉动上首桨(离障碍物最远),使船旋转,让船首首先穿过船道。在水流与岩石的冲撞中,船可能撞上岩石,在石头周围摇摆毫无疑问,一个操桨者为了很技巧地穿过急流,必须学会娴熟地使用纵旋轴、后旋轴和运用所有划桨技术。

6.排桨船操作技巧

与双桨船由一人操桨不同,排桨推进是通过船长和船员的共同努力,并且大部分操作都是顺流的,船以比水流更快的速度向前进。船员坐在船边,并使力量均匀地分布于船的两侧。船长坐在船首指挥,把他手中的桨作为方向舵。这种船上人员的配合更紧密,因为船的前进趋势常在障碍物中形成一个紧密的道路。因此船长必须预料到前方水况,并迅速地通知船员跟进,而不是与水流背道而驰。船长发布的口令,用这些口令就可以像一人划船一样地操作船。

在有许多障碍物的水域和危险水道,根本没有时间精确地指向通道,让桨向前,因为船顺流而下的速度太快了。这时,可以用以下方法来降低船速,让船穿过水流而到达边沿。

①逆流摆渡,需更强的力量。用此方法应让桨向前,使船与水流成一定角度,桨与逆流成一定角度,指向你想到达的那边。

②顺流摆渡,所需力量较小,但能让操桨手看清前方,在最后时刻也易让船头转向。它是让后桨动作,让船首与逆流成一个角度,指向你想到的那边。

排桨船操作给了我们一个激动人心(经常湿透全身)的体验河水的方式。每个有经验的船员都能迅速地执行命令,让船穿越复杂的障碍和水流,让船员特别地亲近河水。

（五）应对紧急情况的程序

这里介绍几种在河上特殊的自救和救生技巧,如果所有的船员都熟悉这些程序,并能冷静、快速地操作,这些紧急情况就不会变得严重。

1. 游过急流

游过急流尽管被认为是危险的,但却真的可以变得很有趣。

①平静面对。应该平静面对急流,注意用脚避开前面的岩石,要抓住艇身内侧的扶手带,坐在后面的人身子略向后倾,让桨为自己把握方向。

②屏住呼吸。在漂流船冲入大浪前自己先深呼吸,然后屏住呼吸随漂流船冲入波浪,在浪与浪的间隔中,再次吸气、屏气,一直等到漂流船冲过急流、越过险滩,进入平缓水域再调整呼吸。

③远离船边。漂流者一般是骑在漂流船的船舷边操桨划水的,当冲过激流时,最可怕的是骑在外面的脚挤在船和岩石之间,这会导致腿部受伤,甚至还会让漂流者落水。因此要远离船边,特别是在航道上有岩石的一侧。

④举起桨求救。当自己在激流中无法控制漂流船的时候,需要向周围求救。一把竖直举起的桨是求救的标志,它能告诉别的船只这儿有人在船上。

⑤防止体温过低。冲过激流时,飞溅的浪花会扑入船内,会弄湿漂流者的衣服,冰冷湿衣服会带走漂流者的体温。在不到10分钟的时间内就可耗尽漂流者的力气,应特别小心注意保暖。

2. 与岩石碰撞

穿越激流时,如果你发现不能避开岩石(这种情况确实存在),可以采取以下方法进行处理:

①掉转船头。航道上有岩石,漂流船在撞上岩石前,操桨手应轻轻旋转船,调转船头绕开岩石。

②船头撞上岩石。船体无法旋转,只好让船头撞上岩石,船体受阻会降低速度或停下来,这时就可通过一些旋转来调整航线,再次出发。

③集中于一侧。如果船侧有岩石,全体船员最好在碰上之前,立即跳到离岩石最近的船侧。船员集中于一侧的重量将会改变漂流船的重心,使其旋转,让船顺流绕开岩石。但要注意,如果重心过于集中于漂流船的一侧,可能会使漂流船失去平衡而导致倾覆与沉陷。

3.沉陷

如果与岩石相撞导致沉陷，就应用绳子从岸上寻求帮助。用一根粗绳绕成 D 形环，穿过水道或船后面的船架，用一个拉力系统帮助提升。尽力拉起船，离开水域，利用船头或船尾的绳索帮助拉向岸边。

如果以上所有努力都失败，我们只好选择放弃。要想在激流探险中避免让船沉陷是最危险的，船翻沉不要紧，只要人还在。我们必须牢牢记住每个人的人身安全比让船远离岩石更重要。

4.陷在漩涡里

除非船凭着很大的惯性冲过漩涡，否则卷曲的波浪会撞回到船上而使它停下来，水也会立即灌进舱内，常常让船猛烈地旋转乃至倾斜。一些漩涡甚至可能会掀翻船，当然这并非很常见，因为船会因浸泡而加重。措施是用桨或橹划动顺流的水以从漩涡中脱身而出，尽管漩涡表层的水通常都是逆流，其实在其下层及漩涡的旁侧都有与主流方向一致的水流，万不得已，用岸上的绳子也可以把船从漩涡中拖出来。

5.倾覆

倾覆是由诸如大的漩涡、波浪、单侧的波涛及障碍（如石头和倒下的枯树等）所引发的。漂流船倾覆必然会使船上的人落入水中，这时救援和自救就显得非常重要。

面对倾覆的自救和救援措施：

①在漂流船倾覆前，试着跳开以避免撞击到障碍上；

②一旦落入水中，如果能确定自己不会陷入船与石头之间的逆流中，应该尽量地浮在水面上；

③可上岸避开这一段急流水域；

④尽量保持与你的同伴一起行动，如果有人失踪，应检查船下以确定他是否被绳索或衣物缠住（这就是为什么必须确保没有松散的绳套）；

⑤不要担心装备，首要的是确定每个乘员的安全；

⑥由于从倾覆的船内游向岸边非常困难，你通常会需要其他船只的帮助，这应该在远离急流的平静水面来操作；

⑦救援船只逆水接近，捞起倾覆船只的一条缆绳，再把它牵往岸边，其余船只也应该沿途搭救落水者并尽可能快地清点人数。

6.靠岸

让倾覆的船只靠岸，也有几点要注意：

①急流与瀑布是不可避免的，应在无人的急流区系上救生绳以帮助船驶过。

②在岸上对船保持密切的控制，切记不可将绳索套在你自己身上，在绳上打个结或将绳绕在树上都可帮助你实现对船的控制。

③靠岸的时候务必带上所有东西。

漂流是一种体能与胆量的挑战，在你寻求刺激、享受快乐的同时，要注意安全并掌握一些技巧。

【经验性训练】

攀爬就是最佳的攀岩训练方法吗？

有句流行的说法，"攀爬就是最好的攀岩训练"。许多攀岩者依着这个借口不去做任何攀岩之外的训练活动。让我们检查鉴定一下这种说法是否正确有效。

当被问道"攀爬是最好的攀岩训练吗"时，答案是"看情况"。这是因为对特定的攀岩者来说，最好的训练类型是依据他或她目前的优势与短处以及目前的绝对攀爬能力来决定的。举个例子，谈到关于改进攀岩技巧与心理技巧，力量训练不会在这些领域产生直接的改进。然而，对发展特定运动力量（例如训练提高抓握力量和锁定力），简单地把"攀爬作为训练"只能产生很有限的作用，或一年年地缓慢进展。这些话，是不是似曾听说？

说攀爬不是最佳的力量训练方法，原因之一是因为"训练"对比"攀岩"的最终目标是非常不一样的。举例说吧，攀爬的目的是想方设法避免肌肉力竭，在手臂和前臂肌肉力竭前有希望到达顶点。相反地，为攀岩的训练通常是在几秒或几分钟内做最高的可能达到的强度而产生肌肉力竭的练习。总结来说，在攀岩，你是努力避免失败；而在训练，你是趋向产生失败。

另外一个能揭示攀岩和训练有所区别的例子在于你抓握岩石的方式。在攀岩中，岩石意味着在一些不同的抓握姿势中的一个随机的使用，有时候，你可能甚至故意变化你抓握岩石的方式。结果是，任何单一的抓握姿势不大可能达到最大效力，因此，某个抓握姿势只是缓慢增加力量。这会帮助你理解为什么一个全年攀岩者可能确实需要增加他的无氧耐力（例如力量的持久力），但较少去增加绝对最大抓握力量。因此，改变不同的抓握姿势达到最大化耐力在为了成绩攀岩的时候是一个很好的策略，但对于训练最大的抓握力会是一个差的主意。有效率的手指力量训练需要你确定一个明确的抓握姿势为目标，去做直到力竭。

最后一点，对一些攀岩者来说，进行不是运动专项的自然的体能训练可能是最好的。例如，一个体重超重的人花在非攀岩训练上的有氧运动（当然，也要改善他们的饮食控制）会比运动专项的攀岩练习要好。同样的，一些"没有体型"的个人（例如，甚至不能做几个引体，俯卧撑，仰卧起坐）进行一段时期的改善整体身体状况的标准训练，其循环会好起来的。

如果你很在意攀岩的表现成绩，你千万不要满足简单的"攀岩就是训练"，你也不能不加思考地追随老的信条或和其他大多数攀岩者一样在一种有缺陷的方式下进行训练。要成为一个最佳（和最强的）的攀岩者，可能要求你要成为一个有知识的自我教练和充分思考的"攀岩训练"的从业者。

【复习思考题】

1. 徒步穿越的内涵是什么？
2. 如何做好徒步穿越前的心理准备？
3. 徒步穿越的主要实用性经验有哪些？
4. 攀岩运动中手的动作技术要点是什么？
5. 水上运动分类及主要安全准备有哪些？

第八章

户外运动项目（二）

实操案例

左手指北针，右手地图，外加一块计时卡，这些就是定向运动比赛所需的主要器材。某年7月中旬在成都举行的全国学生定向越野锦标赛，吸引了全国各地的1000多名定向高手。他们的角逐，让定向这项充满智慧与乐趣的运动为圈外人所知。

"当我手拿地图在丛林中奔跑，费尽周折后突然看见我要找的橘红色点标时，甭提有多高兴了，所有的疲惫、痛苦都在发现目标的瞬间消失了。"四川师大一位参赛选手如此解释他对定向运动钟情的原因。中国学生定向运动协会裁委会主任介绍说，定向运动是一项智力和体力并重的运动，考验选手识图能力和奔跑能力，因此一名优秀的定向运动选手要具备强壮的体魄，要具备超强的独立思考、独立抉择、独立解决困难的能力。

第一节　定向运动的概念

一、什么是定向运动

定向运动又称"定向越野""定向跑""野外定向"和"识途越野"等，它是一种参加者借助定向地图和指北针，按组织者规定的顺序和方式，自我选择行进路线并到达地图上所标示的地面检查点，以通过全程检查点用时较短者或在规定时间找到检查点得分较多者为胜的一种体育运动。其比赛的成败全在于个人的识图用图、野外定向和奔跑能力的强弱，因此适于各种年龄、性别的人参加。为了增加比赛的乐趣，也可以在判定比赛成绩的方法上有所区别。

定向运动作为高校体育课程内容的扩展，把原有仅限于学校体育课程的跑、跳、投、攀爬、跨越等基本内容，扩展到社会，扩展到大自然，从而突破了体育课程长期以来形成的一种封闭的格式。这不仅符合现代学校体育课程改革的发展趋势,增强了体育课程的实效性和趣味性,而且可以丰富和完善我国高校体育课程的体系。定向运动源自于国外,近年来在国内得到迅速发展,特别是引起了大学生的浓厚兴趣。因此,了解定向运动的一些常识,对大学生开展这项体育活动是十分必要的。

二、定向运动的起源

"定向"这个词最早出现在 1886 年的瑞典,至今已有 100 多年的历史了。早在 19 世纪初末 20 世纪初,欧洲北部的斯堪的纳维亚半岛(Scandinavia)崎岖不平的土地上覆盖着一望无际的森林,其中还散布着无数的湖泊、城镇和村庄。生活在这里的人们主要利用那些隐现在林中湖畔的小径往来各地。在这种地理环境中生活的人,理所当然地比地球上其他地区的人更需要精确辨别方向的技能,否则想要穿越那片林海将是十分危险而困难的事。久而久之,地图和指北针就成为他们的"生活必需品"。没有地图和指北针,稍不留神,就有可能迷失在茫茫林海中。由此,那些经常在半岛上、山林中行动的群族、军队,不知不觉中便成了开展定向越野的先驱。

正当军人把"定向越野"作为一项军事科目来训练时,一位名叫吉兰特的人则把这项活动游戏化了。1918 年,在瑞典担任童子军领袖的吉兰特,组织了一次叫作"寻宝游戏"的活动,引起了人们的广泛兴趣,这便使"定向越野"变成体育活动的雏形。

三、定向运动的发展

(一)定向运动在国外

1897 年 10 月 31 日,世界上第一个定向赛事在挪威的奥斯陆军营区举行。当时只有 8 名参赛选手,比赛采用 1∶3000 的地图,比赛的线路总长为 10.5 千米,总共才设置了 3 个检查点,冠军耗时 1 小时 41 分零 7 秒。

1899 年 2 月 6 日,世界上的第一场滑雪定向赛事在挪威的特隆赫姆举行,有 12 名选手参赛,比赛线路长 20 千米,冠军耗时 2 小时 30 分 20 秒。

最初定向运动只是在北欧斯堪的纳维亚半岛的挪威、瑞典两国开展,20 世纪初扩展到北欧的芬兰、丹麦等国,到 20 世纪 30 年代定向运动已在欧洲许多国家开展。

1948 年,挪威人绘制了世界上第一张专门为定向比赛用的专业地图。最大的一次定向越野比赛于 1948 年在瑞典举行,当时有 3.9 万人参加了比赛。

1961 年 5 月,为适应定向越野在世界范围内的普及和发展,一帮热衷于定向越野的人士聚集到丹麦首都哥本哈根,成立了国际定向运动联合会(International Orienteering Federa-heD),简称国际定联(IOF),确定其为正式的比赛项目,并制定了一系列的比赛规则与技术规范。国际定联的成立,标志着定向越野进入了崭新的发展时期,翻开了新的一页。

1966 年,第一届世界定向锦标赛(WOC)在芬兰举行。1975 年,第一届世界滑雪定向赛在芬兰举办。

1977 年定向运动被国际奥委会承认为奥林匹克运动项目。

2001 年世界体育运动大会将定向运动列为正式比赛项目。

国际军体理事会（International Military Sports Council）也把定向越野列为正式比赛项目之一，每次比赛都吸引了各国军队的运动员参赛，并与篮球等比赛项目并列为国际军体锦标赛的七大比赛项目之一。

由于定向越野不需要比赛场馆，也无须大兴土木，在比赛中人能与自然很好地融合在一起。同时，它与奥林匹克运动所提倡的绿色奥运的理念相吻合。因此，不少业内人士认为，定向越野在不远的将来，会成为奥运会的正式比赛项目。

（二）定向运动在中国

我国地域辽阔，风景秀丽，很早就被国际定向组织相中。在我国，开展定向越野最早的地区是香港。

1979 年 3 月，一些热心定向越野的人在香港各界人士的支持下成立了以推广定向越野为宗旨的团体——"香港野外定向会（HKCO）"。1982 年，香港野外定向会与驻港英军及皇家警察定向会联合发起组织了"香港野外定向总会（OAHK）"，下属有香港野外定向会、圣匠社会服务中心、爱丁堡奖励计划（DEA）、香港大学野外定向会等 18 个属会。该会规定每年的 12 月都要举行"香港野外定向锦标大赛"。

1983 年 3 月，定向越野传到内地。作为一项军事技能，定向越野早已被列为中国人民解放军常规的军事训练科目。

1994 年，我国在北京举行了第一届全国定向锦标赛，以后每年举办一次。

1995 年 12 月，中国定向运动协会正式宣告成立。

中国定联是全国性的群众体育组织，是中华全国体育总会的团体会员，最高权力机构为全国委员会，执行机构为常务委员会，会址设在北京；任务是统一组织、管理和协调全国定向运动的开展及重大的赛事活动，推动群众性普及活动和提高运动技术水平，并协调参加国际定联的有关活动，开展国际交流和技术交流等。

二十多年来，在国家体育总局的领导下，在测绘、教育、地质和部队等系统的大力支持下，中国的定向越野得到了长足的发展。在众多的定向越野爱好者中，以学生和外企员工居多，他们通常是利用节假日定期参加定向越野。只要你喜欢户外，喜欢大自然，你就会喜欢定向。

四、定向运动的分类

定向运动按不同的标准可划分为不同的类型。

（一）按组织方式不同划分

按组织方式的不同，可分为：个人计时赛，团体计时赛和团体接力赛。

接力定向运动是展现团体间实力的最佳竞赛形式。其成绩好坏有赖于每个队员个人能力的发挥。在接力比赛中，比赛的路线被分成若干段，各选手只完成其中的一段（使用另一张同地点地图），各段选手的成绩相加为该队的最后成绩。为便于观众欣赏各选手之间的激烈竞争，接力定向在赛场上设有"比赛中心"，各段选手的交接均在这里以交图方式进行，不使用接力棒。

（二）按活动的可视程度划分

按活动的可视程度，可分为日间定向和夜间定向。

1. 日间定向

日间定向是在可视程度比较好的白天进行的定向活动。

2. 夜间定向

夜间定向是徒步定向中很刺激的一种比赛形式。由于比赛是在可视程度不良的夜间进行的，不仅增加了比赛的难度，也增加了比赛的不确定性。夜间定向使用的器材，主要是点标本身或其上附有被动式的反光材料，只要有一点光线投射到它上面即有反光。参加人员亦需携带用于查看地图的照明设备，可以是微型手电筒，也可以是很大、很专业的设备，如洞穴探险头灯等，也可以自制其他方便携带的照明装置。

（三）按活动场地的不同划分

按活动场地的不同，可分为校园定向、公园定向、城市定向和野外定向。

1. 校园定向

校园定向是指在大学校园内利用校园环境和各种地形地物举办的徒步定向比赛。

2. 公园定向

公园定向是指主要在城市公园、旅游景点地形上举办的徒步定向比赛。

3. 城市定向

城市定向是指主要在城市街道、公路地形上举办的徒步定向比赛。

4. 野外定向

野外定向是指主要在非人工的自然环境地形上举办的徒步定向比赛。

（四）按运动工具的不同划分

按运动工具的不同，可分为徒步定向、记分定向、专线定向和工具定向。

1. 徒步定向

徒步定向是各种定向运动比赛中组织方法比较简单，开展最为广泛的一种。由于比赛的成败全在于个人的识图用图、野外定向和奔跑能力的强弱，因此适合各种年龄、性别的人参加。

2. 记分定向

记分定向通常以个人方式进行。比赛区域内预先设置很多的检查点，并根据地形的难易程度、距离远近、点的位置的相互关系不同而赋予每个检查点以不同分值。选手必须在规定时间内自行寻找这些检查点，以积分最高者为优胜。

3. 专线定向

这种比赛与其他比赛的最大区别是在地图上明确地标出了比赛的路线，运动员必须按这些规定的路线行进，并将途中遇到的检查点位置标绘到地图上，成绩以检查点位置标绘的准确程度和所用时间的长短确定。此方法用于实地用图训练有不错的效果。

4. 工具定向

（1）滑雪定向

滑雪定向也可以按个人、团体或接力比赛等形式进行。它与徒步定向的区别是选手需要使用滑雪装备(非机动)。供比赛用的滑道,则需要使用摩托雪橇提前开辟。同一比赛路线上的滑道通常不止一条,以便选手自行选择更有利于自己的滑行路线。

(2)山地自行车定向

山地自行车定向,顾名思义,就是选手骑在山地自行车上进行的定向运动。它需要的场地比徒步定向要大,区域内的大小道路要能构成网络,以便选手骑行。由于不便频繁看图,山地自行车定向的选手比徒步定向的选手更需要培养默记地图的能力,同时,在崎岖地形上熟练地驾驶山地自行车的技术也是必不可少的。

山地自行车是国际定联承认的最年轻的专业项目,它已经有了自己的世界锦标赛。山地自行车定向也可以按个人、团体或接力比赛等形式进行。

(3)轮椅定向

这原来是专为伤残人士特别设计的定向运动形式。基本赛法是:在野外道路的两侧设置若干"检查点群",每处 3～6 个点标,选手们需要按照地图与"检查点说明"的指示,在每个"检查点群"处像做选择题那样,挑选出唯一正确的那个点标。这种赛法,既可以让乘坐轮椅车的伤残人士加入到定向运动的活动中来,又可以供选手进行定向基本技术的训练,同样也是一种能让所有参加人都饶有兴趣的专项技能比赛。

(4)特里姆定向

特里姆定向是指在一定的区域内设置许多固定性的检查点,不规定完成时间,以寻找的点数给予记录或纪念品以资鼓励。

在有些国家,人们还常常以家庭为单位进行比赛,并尝试了使用不同交通工具的定向运动,比例如乘坐摩托车、独木舟或骑马等。

第二节　定向越野的器材、装备和场地

一、定向越野的基本器材

(一)定向地图

地图是定向越野最重要的器材,它的质量的好坏直接影响到运动员比赛的成绩和关系到比赛是否公正。因此,国际定联专门为国际的定向越野比赛制定了《国际定向运动图制图规范》,对国际定向运动用图的最基本要求是:

①比例尺。通常为 1：15000 或 1：20000,当需要时也可采用 1：10000 或 1：25000。

②等高距。通常为 5m,当需要时也可采用 2～10m,但在一幅图上不得使用两种等高距。

③精度。至少要使以正常速度奔跑的运动员没有任何不准确的感觉。

④内容表示的重点。详细表示与定向和越野跑直接相关的地物、地貌。并利用颜色、符号等,详细区分通行的难易程度。

⑤作用。野外定向地图接近于大比例的军用地图,而与一般的旅游图或市区街道地图是完全不同的。定向地图应详尽、准确地记录赛区内的地面情况,比如利用等高线来表示山丘的形状与高度;利用各种颜色来表示道路的难易程度和植物的分布;利用各种符号来表示地面物体的各种特征,如石块、地沟、建筑物等,参加者可从地图上的等高线的形状与密度得知赛区的地貌,如山丘的形状、高度与坡度。

定向地图的目的是通过提供清楚、详尽的资料,使参加者容易了解赛区内的地面情况,从而在公平的环境条件下进行竞赛。

在定向地图上标有定向运动路线,一条定向路线一般包括一个起点(用三角形表示)、一个终点(用双圆圈表示)和一系列的检查点(用单圆圈表示)。检查点用于检验运动员是否按规定跑完全程,为此,应设置专门的标志。检查点应在地图上准确地表示出来。

定向越野比赛路线通常按环形设计,也有条形设计和星形设计。

(二)指北针

指南针是中国古代的一项伟大发明,早在 2000 多年前的战国时期,我们祖先用天然磁铁做成的司南,就是指南针的始祖。指南针与地图结合使用时,因而可以确定北方,所以也常称指南针为指北针。

(三)点标旗

运动员根据定向地图所提供的信息,利用指北针快速定向,在实际地形中寻找一个橘黄色和白色相间的点标旗,该点标旗的位置准确放置在地图所标示的地点圆圈的中心点。

检查点标志是由三面标志旗连接组成。每面正方形小旗,沿对角线分开,左上为白色,右下为红色,旗的尺寸为 30cm×30cm。点标旗通常要编上代号(国际上过去曾使用数字作代号,现已规定使用英文字母作代号),以便选手在比赛时根据旗上的代号来判断是否找到了正确的检查点。

悬挂点标旗的方法有两种:有桩式和无桩式。悬垂高度一般从标志旗上端计算,距地面 80~120cm。

(四)打卡器

为了证实运动员通过了比赛中的各个检查点,运动员必须在到达的每一个检查点(点标)签到,使用打卡器或点签在卡纸上打卡,以此证明其确实已到达此点。

打卡器(检查钳)是用弹性材料制成,顶端装有钢针,钢针的不同排列,使检查钳可以印出不同的图案印痕。现在国内外大型定向比赛都用电子打卡系统打卡,它不仅能证实运动员正确通过检查点,而且还能同时记录通过检查点的各段时间。

(五)检查卡片

检查卡片主要用于判定运动员的成绩,用厚纸片制成,分为主卡和副卡两部分。主卡由运动员在比赛中携带,并按顺序将每个检查点的点签图案卡在空格中,到达终点时交裁判人员验证;副卡在出发前交工作人员留底和公布成绩时使用。

二、定向越野的服装

定向越野比赛对运动员的服装没有特殊的要求。只要求服装轻便、舒适,易于活动。

服装过紧或太厚均不适合野外跋涉。通常，运动员对服装的选择应该是：

①衣裤。紧身而又不至于影响呼吸与运动。为防止树枝刮伤和害虫侵袭,最好穿用面料结实的长袖衣和长裤。

②鞋。轻便、柔软而又结实。为便于上下陡坡、踩光滑的树叶或走泥泞地,鞋底的花纹最好是高凸深凹的,以防止在野外的泥道或砂地上滑倒。

③护腿。用有弹性的面料及泡沫材料制成,以便在定向比赛奔跑过程中,小腿不被树枝等碰伤并保护腿不被蛇、虫咬伤。

④号码布。号码布一般不超过 24cm×20cm,号码数字的高不小于 12cm,字迹要清晰,字体要端正。正规的比赛还要求将号码布佩戴于前胸及后背两处。

三、定向越野的场地

（一）正式比赛对比赛区域地形的要求

①要有与比赛的等级相适应的难度,并保证它能够使运动员充分发挥自己的定向越野技能。

②比赛区域是所有选手都不熟悉或不太熟悉的。至少,应防止赛区当地的选手在比赛中获得明显的好处。为保证这一点,有的国家规定：三年内不得在同一地点举行第二次比赛。

③比赛区域的选择与确定在赛前必须严格保密。

（二）特点

合格的定向越野比赛地域应具备下列特点：

①中等起伏的森林地、植被适度。

②地形变化多样的有限通视地域、生疏的人烟稀少地区。在组织一般的定向越野活动时,城市公园、近郊区以及未耕种或未长成的田地也是可供选择的地点。

四、野外定向技能

（一）识图、用图技能

在定向运动中,必须首先确定地图,即保持地图方位与实地方位一致。标定地图方位（给地图正确定向）是最重要的定向技能。

1.标定地图的方法

（1）概略标定

定向地图上的方位是：上北、下南、左西、右东。当我们在实地正确地判断了方向之后,只要将定向地图的上方对向实地的北方,地图即已标定。

（2）利用指北针标定

先使指北针的红色箭头朝向地图上方,并使箭头与定向地图上的指北重合（或平行）,然后转动地图,使磁针北端对正磁北方向,地图即已标定。

（3）利用直长地物标定

利用直长地物（如道路、土垣、沟渠、高压线等）标定地图，首先应在图上找到这段直长地物，对照两侧地形，使图与现地各地形特点的关系位置概略相符，然后转动地图，使图上的直长地物与实地的直长地物方向一致，地图即已标定。

（4）利用明显地物地貌标定地图

从地图上找到本人位于明显地形点的位置（即自己所在的站立点）时，可以利用明显地形点标定地图。方法是：先选择一个图上与现地都有的远方明显地形点（目标），然后转动地图，使图上的站立点至目标的连线与现地站立点至目标的连线相重合，此时地图即已标定。

2. 确定站立点

（1）直接确定

当自己所处位置是在明显的地形点上时，只要从图上找出该地形点，站立点即可确定。但是，采用直接确定法的困难在于：在紧张的比赛中，在正确的区别不同的地物时容易发生"张冠李戴"。可以称得上是明显地形点的地物主要有：单个的地物（如房屋、水塔、凉亭、小桥等），现状地物的拐弯点、交叉点（呈"十"字形）、交汇点（呈"丁"字形）和端点；现状地物的中心或者有特征的边缘。

可以称得上是明显地形点的地貌主要有：山地、鞍部、洼地；特殊的地貌形态如陡崖、冲沟等；谷地的拐弯、交叉和交汇点；山脊、山背线上的转折点、坡度变换点。

（2）利用综合分析确定

利用位置关系法确定站立点主要依据两个要素：一是站立点至明显点的方向，二是站立点至明显点的距离。在地形起伏明显的地方，还可以结合高差情况进行判定。

（3）利用"交会法"确定

当站立点附近无明显地形点时，可以利用90°法、截线法、后方交会法。这些方法的优点是：不需要判断或测量距离也能确定出较为准确的站立点位置，这对于初学者学习、巩固使用越野图的训练是很有意义的。

①90°法。当待测点位于线状地形（包括道路、沟渠、山背线、谷地线、坡度变换线等）上时，如果在与运动方向相垂直的方向上能够找出一个明显的地形点，线状地形符号与垂直方向线的交点即为站立点。

②截线法。测点位于线状地形上，但在其与运动方向相垂直的方向上没有明显的地形点，可以采用此法。

其步骤是：

第一，在线状地形的侧方选择一个在图上与实地都有的明显地形点。

第二，利用指北针的直长边缘切于图上明显地形点的定位点上。

第三，沿指北针的直长边向后划方向线，该方向线与线状地形符号的交点，就是站立点在图上的位置。

③后方交会法。测点上无线状地形可利用，而且地图与实地相应地都有两个以上的明显地形点时可采用此法。通常要求地形较开阔，通视良好。其步骤是：在图上找到选定的方位物之后，标定地图；然后按照截线法的步骤分别向各个方位物瞄准并画方向线，图

上方向线的标点就是站立点。

3.确定前进方向

定向运动每次出发时(包括途中每一段落出发),首先必须判断明出发点的图上位置,明确前进方向和目标点,然后标定地图选准前进方向,向目标点进发。

(1)选择最佳路线的技能

最佳行进路线应该说是:省体力、省时间、最安全,便于发挥自己的技能或体能优势的路线。

选择路线应遵循的原则是:

①有路不越野。应尽量选择沿道路行进,这是因为:第一,在道路上容易确定站立点,使运动员更具信心;第二,地面相对光滑、平坦,有利于提高奔跑速度。

②"走高不走低"原则。定向比赛中如果不得不越野,当目标点在半山腰,周围又没有明显的地貌地物时,应选择从山顶向下寻找的方法。这就是人们常说的"从上到下法"。应尽量选择在高处行进,避免在低处行进。这是因为:地势高,展望好,便于确定站立点和保持行进方向,而且高处通风、干燥,荆棘、杂草、虫害及其他危险少。

③"提前绕行"原则。定向比赛中,主动员应超前读图,提前思考,明确自己下一步将要到达的地点,阅读地图时一定要注意通观全局,特别是检查点之间大的障碍。不能等遇到障碍再做折线绕行,而应该全面分析地貌地形,提前选择好最佳迂回运动路线。

(2)保持正确行进方向的技能

在选择了最佳路线后,在前进过程中,还要采取相应的方法,才能确保正确的行进方向,安全准确地到达目的地。

①拇指辅行法。在定向运动中常采用拇指压住图上本人目前站立点的位置,把拿图的手的拇指想象为自己(缩小到了图中的自己),当向前运动时,拇指也在图上作相应移动。这种方法叫拇指法。

拇指法主要是帮助运动员随时明确自己在图上的位置。

②"扶手"法。"扶手"是把实地中的线形地形,如各种道路、输电线、地类界、溪流、面状底物的边界等地物地貌,比喻为上下楼梯时的扶手,作为行进的"引导",利用"扶手"引领能较为容易和安全地到达目的地。在定向运动中要尽可能地利用"扶手",使自己运动时更有信心。

③记忆法。一般要按行进的顺序,分段地记住路线的方向、距离、经过的地形点、两侧的辅助(参照)物。这样可以减少途中跑时读图的时间,提高运动成绩。

④导线法。当站立点距离检查点较远,途中地形又很复杂时,可以采用此法。行进过程中,要多次利用各个明显的地形点,心中将这些点"串联"起来,奔跑过程中做到心中有数,才能确保前进方向与路线的正确性。但需注意:切记将相似的地形点用错。

⑤简化法。在读图过程中要学会概括地形和简化地图。特别是在读零碎杂乱区域地图时,要注意概括该地域的地形结构,突出主要地形特征,把复杂的地图在脑中描绘成一幅新的简单化的地图。

4.准确捕捉检查点技能

定向比赛中,运动员到达检查点附近后,如何能够捕捉到检查点,是一项十分重要的技能,掌握方法能够有助于准确迅速地捕捉目标点。

（1）"放大"法（"先大后小"法）

在寻点过程中尽可能扩大视野,从目标点附近大的、明显的地形找起,然后再找目标点。不能只是把目光集中在你要寻找的目标点上,特别是当目标点所在地较小时,如果只看到很小的一点地形,你就很难找到它。

（2）"偏向"法

当运动员穿越一块没有明显特征的地带而要寻找一个交叉口、路的端点或面状地物的侧顶点时,不能正对着这一点去寻找,而要稍偏离目标方向瞄准,然后再顺着找到目标点。

（3）借点法

当检查点附近有高大、明显的地形点时,可用此法。行进前,要先将目标辨认清楚（亦可用其他物体佐证）,行进中先找到这些物体再利用其判断检查点的位置。

（二）越障碍跑技巧

①从稍高的地方（1.5 米以下）往下跳时,可用跨步跳的动作:踏在高处的腿（支撑腿）必须弯曲,另一腿则向前下方伸出,跳下,两脚着地并深屈膝来缓冲跳下带来的力量。同时,在落地时,两脚应稍微前后分开,以便继续前跑。

②从很高的地方往下跳时,应设法降低下跳的高差,根据情况采用坐地双手撑跳下或侧身单手撑跳下的方法。落地时要注意两腿弯曲。

③在树林中奔跑时,注意不要被树枝、树叶、藤蔓等划伤,更要防止被树枝戳伤眼睛。此时一般用一手或两手随时护住脸部。

④遇到小的沟渠、壕坑、矮的灌木丛或倒伏树木时,要增加跑速,大步跨跳而过;在落地的同时,上体稍向前倾,以便保护腰部并便于继续前跑。

⑤在通过较宽的沟渠时,需用 15～25m 的加速度跑,采用大跨步跳和跳远的方法越过。应注意做好落地动作,防止后倒。

⑥遇到大的倒伏树木,其他矮障碍物时,可以用踏过它们的方法越过。

⑦遇到较高的障碍物,如矮围栏、土堆等,可用正面助跑蹲跳和一手或双手支撑的方法翻越。

⑧通过独木桥等狭窄悬空的障碍物时,应采取使脚面外转成八字的跑法。如果这类障碍物很长,就不应跑,而应平稳地走过。

【经验性训练】

策划方案包括活动概述、活动主办方和参与者情况、具体流程、场地布置、项目费用、执行分配和备注事项等几个主要方面。

完整的可执行的活动策划方案必须具备五大要素:

什么是五素?其实五素就是四个 W 及一个 H（what、when、where、who 及 how）,写方案就是为让看的那一方明白一个项目的情况,所以在方案上应该具体直观地表明这五素,就是做什么、什么时候、在哪里、跟谁、怎样做等。方案的其他内容都应该围绕这五素来写,这样才明确地将你所要表达的项目情况表达出来。

1. what(活动内容)

活动方案的主要内容是核心,涉及活动目的和活动的方式。语言简练生动,突出重点,表述清晰即可。

2. when(活动时间)

不同的季节与天气适合举办不同类型的户外活动,据此策划吸引户外活动爱好者,合理的时间安排是活动成功的关键。

3. where(活动地点)

活动的地点的选取。可根据活动的预算、内容性质和规模大小,考虑优质舒适的活动范围。好的场地是活动成功的一半。

4. who(活动人员)

参与者的要求和条件,组织执行者的安排。可预先通过市场调查,针对有效的户外活动爱好者,适当地进行宣传与推广,使尽量多的爱好者参与进来。给适合各个组织执行岗位的工作人员合理分组安排任务,确保活动进展的流程。

(1)工作人员可分为路线组、宣传组、后勤组、机动组等。事先对路线和流程的安排做好较充分的准备,提高参与者的安全意识以及户外活动的技巧。

(2)方案培训。在户外活动里,假如参与的工作人员不了解策划目的等内容,他们就不能为活动策略实施提供建设性的辅助,因而需要与工作人员进行沟通,只有知情才能出力。

5、how(活动进程)

活动从开始到结束的每一个进程,既让参与者一目了然,配合工作人员的工作,又有利于活动有条不紊地开展。

活动进程是参与者最感兴趣也是主办方最关注的部分。流程如何既吸引参与者又有利于主办方承办,关键是要具体且有特色,尽量符合参与者的期望值。举例如下:

(1)活动的基本路线。对应活动的起始时间,从××到××,途径××,在××开展活动。如:从××市政府广场出发,沿途经江源区、抚松县、松江河旅游开发区,抵达西坡山门购票;首先走进王池、出入长白山大峡谷、徒步寻找瀑布、登顶天池。下山后开始真正意义上的徒步穿越长白山。夕阳青石峰,夜幕月下安营扎寨;次日出发,首先登顶长白山在中国境内的最高峰——白云峰,山顶小憩后下山大考验,观赏常年残雪、高山杜鹃、岳桦林和温泉,整个穿越将在海拔2500米以上高点进行,上下翻越六座山峰最终到达北坡小天池结束,全程历时10小时左右,行程约30公里。全程有俱乐部领队和专业向导。

(2)活动相关协议。活动组织者(甲方)与参加者(乙方)签订《参加××户外运动活动协议书》。户外活动是集体活动,制定有道德的严谨团队纪律和公约有利于活动的顺利进行。如:出发前一天,主办方召开线路、安全、装备使用说明会。

(3)活动费用安排。如:向导费、门票费:参加者支付门票××元/人(学生半价),景区旅游保险×元/人,资源补偿费每人××元;合计××元人民币。装备租借费:租借的装备主要包括帐篷、睡袋、防潮垫和适合野外活动的餐具和用具,全套租借每次50元人民币。鞋和服装自己准备(可提前到俱乐部代购);其余费用AA制(主要包括:车费、野营食品、药品的费用和其他可能在活动中产生的共同费用）。预计费用××元人民币，首次活动免收取组织费，全程预计费用××元人民币。活动开始前3天预收活动费用××元（如不租借装备预收活动费用××元），活动结束后多退少补。

（4）活动比较。和常规旅行比较：一是由于属于自助活动，主办方没有盈利，费用大为节省；二是由于穿越线路长达30余公里，涉猎景点非常多；三是由于徒步穿越比常规旅游更艰苦，具有一定的风险，刺激性和观赏性是常规景点无法相比的；四是由于户外运动需在野外露营，条件艰苦，是对生存的一次挑战和检验。虽然体力大量消耗，但你看到了最美丽的、普通人看不到的风景！

（5）活动注意事项。如：参加者认真阅读《××户外运动俱乐部安全管理制度》和《××市周边地区户外活动分级标准》，主动体检，自愿参加。请参加者正确评估自身素质和活动存在的危险性，领队、向导只承担领队、向导义务，不对活动过程发生的意外事件负责；保护生态，注意环境卫生，所有杂物和垃圾一定要带出这些地区；活动领队代表俱乐部行使管理权，充分尊重向导的技术意见，参加人员必须服从领队和向导的指挥，不得擅自离开团队。

如果天气状况极恶劣，为保障安全，活动必须更改日期或改变路线；有兴趣的驴友请在网上报名或咨询，报名者请诚实守信，人数至少×人，×人以下，活动自动取消。

（6）其他事项。如本活动参加人员视为接受以上协议和对活动注意事项认可；活动发布、变更、解释权归××户外运动俱乐部，由主办方发布，其他人发布则消息无效。

【复习思考题】

1.什么是定向运动？定向运动的主要分类有哪些？

2.如何准备定向运动的基本器材？

3.野外定向运动的主要技能体现在哪些方面？

下 篇

拓展训练

<<< **第一章**

拓展训练概述

实操案例

　　2013 年 11 月,某学院与某管理咨询公司合作进行了一场拓展训练,学生进入训练营全封闭训练两天,训练科目有激情展示、解手链、有轨电车、天罗地网、赢得越多越好、营救行动、杀人游戏、音乐椅、心路历程、高空断桥、胜利墙(逃生墙)等。学生自愿参训 49 人,训练后回收调查问卷 49 份。本次训练事先做好必要的宣传,让学生了解拓展训练,了解拓展训练能给学生本人带来帮助;拓展内容以训练学生的团队意识和坚强的意志品质为主,增强他们的自信心,注意结合能力拓展以及组织、指挥、沟通、协调、计划等方面能力培养的科目选项;在训练方法上尽可能与课堂教学结合起来;及时把握注意训练时间的长短等措施,使专科层面的学生在以下方面有显著的提高:认识自身潜能;增强自信心,改善自身形象;克服心理惰性,磨炼战胜困难的毅力;启发想象力与创造力,提高解决问题的能力;认识群体的作用中,增进对集体的参与意识与责任心;改善人际关系,更为融洽地与群体合作;学习欣赏、关注和爱护自然。实践表明:为了帮助即将走上职场的大专生做好应对压力、适应社会等方面的心智储备,在校期间进行体验式拓展训练不仅是必需的,也是可行的。这种训练可以帮助学生克服自身的竞争劣势,更好地满足社会对新入人力资源的需求。

第一节　拓展训练的起源与发展

一、拓展训练的起源

　　拓展培训在国外称之为体验式培训,源于西方英文 OUTWARD-BOUND,原意为一艘小船,在暴风雨来临之前离开平静的港湾,驶向波涛汹涌的大海,去迎接更大风雨的挑战。

第二次世界大战期间,当时德军潜艇频繁攻击盟军补给运输船队,致使盟军船只下沉,船员纷纷落水。由于海水冰冷,且远离陆地,所以造成了大量的水手牺牲。后来人们发现许多海难都会有极少数人能够活下来,令人惊奇的是活下来的并不是那些年轻力壮的水手,而是船上年纪相对较长的水手。一些心理学家和军事专家通过研究得出结论:当灾难来临的时候,决定你生存最关键的因素不是你的体能,而是你的心理素质及意志。年长的水手有着丰富的生活阅历及处事经验,沉着冷静分析当时所处的环境,怀着坚定的生存信念,最终摆脱了死亡厄运。而年轻的水手们,当灾难来临的时候,精神的沮丧和不知所措会导致人的生理防线全面崩溃,造成体力的急剧下降,最终的结果是死亡。1942年德国人库尔特哈恩和他的好友英国人劳伦斯霍尔特在陆地上建立了第一所拓展训练学校:阿伯德威海上训练学校,并以 Outward Bound 作为其注册商标学校。学校除了训练海军的体能外,主要通过一些情景模拟的科目对海军的生存能力、作战意志及团队合作能力进行训练。当时这所学校对战争的兵员保障起到非常积极的作用。

阿伯德威海上训练学校就是体验式培训最初的一个雏形。

二、拓展训练的发展

二战结束后,这所学校的功能随之退化,但是却得到了一些组织行为专家的重视,他们从这所学校的培训模式中得到启发后认为:随着社会的进步,当人们进入工业化社会,在面对快节奏的工作氛围和复杂的人际社会氛围时,经常会遭遇到落海水手般的境遇,往往会造成情绪焦躁、精神压抑,更为严重的是,很多人因承受不了这些压力而做出一些极端的行为。于是在英国逐渐出现了一种叫作 OUTWARD-BOUND 的管理培训,这种训练利用户外活动的形式,打破了传统的训练模式,它并不灌输你某种知识或训练某种技巧,而是设定一个特殊的环境,让你直接参与整个学习过程,在参与的同时,去完成一种体验,进行自我反思,获得感悟。

由于拓展培训非常新颖的培训形式和良好的培训效果,它很快就风靡了整个欧洲的教育培训领域。1946年,Outward Bound 信托基金会(Outward Bound Trust)在英国成立,目的是推广 Outward Bound(简称 OB)理念,并筹集资金创办新的 OB 学校,OB 信托基金会拥有 OB 的商标,掌握着该商标使用许可证的发放。

1962年美国人乔什·曼纳(Josh L Miner)在美国成立科罗拉多 OB 学校,并于1963年正式从 OB 信托基金会获得许可证书,成为真正将拓展训练推广开来的人。将拓展训练在学校教育中推广开来的是美国一所高中的校长皮赫(J. Pieh)。经过不懈地努力,皮赫将拓展训练的方法应用于学校教育中,与现存的学校制度结合起来,为教育开辟了新的思路和领域。1974年,拓展训练实践活动的大纲出台后,得到了世人的瞩目和好评,该大纲被"全美教育普及网络(NDN)"评选为优秀教育大纲之一。随后,在美国高中课程大纲中,一直沿用该计划的学校达到90%。1964年1月9日,组成 OB 法人组织(Outward Bound Inc)的文件在美国起草。经过不断地发展,OB 学校已经遍及全球五大洲,30个国家和地区共成立了50余所曲 OUTWARD-BOUND 统一命名的拓展训练学校。在亚洲,新加坡最早建立了 OB 学校,此后中国香港、日本、韩国先后引进这种体验式教育的课程模式。如今在这些拓展训练学校已经成为一个国际训练组织,它的总部设在加拿大的渥太华。国际拓展组织有一个共同的使命宣言,即激发自尊、帮助他人、服务社会、放眼未来。

在国外早已盛行的拓展训练直到 1995 年才走进中国,经过十几年的发展,已经逐渐为人们所接受。如今拓展训练已进入国家机关、外资企业和其他现代化企业、各类学校的日常培训课程,成为孩子们假期的选择之一,也是喜爱挑战的人们在闲暇时间挑战自我、锻炼自我、展示自我的重要形式。

现代企业面临的竞争和压力,对从业者提出了很高的要求,除了具备良好的业务素质和明确的职业规范外,还需要特别健康的心理素质、坚强的意志、敢于进取、冒险、创新的精神和良好的人际关系、团队意识及组织协调能力,而这些都需要在实践或强化培训中培养。由于拓展训练符合完善人格、提高素质和回归自然的要求,因此成千上万的人竞相追逐,成为素质教育的新时尚。

目前中国拓展训练市场还处于稳步阶段,前景光明。一位经常组织公司员工参加拓展训练的公司管理人员对拓展训练深有感触:"经济越发达,要求人的素质越高,而日益激烈的竞争也使企业越来越重视对员工的培训,体验式培训寓教于乐的形式和长久的效果保持率是其迅速发展的重要保证,而根据需求度身定制课程的服务更让培训公司有了争取市场的利器。"

一项运动最初都是由大众娱乐、游戏开始,继而发展为成熟的运动项目,拓展训练也在走这条道路。拓展训练如今正在成为人们的竞赛项目之一。拓展运动作为一项新兴的时尚体育运动,由"拓展培训"发展演变而来,是指利用自然地形地貌或人工修建的体育专属设施开展的以团队、双人和个人为单位的竞速、竞距、计数和具有对抗性质的系列运动。其主要由地面项目、低空项目、高空项目、水面项目等四大类项目组成。

中国登山协会自 2004 年开始在开发拓展运动方面做了大量工作,针对拓展培训具有鲜明运动元素的特点,初步确定了全国比赛项目,制定了相应的竞赛规则,并于 2006 年举办了全国首届拓展运动展示大会。

拓展运动多在公园、空地、山野、水面等自然地域开展,有很大的可塑性,深受广大群众的喜爱,便于开展和普及。拓展竞赛要求运动员不但要有很强的团队合作能力和意识,而且要具备登山、攀岩的技巧和体能,还要熟练掌握登山器材的使用。

近年来,随着我国社会经济发展,群众体育力度加大,许多高校、俱乐部等都热衷开展此项运动,推动了拓展运动的开展。2010 年 7 月底在吉林省吉林市北大湖举办的首届全国户外拓展大赛有 28 支代表队、近 200 名运动员参赛,是国内首次组织开展的规模最大的一次全国性拓展运动赛事。

此次拓展大赛的相关负责人表示:"拓展运动竞赛是拓展训练发展的结果,当然我国的拓展竞赛还处于低价竞争阶段,举办此次赛事旨在统一竞赛设施标准、完善竞赛规则、提高竞赛水平,推动我国全民健身运动的开展。"

第二节　拓展训练的理论基础

　　拓展训练实践技术是活动能够顺利开展的重要环节,除此之外,理论知识具有同样重要作用。无论在课程设计、实施和评估中,都会运用到相关学科的知识,注入管理学、教育学、统计评价等方面的理论。同时,这些知识对于拓展训练本身的理论构建与研究也同样重要。正是相关学科成熟的知识体系在拓展训练中的大胆运用,使拓展训练本身显得更加充实,这也为拓展训练的发展起到了极其重要的作用。同时,相关学科也以拓展训练为学习载体,将其理论变得更加丰富、直观、易懂、有趣,使学习者有更多的机会在暗含其理论的活动项目中体验与感悟,在活动后巩固那些终生难忘的知识。下面简单地就几个相关理论对拓展训练的帮助做些简单的介绍。

一、成人教育学理论

　　拓展训练的一个重要的理论来源是成人教育学。由于参加拓展训练的学员大多是成年人,组织这种培训需要考虑成年人学习的特点和规律。成人学习主要有以下特征。

　　——成人的行为在很大程度上依据来自内部和外部的压力而变化,因此成人可以不断地从自己的生活经历中学习;

　　——成人的认知结构(或对事物的看法)对其自身的学习有很大的影响,这种认知结构主要来自于他们过去的经验以及他们自己对所获得的总结。成人的学习效果来自他们对问题的理解和分析,而这种理解和分析离不开他们自己的生活经历、工作经验和已获得的知识水平;

　　——成人需要在一个安全、被接纳的、具有支持的环境中学习。他们过去获得的经验需要被认可,并能够在学习的过程中得以充分利用;

　　——成人学习的目的往往是为了解决当前的问题,满足自己的需要。因此,成人喜欢看到自己的工作成果,需要教师不断地对自己学习的进步进行监督,提供反馈;

　　——与儿童相比,成人学习更具特异性,个体之间的学习习惯和学习方式具有较大的差异。

　　上述成人学习的特点决定了组织成人学习的一些基本原则,这些原则在拓展训练中应该充分考虑。

　　——学员自己是最丰富的学习资源,应该在培训中加以充分的利用;

　　——学习应该与学员的实际生活和工作相联系,新的知识应该与他们的已有知识相关;

　　——学习不能强迫,只能引导;

　　——学员自己应该积极参与到学习的设计和实施中;

　　——提倡做中学,自己动手,在做中感悟和体悟;

　　——鼓励培训者和学习者一起学习;

——营造一个轻松、愉快的环境,使学员在没有防御的心情下学习;

——鼓励成功,多表扬,少批评。

二、经验学习圈(the experiential learning cycle)

拓展训练的起源、原则和哲学,都是基于经验教育的基础(Gass,1993)。经验学习圈理论认为在个人成长的过程中,要想产生学习或行为上的改变,需强调直接性体验(Dewey,1938)。所有的改变均需要某种形式的经验作为来源,而经验学习者应尽可能接近此来源基础,这种知识的转移过程,比其他形式的学习更有价值。因此,经验学习通常要求学习者具备解决问题的能力和好奇探究的态度。它通常被定义为在做中学习和反思(learning by doing and reflection),是一种积极主动而非被动的过程,要求学习者具备自发性动机,并对学习本身负责。

经验学习圈是拓展训练的主要基础理论架构,也是经验教育的主要学习模式。不同的学习者对经验学习圈有不同的看法,包括 Lewin、Dewey、Piaget 及 Kolb 等人都曾提出自己的模式(Kolb,1984)。拓展训练的经验学习圈主要由既独立又密切关联的五个环节组成,五个环节如下:①体验:此乃过程的开端。参加者投入一项活动,并以观察、表达和行动的形式进行。这种初始的体验是整个过程的基础。②分享:有了体验以后,很重要的就是参加者要与其他体验过或观察过相同活动的人分享他们的感受或观察结果。③交流:分享个人的感受只是第一步。循环的关键部分则是把这些分享的东西结合起来,与其他参加者探讨、交流以及投射自己的内在生活模式。④整合:按逻辑的程序,下一步是要从经历中总结出原则或归纳提取出精华。并用某种方式去整合,以帮助参加者进一步定义和认清体验中得出的成果。⑤应用:最后一步是策划如何将这些体验应用在工作及生活中,而应用本身也成为一种体验,有了新的体验,循环又开始了,因此参加者可以不断进步。

三、自发性(选择性)挑战(challenge by choice)

自发性挑战是拓展训练的中心思想之一,意指所有学员在活动过程中,有权利选择参与活动的程度。如果个人因为正当理由而感到不舒服,或不肯定是否参与某项活动,则可以选择不加入活动在旁观察。但这并不表示个人可借着自发性挑战的理由,在活动中消失或离开团队,团队尊重个人对活动的参与程度低,而个人也应以正面积极的态度增加团队的经验价值,即使是扮演一个不活跃的角色,但仍与团队共同出席,这才是自发性挑战的原意。

四、全方位价值契约(full value contract)

全方位价值契约是拓展训练中最有价值、最重要的观念之一。该学说是基于下列信念:团队中的每位成员与团队本身均有价值,这些价值进而结合为团队的行为指导方针(Ellmo & Graser,1995)。因此,全方位价值契约乃是以团队成员的共同努力,发觉正面积极价值的一种过程。它通常表现在鼓励、目标设定、团队讨论、宽容精神以及冲突处理上。全方位价值契约促使团队肯定下列四种价值：自我、他人、学习团队和学习的经历/机会。因此，在成为拓展训练的学员时，每个人均须同意承认团队所制定的价值契约。

五、学习转移理论（transfer of learning）

拓展训练真正的价值或效能，主要根基于学员在活动中所学到的经验，能否有效地应用到未来的工作和生活中，此一效果可称之为学习转移（the transfer of learning），或转移（transfer）（Gass，1990）。拓展训练学习转移理论主要有三种，可用以解释为何在拓展训练中的经验，可以转移至日常生活中的学习和成长中，即特定性转移、非特定性转移（Bruner，1960）和隐喻性转移（Gass，1990）。

（一）特定性转移（specific transfer）：

当学习者将初始的学习经验转移，应用到与其相类似的情境当中，心理学家称此现象为特定性转移，它也可以说是习惯的延伸和联系。如个人在活动之初，学习到如何以绳索套到木栓，当学习应用绳索的过程，养成了确保安全的习惯，而面对攀岩垂降时，就能自然应用手部技巧作刹车的功能。

（二）非特定性转移（non-specific transfer）：

如果学习者并不是以技巧基础，而是将原先的知识经验转变成普遍化的概念，运用到另一新的学习环境，比如学员在背摔的活动中，学习到如何"给"和"取"的关系，彼此相互支持，培养信任感。当学员面对生活中的环境时，就能将上述的美好经验，实际应用在同伴或同事间，发展信任的互动关系，建立高效能的团队。

（三）隐喻性转移（metaphoric transfer）：

此一转移同样也需要学习者将某一情境中的学习经验，普遍化至另一情境中，但在这一理论中，被转移的原意并非结构上相同或共通的，而是相似的（similar）、类似的（analogous）或隐喻的（metaphorical）。例如两人在做双人天梯时，学习到彼此动作要如何协调、有默契，目的一致的重要性，但做天梯的经验不是和实际的生活经验完全一致，而是相类似，因而将经验转移、应用到企业团队的分工合作上（Godfrey，1980）。

决定是否为隐喻性转移的主要因素，是介于隐喻性情境和真时情境结构相同的程度，如果学习者相似的程度高，那就是彼此互为隐喻性经验（Bacon，1983）。

运用学习转移理论，最常犯的错误之一就是缺乏学习转移计划。要有效地发挥其效用，就必须有计划的评估和规划。而且不只是选择合适的理论，还需选择能增强转移的技术和活动（Gass，1990）。此种技术有很多种，如何选择，必须根据此种技术是否能转移特定计划目标的能力，以及根据规划者所采用的转移理论而决定。Gass（1990）提出十种在拓展训练中能运用的学习转移技巧：

①在课程/方案/学习活动实际实施之前，先规划转移的条件。有些步骤可以增加在拓展训练中的学习转移，如：参与者先确认、发展和建立改变意愿的承诺，学员对自我的学习经验设定目标，为学员写下和设定合适的学习目标，使学员设下的目标能够创造学习转移的坚定承诺，基于学员的能力而设定适当的活动。

②创造和未来学习环境可能发生的要素相似的环境，如此才有可能达到正向的学习转移。

③当学员还在系列项目的进程中,就要提供学员练习学习转移的机会,因为此时是最佳的学习时机,能够得到团队成员最及时和强烈的支持和反馈。

④促使学习的结果是自然发生的,不要人为地干预。教练太多的介入,以及用外在动机的作为诱因,会降低其学习转移的效果;内在的动机会让学员更愿意承学习责任。

⑤提供学员方法能内化(internalize)自己的学习经验。常用的是透过自我察觉和省思,并将之口语表达出来,可增加转移的效果(Kalisch,1979)。另外还有使用隐喻或是独处的方法,来协助学员认定他将在未来如何运用这些经验。

⑥邀请过去有过成功经验的学员来参加拓展训练,借着良好的学习典范,来让学员有所预想和期待。

⑦邀请对学员而言有重要意义的他人(significant others),一起参与活动,如重要的朋友、父母、咨询员、社工人员、老师等,都是很好的增加转移效果之方法。

⑧尽可能让学员负担更多的责任,如此不仅可增进学员的动机,而且能激励其在未来的经验中运用以前所学。

⑨强化有助于实现学习转移的效果。常用的学习转移技巧的有进化(processing)、分享讨论(debriefing)和催化(facilitating)等。在活动进行的过程中,尽可能地分享、讨论、回顾,而不只是在活动结束前才进行。

⑩提供学员能持续追随的经验(follow-up),帮助学习转移。当学员开始将其经验转移时,要追随活动(如持续性的沟通、对学习的决定、过程的选择和反馈)的出现,将会增强其转移的能力。

通过以上的描述,可知拓展训练经过有效的规划与安排,可以将在活动过程中所得到的经验,经由学习转移理论运用到未来的学习与工作中。加上经验学习阶段的操作、讨论和反馈,可将活动情境中的体会、启发,运用到真实生活的世界,发挥体验学习的效用。

【复习思考题】

1.拓展运动源于什么样的故事?

2.支持拓展训练价值的主要理论有哪些?

第二章

拓展训练模式

实操案例

在拓展训练的一天活动中,我们深刻的体会到了团队的力量大于个人力量之和,并且成功必须同时属于团队的每一个成员。团队的力量是巨大的,有很多事情必须同时属于团队的每一个成员,有很多事情必须靠团队里每一个成员相互协作、共同努力才能完成。某乐园的每一个项目都是团队项目,不是单凭一个人的智力、体力和能力就能很好地完成的。它的最大特点就是群策群力,一个人的成功不能代表整个团队的成功,只有各个团队中的每个队员相互团结,相互帮助,相互信任,才能共同完成团队的目标。在本次拓展的过程中,每个队的队员之间最关心的都是如何组织、协调及配合好,而不是只要自己做好了就可以了,队员对团队的关注已远远超过了其自身! 团队合作的精神更是发挥得淋漓尽致。

在所有的训练中,印象最深的就是"翻越毕业墙"这个项目。毕业墙高4.2米。严格的教官告诉我们:"没有任何保险措施,什么道具都不能用。全队学员必须在不违反规则的情况下,在规定的时间内全部翻越毕业墙才算成功。你们的拓展训练才算毕业。"怎么办? 只有靠自己,靠每一位队员的智慧,靠团队的力量。最后大家协商的结果是用搭人梯的方法,第一排左边、中间、右边各站一人,踩着他们的肩膀上去,先爬上去的人再用手拉下面的人上去。每一位队员心中都暗暗鼓励自己要勇敢,踩上队员肩膀的时候,身后有几十双大而有力的手顶住背部及臀部,一股力量在支持我们向上攀越,一种从未有过的安全感油然而生,也充满了勇气。最后,当所有人出色地翻越过毕业墙后,大家高声欢呼,辛勤的汗水、成功的泪水交融在一起。这个训练项目告诉我:挑战自我,没有不可能的事,不要因不可知而畏惧,不要因从未尝试而放弃。要重新认识自我,超越自我。只有团结一心,众志成城,各项任务方可顺利完成。

一个人无论做什么事,能力往往不是决定因素,更重要的是你具不具有强烈的成功愿望,有没有锲而不舍的意志,有没有勇往直前的勇气,有没有与你共同拼搏的战友。现实社会中、工作中,我们在提倡个性张扬的同时更多强调的应该是团结与合作,不管是部门内,还是部门之间,只有精诚团结,每一个人把自己的全部身心交给自己的团队,我们的工作才会一步步跃上更高的台阶。

拓展训练结束时,每个队员脸上都闪耀着自信,是的,我们战胜了自己,我们在一起是最棒的,因为我们是一个团队。

第一节　拓展训练准备

一、了解拓展训练对象

不同行业、不同环境、不同领导风格的参训群体有不同的特征,不同性别、不同民族、不同年龄层次的学员在培训活动中也会有不同表现,因此,课程设计的优劣以及其后的一系列环节,能否有好的效果,都和对参训群体的前期分析有密切关系。

对于同在一家公司的不同员工群体,也会有不同的差别,我们对此要有足够的了解。像某IT公司的研究院与其一线生产人员的管理风格不相同一样,拓展训练的项目对于结果的要求也不尽相同。

对于一个准备前来参训的团体,努力了解他们的行业特征以及换位思考他们想要的培训结果,这是一种负责的态度,也是培训机构必须要做的。

二、构建拓展训练方案

拓展训练方案的构建是依据对参加群体的特征与需求进行调查分析,制定出尽可能满足学员要求与最能表现训练结果的课程。

拓展训练方案的构建要以整个团队的学习目标为主旨,课程项目要有针对性;如果学员人数较多,需要分成多个小组时,必须让所有的拓展教师都了解此次培训目的;主要项目的活动安排应该有相同的基调,要设计好项目与场地的轮换顺序;设计方案时必须了解拓展教师对于课程顺序的偏好与调节能力,为了达到好的效果,拓展教师可以留有一些备用项目,但整个课程的训练必须有异曲同工之结果。

（一）分组

对于需要几个小组（队）同时训练来说,开始的分组也是至关重要的,如何分组也应与委托方进行前期沟通,或是在学校班级集合报到前做好准备,建议不要总是让学员自己选择伙伴、组建团队,这会导致他们总是和自己喜欢或熟悉的人在一起。要充分发挥组织技巧,尽量去鼓励整体的融合,而不仅仅是小团体成员之间的亲密无间。通过对团队人员的组织安排,你甚至可以使平时的仇敌在活动结束后成为伙伴。

（二）了解

对于拓展教师来说,一定会面对不同的学员,有企业人员、事业团体、管理课程班或是普通学生,这些人有他们独特的群体特征,个别人还会有他们特殊的愿望与要求。我们不能指望一套课程就能够解决所有的问题,也千万别指望他们会有同样的需求。多了解各种群体的特征与需求,多做一些准备,随时准备应付计划之外的事情才是明智的选择。

(三)程序

具体内容的设计比较理想的顺序是以"破冰课"类开始,首先介绍拓展训练的常识与学习目的,然后安排一个小的项目,让学生感受"体验式学习"与传统学习方式的不同。尽快让小队的成员熟悉起来是"破冰课"的重要内容,安排一些消除拘谨的项目,鼓励小组(队)做一些突破常规的事情,这些小活动在很短的时间内就能够打破"坚冰",至少能使拓展教师与学生之间不再那么隔阂。

三、实地布置

场地布置是按照活动项目的内容特点,合理利用活动环境,准确地布置所需器材,使其具有项目要表达的真实性。场景布置也包括拓展教师布课时所描绘的情境。

布置课程用具必须提前完成。最好不要当着学生的面去布置和检查器械,这会造成在布课中"泄露机密"。当然这样也会使课程的连续性受到影响,至少比较浪费时间。

拓展训练课程经常需要一些特殊的道具,比如为了表现黑夜的环境、受伤无法明视、对现状无所了解等真实或模拟的情景,会让学生戴上一个"眼罩",使其更加真实地感受当时的状况,此时眼罩的使用时间、使用时机对于完成任务起着至关重要的作用。

有些项目要求完成得精细,同时任务本身又极易出错,所选用的器械与道具就显得尤为重要了。比如:鸡蛋保卫战、孤岛求生中,选择用鸡蛋作为一种道具进行,鸡蛋必须是生的,只有在破裂的瞬间所感受的挫折、失败感才更为真实,所以不能用熟鸡蛋代替。一旦我们随意地改变器具就有可能使课程从布课开始产生偏差。

当然,无论你怎么布课,如果挑战不成功,都会有学员认为你当时没说清,所以,在布课时就应该清楚记得自己说过什么,可以在随后的回顾中正确引导。

四、设计班前会和晨练

(一)班前会

班前会是拓展教师在做一个拓展训练项目之前召开的准备会议。设计班前会主要包括三方面的内容:第一,拓展项目负责人要把参训单位的基本情况、他们的培训需求以及结合培训需求所设计和安排的项目与带队的拓展教师进行沟通,使他们明确此次项目的任务和目标。第二,根据学员情况制定课表并分配落实工作任务,确定带晨练、挂器械、带活动操的教师。第三,项目负责人提出工作要求,一是敬业精神,二是强调安全,提醒各位拓展教师保持高度警惕,不能有丝毫懈怠和侥幸心理。

班前会原则上要开得简单明确,责任到人,该说的说完后即刻散会,因为,热身之后,时间已经比较晚了,要保证拓展教师有充足的睡眠,这样他们才会以最好的精神状态投入培训,也才能高度关注学员的安全。

(二)晨练

以团队训练为主旨的拓展训练,晨练已经被赋予了重要的意义和目标。晨练是与整个培训内容息息相关的,因为在这两天的培训中,每时每刻都要传递给学员们一个信息,要在任何时候为自己的团队贡献力量。因此,在晨练的设计上,要保留了最初晨练的积极意义,又增加了团队建设的内容。

晨练应当有两个阶段,第一个是充分活动身体,第二个是游戏或竞赛活动。在跑步之前,教练会带领大家先做几节关节活动操,身体充分活动之后,再去跑步,跑步的时候要遵循"慢—快—慢"的原则。

跑步结束之后,让大家自由活动3～5min,把气喘均匀,然后拓展教师把所有的队长叫到跟前,布置项目的竞赛规则。如果担心他们听不懂、记不住,可以给每个队发一张卡片,即规则,也是执法的依据。

在晨练的控制上,应当注意以下几个方面:

①在身体活动充分的情况下,做一些有助于团队建设的游戏和活动,最好带有竞赛的性质,这样可以调动学员的参与热情和唤起学员的集体荣誉感,比如组织大家唱队歌或喊队训。

②在做游戏的时候,要注意选择,就是要选一些学员能够充分参与的游戏或项目,不能有的人在动,有的人在看。

③晨练的强度不宜过大(除非有锻炼意志的培训需求),不能把它变成体能训练、魔鬼训练。这有两个好处,第一是避免晨练过于疲劳影响正常训练,第二是避免发生安全事故。

如果在野外或不熟悉的地方做晨练,需要多一些培训师参与。

④因为晨练要早起,可能学员们并不情愿,就免不了发生迟到的现象,在这个时候,培训师必须坚持原则,按约定惩罚迟到的学员。在热身的时候培训师就需要特别强调迟到的惩罚措施,这样因为担心受罚,队长们会挨门挨户地把自己的队员叫起来,就不太会有迟到的学员了。

⑤时间控制在30～35min比较合适,如果早餐时间为7:30,那么集合晨练的时间定为6:50比较合适。

第二节　拓展训练模式

一、拓展训练的角色

在拓展训练前,没有人是真正意义上的老师,因为拓展过程对于培训师和参与者都能带来新的体验,从中学习到的"东西"也是各有差别。拓展训练的宗旨"从做中学"淡化了培训师的教师作用,他们成了活动的旁观者或者也化身为参与者,同时与学员一起分享活动过程中的得失与体验。

拓展培训师在淡化"教"的职能之下反倒多了更重要的身份,即他必须成为兼顾多项的"总导演",肩负起活动的策划者、场景的布置者、规划的执行者、气氛的制造者、安全的监督者、流程的疏导者、矛盾的化解者、知识的提升者等多项职能。

与传统的教师教学有所不同,拓展训练中培训师的角色从讲授者转变为引导者,有的仅仅只是活动的推动者,使活动的主体成为学员本身,可以给他们更多的体验空间。

在整个拓展培训的过程中,培训师要注意与学员的文化对等,不主张居高临下式的灌输,而是交流与倾听并举,努力激发学员参与活动与畅言体会的兴趣。

成为优秀的拓展培训师需要具备以下素质:

1. 充足的知识

优秀的拓展培训师具备丰富的知识,不是单纯地掌握活动的流程即可,而是能够将整个活动推向更高的层面,确保活动高效率、高质量地完成。尤其在"总结交流"的环节中,更需要培训师恰到好处的点拨和指引,从而使拓展活动达到事半功倍的效果。

2. 丰富的阅历

拓展培训师的阅历是将理论与生活相联系的一座桥梁,在人生阅历中收获的情感体验与人生领悟比单纯的大道理更能打动人。因此,优秀的培训师通过分享其生活中所得,能够在活动环节的起承转合中起到画龙点睛的作用。

3. 清晰的思路

清晰的思路对于拓展培训师而言是顺利且有效率地完成活动的重要因素。在紧凑的活动中,不主张培训师的随意发挥和天马行空式的指导。

4. 适度的幽默

幽默具有打开人与人之间屏障的神奇功效,它是一种智慧和敏捷反应力的综合体现。一个优秀的培训师会懂得在适当的时机通过幽默赢得学员的好感,同时增进活动的友好氛围。面对学员的不当之处,幽默也能使他人更易接受批评和指正。因此高雅而不流于庸俗、自然而不流于造作的幽默会使学员如沐春风。

5. 耐心与细心

每一个拓展培训师都会面对训练过程的种种难题,例如学员的散漫、放弃、不配合等等。而对于培训师而言,这不应该成为活动中的不和谐因素,因为原本所面对的学员就是具有多样性的。温和的鼓励、耐心的指导以及细致的辅助,将会使学员从中获得信心和勇气,敢于接受一次又一次的挑战。

二、拓展训练的教学流程

大卫·库伯提出的体验式学习理论的流程表现为体验学习圈:活动(体验)→发表→反思→理论→应用→活动(体验)。但从人们的认识规律来看,拓展训练结构的理论涉及人的感知的体验、分析综合的思维、解决问题的行动等各个侧面,其三者关系为:活动体验(感知)→综合分析(认识)→解决问题(行动)。以上关系在拓展训练中具体表现为五个既独立又密切联系的标准流程:训练→感受→分享→总结→应用。

(一)训练

这是拓展训练关键的第一步——体验。体验教育是拓展训练的专门术语,也是拓展训练活动中必不可少的内容和不可逾越的阶段。任何一个训练项目的开始都是学员在培训师的指导下去经历一种模拟的场景,去完成一项任务,并以观察、表达等行动的形式进行,这种初始的体验是整个过程的基础。拓展训练中所进行的各种活动都是体验型的实践活动,它可以与各种不同理论背景的指导方法结合起来。拓展训练机构都可以根据受训团体的预定目标来制定训练课程大纲,也可以根据各自的环境和条件来设计训练课程大纲,而且还可以根据各种专家的立场去应用课程大纲。

(二)感受

学员在拓展训练中置身于模拟的场景时,容易得到最真切的感受。这种感受是全方位的、活性很强的、印象深刻的。每一位学员由于自身认识水平有高低、认识问题的角度或切入点不一致,在活动的体验中会产生各种各样的看法。在这些不同看法的影响下,活动的结果有可能是成功,也有可能是失败。我们没有必要强调活动的成功与失败,但要引导受训学员从失败逐渐走向成功,要通过"成功"活动的体验,让人们有亲身感受,获得第一手资料,这是认识的初级阶段,而这正是拓展训练活动的魅力所在,也是拓展训练活动能够适应多种实用性问题和多种现实需要的主要原因。这一阶段中,受训学员可以充分表现,拓展训练指导教师只是根据事先规定好的规则,把握和控制活动进行的时间和节奏。

(三)分享

分享主要是采用回顾的方式进行信息交流,让受训学员把自己的看法、感受与同伴分享。通过分享与交流使众人掌握较为全面的信息,从而对事物的认识有一个较清晰的轮廓。学员在拓展训练中多动脑、勤思考,就会获得亲身的体验与感受。在一个团队中,每个人都把自己的感受谈出来与同伴分享,这样,每个人都会从他人的回顾中得到数倍的经验,这也是拓展训练的一大魅力所在。在这个过程中,拓展训练指导教师会鼓励学员积极地发言,灵活运用提问等技巧引导大家的思维在原有观点的基础上更进一步,群策群力,使众人的观点朝着正确的方向前进。

(四)总结

通过分享,我们对拓展训练的体会有了初步的认识,这时就需要把人们已获得的认识上升到一定的理论。拓展训练指导教师就要根据大家讨论的结果,结合相关的理论知识进行归纳总结,把学员的认识从感性认识提高到理性认识。此时,作为拓展训练的指导教师就应按拓展训练预定的培训目的进行讲解和点评。这时进行理论讲解,就使得有了亲身体验的学员比较容易听进去了。拓展训练指导教师自身的理论水平如何,直接影响到拓展训练的整个效果,这是拓展训练成功与否的关键。组织活动项目几乎人人都会,讲解与点评才真正反映出一个拓展指导教师和一个拓展训练机构的质量水平。讲解漫无边际,胡诌乱编,往往会降低训练的效果,让训练流于形式,甚至会引起受训学员的反感和受训单位的不满。讲解清晰、有理论深度是对受训学员前一阶段所获认识的进一步深化和体验的强化,可以帮助受训学员从感性认识上升到理性认识,实现一个质的飞跃,达到训练的预期。特别需要注意的是,拓展指导教师对受训学员的表现和认识程度的肯定性评价与他们的感情或感觉有着很深的关系。人们由于自身价值得到认可,并通过活动提高了自己的自尊感情,往往可以激发个人潜能,形成良好的团队心理气氛,使团队凝聚力得以增强。这一阶段是将受训学员的体验上升为理论,即从感性认识到理性认识飞跃的过程。此过程中,指导教师重新突出了自己的主导地位,是活动的灵魂和核心。

（五）应用

点评结束还并不能称之为万事大吉。要启发受训学员将拓展训练中所获得的经历体验和理论认识放回到实践中去检验与应用,这才是受训单位的初衷与最终目的,这也是拓展训练的延伸。这个过程是完成认识从实践中来,最终用来指导实践的循环上升的过程,是在培训之后的生活和工作中由学员自己实现的。这也是拓展训练的终极意义所在。此阶段,拓展训练机构做好后期回访工作,验证训练效果,对提高拓展指导教师的水平至关重要。

【经验性训练】

设计拓展训练活动方案。以企业发展目标需求分析为例。

1.需求目标分析

（1）需求分析

随着企业运营的不断发展,组织内部成员背景多元化,加之新人的不断加入,如何建立更有效的内部沟通机制并让团队成员快速理解和通融组织的目标,将成为企业新形势下的新问题,同时,如何不断完善公司团队建设管理同样不容懈怠。

（2）目标分析、预设

新人融入:组织内部成员多元化背景,自身所积累起来的知识和素质无论从方向和深度上都可能存在很大差异,特定项目让新人亲身参与能快速互相理解建立共同语言,从而让新人自发放弃与组织统一目标不协调的习惯行为。

（3）有效沟通

通过特定项目再现企业实际管理和沟通环节的情境,让学生在项目学习过程中主动尝试和探索建立高效沟通的方法,在实践中解决企业不同部门、不同层级间经常遇到的管理和沟通障碍,从心态上解决沟通的根本问题,进而有效提升企业的管理绩效。

（4）团队建设

结合一个高效团队成长过程中主要环节的所见、所思和所为,在项目模拟过程中给予真实情境,引导学生全情投入,在一个开放公平自然的氛围中,学员沟通无阻,让学员不断释放自身潜在的技能,鼓励坦诚交流,让学员深感被尊重、被认可;在协作中找到最佳协作方式,增强团队凝聚力,从容有序面对困难和挑战,为一个统一的目标,大家自觉认同必须承担的责任并愿意为此而共同奉献。

2.课程设计分析

结合组织运营目标实施过程,每个团队及团队成员在不同成长期不同变化的特点,通过每个拓展项目侧重点折射出这些现象。引导学员亲身体验、自发感悟、快速理解怎样才是真正同企业共脉搏的企业人。同时,让学员直接面对达成目标过程的困难和障碍,体悟理性分析解决问题的重要性。

从建立自信、体验自我、达成目标的个人项目中领悟组织中自我价值的实现与团队的共同目标的达成是相辅相成；从相互信任、沟通无阻、相互激励、积极热情的团队项目中领悟高绩效的团队是每个成员能力发挥的交集，而非并集。

【复习思考题】

1. 实施拓展训练的基本流程是什么？
2. 成为优秀拓展教师的基本素质有哪些？
3. 拓展训练的教学流程是什么？

第三章

拓展训练过程

实操案例

拓展训练令人体会最深的不是项目本身,而是做完项目后培训师告知的道理,让我们真正认识到这些项目的具体含义,并增强我们团队的力量、协作的力量。每个项目的启发都是不小的财富,但总结起来就是在"破冰"的时候培训师提出了 4 个观点——文化、态度、心智、体验,并通过不同的案例告诉我们这 4 个词所包含的意义。每个企业要有自己的文化,每个员工不论自己的职位高低都要有良好的态度以及心态,每个人都要有自我成长的智慧,在困难面前不要轻易放弃。

1. 文化

首先一个企业的文化就能从每个员工的身上体现出来。企业能不能在激烈的竞争中存活下去靠的也是企业里的每个人。培训师讲的是一个国企走向衰败的案例,让我们深刻地体会到我们每个人的肩膀都在承担着企业的兴衰的重任。员工的松散、拖沓都能表现出这个企业的管理等问题。

2. 态度

态度决定一切,在工作上要有决策,在生活上要互帮互助,有些时候只有忘记自己的身份,融入团队中才能起到真正的作用。培训师给我们的讲的是一些高层领导在接受拓展的时候并不是把自己看成领导,而是全身心地投入到训练中。态度决定了一切。

3. 心智

做什么事情都要有思想,成功者肯定是勤于思考、有心智的人。培训师给我们讲的是等电梯的一个职员发明壁挂式电视机做广告的案例,他收集资源,利用最少的资源创造最大的利润。

4. 体验

没有体验就没有发言权,只有当你尝试过你才能做出评价,培训师给我们讲的是一个高空跳台的小案例,当你没有尝试过时,认为它是不可能完成的,当你尝试过后才知道它并不是想象中的那么困难。

第一节 破冰课程

热身——培训术语,也叫破冰,来源于英文"ice break"。现代培训认为,培训老师与学员初次接触时会有陌生感,如同冻结的冰块,如果立刻开始授课会影响培训效果,因此应该通过特别设计的活动和游戏来消除两者之间的陌生和怀疑之后,再开始正式授课。这种通过做活动和游戏消除"教"和"学"双方隔阂及调动学员学习热情的方式被称为"热身"。

任务一:热身游戏

破冰游戏是户外拓展培训的热身活动,旨在打破学员之间的陌生感,打破人与人之间的隔膜,活跃现场气氛,让学员习惯户外拓展训练的培训方式,对拓展训练的考验有心理准备。

破冰游戏开始前,教练员必须将学员组织成列队,清点学员人数,进行自我介绍,说明拓展训练的目的、方式、时间安排等,让学员对拓展训练有一个大致的了解。然后开始讲明破冰游戏的规则,再开始破冰。

破冰一般可以采用游戏破冰,让学员们在一个个设计巧妙的游戏当中与队员熟悉,也可以采用自然式破冰,就是让学员在规定时间内与队友交换姓名等相关的个人信息。破冰游戏同样可以运用于建立小组,如生肖分组等游戏。

破冰理念:

①让参加培训的学员清楚了解体验式培训的培训方式。

②积极参与培训对自己、对团队、对企业的重要意义。

③提出强企团队培训对学员的要求:百分之百地用心投入到每一个项目的体验活动中。

④注重自己的项目感受,注意观察团队成员。

⑤付出就会有回报,获得的回报应该是方方面面的;体验式培训是"立体的体验",也会获得"立体的感受"!

破冰游戏:

①全体队员分成3~4个队。每队由一名培训师及助理培训师主持、配合本队活动。

②各队推荐或自荐队长和旗手各一名。

③编队歌。可自编曲,也可原曲填词,要求简短。

④起队名。形象、有意义。

⑤队训。文字简练、朗朗上口,具有震撼力。

⑥制作队旗。共同创意,队徽简单、蕴意深刻。要求全体队员在队旗上签名。

⑦各队相互展示、解释队名、队歌、队训、队旗。

任务二：团队文化建设

加强团队文化的建设对企业的发展有着一定程度上的积极意义。团队已经成为众多企业实践企业文化管理过程中强有力的核心价值观。团队建设也已经成为各行业文化深植过程中一个至关重要的课题。加强团队文化的建设具有一定的重要性和必要性。

拓展训练是通过体验的方式，达成团队凝聚力提升的目标，但是这种热度会随着工作渐渐恢复如前。那么如何提升团队的凝聚力？如何参加拓展训练呢？在拓展的过程中这种快乐的体验模式让团队感受到实实在在存在的团队凝聚力。那么管理者如何利用这个机会来发现和挖掘团队应该改善的地方，并在工作中积极地执行和贯彻呢？在拓展训练中，通过不断地演练和深化团队危机，恰到好处地分享得失，将拓展中体会到的理念与团队建设相融合，这样的团队才会更强壮。

一、建设团队文化的方法

（一）选好优秀的团队领导

团队的领导有两类：先锋型领导和赤字型领导。前者往往会身体力行，试图通过榜样的力量培养团队成员同样的品质。后者强调的是领导要善于根据薄弱环节进行补差，团队缺乏活力，他就提供活力，团队缺少控制，他就提供控制；前者强调对现有资源进行激发，后者强调为团队成员提供发挥才智的空间；前者突出领导对团队要求些什么，后者突出团队对领导要求些什么。当前组织结构的扁平化、知识更新的加速化倾向日益凸现，赤字型领导应当成为一种首选模式，注重去培养下属，鼓励和支持下属承担更为艰巨的任务。

成为赤字型领导必须会要求不同层次的管理者进行适当的角色转换。企业的基层管理者们必须实现从传统的经营实践者角色到充满进取精神的企业家角色的转变，中层管理者们必须实现从行政管理者到支持辅导型教练角色的转变，高层管理者们则必须实现从资源分配者到制度建设型角色的转变，高层管理者的主要贡献是为组织提供一种视野和活力。

（二）满足团队运转所必须的四个关联条件

一是团队内必须充满活力。活力可以通过员工的创造性、工作热情、和谐的团队氛围体现出来。二是团队内必须有一套为达到目标而设置的控制系统。三是团队必须拥有完成任务所需的专业知识（包括技术专业知识、关于运作方法的知识以及政治知识）。四是团队必须要有一定的影响能力。特别是团队里要有部分不仅在团队内部有影响力，而且在团队以外的更大范围内也有足够影响力的成员。

（三）加大团队管理上的授权

团队工作的宗旨就是委托与放权。一个普通的团队领导者必须经常性在权力下放与权力控制、指令式风格与协商式风格之间做出分析、判断、比较、抉择。以团队为基础的管理结构并不是指简单地摆脱权威体系的束缚，而是要求领导者学会改变组织内权力的运用方式,改变对员工的评估标准体系。

（四）给予团队管理充分的尊重

一是特定团队内部的每个成员间能够相互尊重、彼此理解,否则,一个团队将无法运行而走向解散。二是组织的领袖或团队的管理者能够为团队创造一种相互尊重的氛围,确保团队成员有一种完成工作的自信心。人们只有相互尊重,尊重彼此的技术和能力,尊重彼此的意见和观点,尊重彼此对组织的全部贡献,团队共同的工作才能比这些人单独工作更有效率。

（五）建立成员间的技能互补、角色分工的团队

团队内应该同时有三种不同技能的人:一是需要具有技术专长的成员;二是需要具有能够发现问题,提出解决问题建议,并权衡建议做出比较性选择的决策技能的成员;三是需要若干能够协调解决冲突,处理人际关系的成员。无论缺少何种类型的人员,团队都不能高效运转。因此要充分注意到个体能够给团队带来最大贡献的个人优势,并使工作分配与成员偏好风格相一致。

（六）培养团队的创新精神

一支具有创新精神的团队具备这样的特点:在团队风气上,能够容忍不同的观点,支持在可接受范围内进行不同的试验;在成员的忠诚程度上,人们愿意留在团队,共同拥有价值观,并愿意为此付出努力;在成员合作方式上,团队成员之间能够坦诚交流,互通信息。这样的团队要有一个长期的培养过程才能形成。领导必须在组织上为团队建设提供如下支持:一是明确团队的目标;二是给予一定的资源,三是提供可靠的信息;四是不断地培训和教育;五是定期信息反馈;六是技术及方法的指导。

（七）支持和利用团队来实现组织的目标

一个积极的、运转灵活的团队不但非常清楚地了解自己的目标体系,而且还会积极主动地与组织的其他部分保持友好的合作关系。一般来说,以任务为导向的团队,往往易于接受新的工作方式。

（八）要高度重视行业文化建设

团队赖以运行的组织文化是团队是否成功的关键因素之一。团队一个很大特点是信任:一是团队成员间相互的高度信任,即团队成员必须彼此相信各自的正直、个性特点、工作能力;二是管理者对团队成员的信任,主要表现为组织过程中的透明度和公开性。为此,行业高层管理者必须致力于创造一种支持团队建设的、开放性的组织文化。这种文化既能支持团队成员积极开发自身技能,建立一种勇于承担风险的自信心,又能接受来自基层对上级管理者制定的战略方案、管理模式的种种质疑,容许团队成员工作中的失败,进而达到团队成员创造性潜能的最大释放。

二、拓展训练在团队建设中的意义

（一）为团队获得更高昂的士气和战斗力

在做拓展训练中,面对高难度和高空体验时,个人是无法仅用自己的力量来完成全部

的课程训练的。自然,团队成员的支持与呐喊成了每个人完成自我挑战的决定因素。当每个参训人员成功完成训练科目时,一种自我成功的满足感和与团队共同努力成功的成就感油然而生。每个人会从心底感谢团队的支持与鼓励,感谢队友的关怀。此时,整个团队的士气与战斗力是在办公室里从来不曾达到过的。

（二）减少流动率和流失率

归宿感是人的需求的一个重要层次。在进行拓展训练的过程中,参训者在成功体验的同时体验到了成功,这种成功来源于同伴的帮助与支持,会让参训者在团体中体会到一种归宿的满足感,会为所在的集体骄傲,会为自己所在这个集体而自豪。经过这样的团队建设后,会加强队员的凝聚力而使其流动率和流失率大大减少。

（三）进行更和谐的沟通

培训中通过参训者之间身体与心灵上的接触使他们的距离贴近,产生无距离感,引起各方的共鸣,达成默契,营造出和谐,从而产生美感。拓展培训使参训者深切感受到沟通的重要性。

团队建设中所需注意的问题:

1.将授课培训与体验式拓展训练相结合

在室内授课时学员所掌握的知识是员工成长的硬件,在户外的体验式培训是使员工互相团结共同奋斗的软件。我们可以将学习的过程概括成下面的公式:

Better Understanding＝Knowledge＋Experience＋Thinking＋Guiding＋Activity

（真正的知识）＝（知识）＋（体验）＋（思考）＋（指导）＋（实施）

在学习中体验是培训中不可缺少的一个课程,要让学员在体验中成长起来是一个重要的过程。所以,我们认为授课与体验式培训是相辅相成的,在授课之后的体验式培训是一种轻松与享受,同时又是一种知识体验的沉淀。

2.注重拓展训练之后的回顾

拓展训练的关键就是要利用训练对队员的心灵冲击让其体会到团队与企业的关系、个人与团队的关系、个人成长对企业的贡献。所以,培训师的回顾与分析是给队员一个重新体验的温习过程,这个回顾会让拓展培训给队员带来的感受在他们心中生根、发芽、蔚然成林。同时,队员要将自己的想法表达出来与大家进行交流,这也加深了队员的沟通与分享。

3.注意培训后的及时反馈

作为培训人员,要使员工将培训结果贯彻始终,就要让培训的结果起作用。因此,培训后的调查反馈十分重要。一个人的记忆程序是:I learn, I forget, I do, I remember,只有让学员意识到拓展训练的记忆,他才会不断地体会其中的道理,因此,要将员工在拓展培训中的各种照片、片断、语言以各种形式展示出来,为员工找到可以用以学习利用的素材,这样才能将这种训练所得的体会运用到工作中去。

拓展训练为团队建设提供了很好的方法,但是是否能将短期的培训效果运用到长期的工作实践中是拓展训练能否成功的重要评判标准。因此,在进行此项培训时,不能用一时的轻松与愉快代替整个培训效果。团队的建设是一个长期的过程,要用柔性管理中的人性管理来建设我们的团队。

第二节　项目实施与分享

项目,是特指在体验式培训和拓展训练过程中,为了达到某种培训目标,引发学员深刻思考而特别设计的活动或游戏。

总的来说,拓展训练的几十个项目可以根据训练场所、参与人数、培训目的等因素分成多种类型,并可以交叉。

一、项目分类

(一)按训练场所分

从训练场所来看,可以分成:场地项目、水上项目、野外项目、室内项目和大型活动项目等五种。

1.场地项目

场地项目是指在训练队场所,利用一些特别设计和搭建的训练设施,在场地上就可以体验的项目。这一类项目更多是一些需要很多器械和设施才能完成的项目。比如"缅甸桥""生死电网"和"勇攀天梯"等。

2.水上项目

水上项目是指一些设计在水上、利用水面才可以实施的项目,例如"帆船航海""扎筏"等。由于受到天气和其他条件的限制,一般较少在拓展中采用水上项目。

3.野外项目

野外项目是为学员在山野环境中设计的项目,比如,徒步穿越、定向越野等。项目的形式可以有两种:一种是自然体验,另一种是团队竞赛。但是在野外的环境里,项目设计的难度比较大,条件艰苦,不确定因素比较多,尤其需要注意安全问题。

4.室内项目

室内项目受环境的影响比较小,通常是所有学员集中在一起进行的项目,这是因为室内的教学环境和各种条件比较利于教学过程的顺利进行以及培训目标的最终达成。所以在一般的拓展训练中,是较多采用的一类。常见项目有"海上遇险""沙漠掘金""疯狂市场"等。

5.大型活动项目

大型活动项目是指为了某一培训需求,使成百上千参训学员共同完成一个任务而设计的项目,比如"龙腾四海""乐章""城市定向"等。

(二)按参与人数分

从参与的人数来划分,有四种:个人挑战项目、双人合作项目、团队合作项目、多团队合作/竞赛项目。

1.个人挑战项目

个人挑战项目是要求参训学员独自完成的项目,此类项目更多是对人的心理素质、意志力、积极心态等方面的挑战。比如"断桥""攀岩"等。

2.双人合作项目

双人合作项目设计要求一个团队中的两个学员组成一队,在相互合作、互相帮助中完成任务,比如"相依为命""天梯"等。

3.团队合作项目

团队合作项目是指需要一个小团队所有成员共同来完成的一个项目,项目的目标无论侧重在哪一点,都是为了提高该团队作战能力的设计,此类项目有"求生""孤岛求渡""七巧板"等。

4.多团队合作/竞赛项目

多团队合作/竞赛项目是所有团队或是共同努力完成一个任务,或是团队之间以各种形式进行竞赛的一种项目,例如:真人 CS 对抗。

二、项目实施与分享

下面以经典项目"背摔"为例,介绍整个项目在实施过程中的几个重要步骤:

任务一:项目介绍

项目介绍是指针对某一具体的拓展项目,培训师在开展实施活动之前需要按相关的程序对参训的学员进行解说,简要介绍该项目的情况。这样有助于在接下来的拓展实践中保证活动的流畅进行,同时确保学员能事前做好心理和生理上的准备,不会由于仓促上马而产生各种不利因素。以"信任背摔"为例:

1.项目名称

信任背摔。

2.项目类别

场地科目/个人项目＋集体项目。

3.场地器材

①绑手带一条。

②背摔台(临时场地需要搭建,高度在 1.5～1.6m,并保证结实稳固)。

③海绵垫一块(作为安全防护)。

④整理箱一个(存放队员的物品,由指定人员看管,避免物品遗失)。

4.人数要求

根据实际人数分组。

5.活动时间

一般每人 2min 左右。

6.项目目标/任务

学员站到背摔台上,背向后,笔直倒下。当其倒下时,台下队员将其接住。

7.培训目标

①培养团队内部的相互信任。

②增强学员挑战自我的勇气和良好的心理素质。

③发扬团队精神、互相帮助以及团队责任感。

④通过挑战懂得突破本能的重要意义。

⑤感悟制度的制定与保障对完成任务的价值。

⑥培养学员换位思考的意识。

任务二：项目过程和控制

学员对项目的挑战是整个拓展训练中最重要的环节,完成项目要求的任务,从中体验预先设计的理念,并得到感悟。因此,绝大部分的项目在设计及实施过程中必须遵循一定的原则,看似简单实则需要付出一定的努力才能完成。这就需要培训师对项目过程的细致管理及对项目的良好控制能力。下面以"信任背摔"项目为例:

(一)项目过程

1.个人挑战部分的学习

①调整好心态后接受队友的"队训"激励,然后沿梯子慢慢爬上背摔台,站到指定的安全区域。

②两臂前举,双手外旋,十指交叉相扣,内旋然后紧紧地靠向身体,由教师绑上背摔绳。

③在教师的引导下移向台边背向"人床"站立,脚后跟超出台面少许,两脚并拢,脚尖相靠,膝关节绷紧,臀肌收紧,下颌微收略含胸。

④调整呼吸,大声地问队友:"准备好了吗?"当听到队友齐声回答"准备好了"后喊"1、2、3",同时直体向后倒向人床。

2.团队接人部分的学习

①身高体重比较接近的两人伸出右脚成前弓步面对面站立,膝关节内侧相触,保持重心稳定。

②双臂向前平举与肩同高,双手搭在队友右肩前,掌心与肘窝都向上,手指伸直,手臂自然伸展进入用力状态。

③抬头看着后倒队友的背,当队友倒下时将其接住。

④当大家接住队友后,慢慢地放下,先放脚,站稳才可以松手,解开背摔绳后换另外一位。

3.安全要求

①提前根据学员的身体状况来决定是否选择做这一项目。

②检查"人床"组成的承受力,尽量将"人床"搭平。

③站上背摔台后应安排其靠护栏站立,移向台边时要稳。

④"人床"排列从背摔台向外按弱、较强、强、最强排列,3、4组安排男生或力量较大的女生。

⑤必须摘除身上的所有硬物,雨天雨衣必须脱下。

⑥要求两肘加紧,并告知是为了确保背摔绳牵引时比较稳固,有助调整方向。

⑦任何时候都不能从1.6m以上的背摔台后倒,头和肩在下落中受力会有危险。

(二)项目控制

"信任背摔"在一定程度上比较依赖教师的组织和协助,所以在项目控制上需要教师把握以下原则:

①教师安排学生一边练习,一边讲解,按照"先个人后团队"的方式进行讲解。

②按照"挑战基于选择"的原则鼓励所有的学生参与挑战。

③观察挑战学生的同时,注意随时保持队形稳定。

④及时了解学生挑战后的身体反应,出现不适状况要立即处理或就医。

⑤按照"近、快、低、稳、准"的要求完成操作。

近:接人队员的脚、膝、肩等部位靠得要近,"人床"离背摔台要近,教师抓背摔绳的手要靠近学生的手,教师离挑战学生的距离要近。

快:教师松手时机选好后松开背摔绳的速度要快,教师下蹲速度要快,教师扶挑战学员后倒后的脚要快。

低:人床平面要以低处为准找齐,避免学生踮脚尖或耸肩提高人床;教师解背摔绳或者观察挑战学生时要蹲低。

稳:背摔台必须摆稳,人床一定要稳,接住队友后放下一定要稳,活动进程要稳。

准:挑战学生站位要准,必须站在人床正中间的位置;教师松手前的微调一定要准;扶脚的时机一定要准。

任务三:项目分享回顾

(一)学员的分享与回顾

分享回顾是拓展训练的重要组成部分,它是在学生体验后按特定的形式,将各自在完成任务时的感想和感受真诚地与团队成员进行分享,总结得失,求同存异,彼此汲取经验。在拓展训练中往往会以"背摔"作为最先进行的项目,因为这一项目规则简单,同时还能拉近成员关系使团队迅速产生凝聚力。

1.分享回顾的方式

分享回顾一般采用轮流发言与随机发言相结合的形式,一个项目结束后,最好每人都有机会发表自己的看法,尤其是最初的几个项目,要保证每个人都有机会发言。分享回顾时经常会提到"圆桌会议",也就是以此为佐证,希望有一个"人人平等"的发言机会。因此作战教师或者队长会提示所有的队员,"每一个人都可以畅所欲言",由于是针对所作的项目就事论事谈体会和感受,往往更能突破现实生活中的身份、职业等方面的束缚。

2.分享回顾的原则

①即时性原则。昨晚项目即刻进行回顾,完成项目时的情景历历在目,每一个人都会有许多的想法,都想在大脑兴奋期内表达出来,这也是真实表达的最佳时机。

②求同存异原则。每一个人都可以说出自己的真实感受,当出现不同想法的时候,一般

不鼓励针锋相对的辩论,各自陈述自己的感受就可以了,不要过多地去褒贬他人的表现。

③密切联系实际原则。所有的分享回顾在谈完做项目的感受后,都会谈及与现实的联系,学习是为了以后更好地工作和生活,因此,如何让拓展项目与实际生活联系起来,是每一位参训者需要明确的最终目标。

④追求卓越原则。许多问题都可以辩证地去分析,当说一个问题的优点时候,我们也能说出它的缺点,我们可以诚恳地接受不同的意见,但是,在回顾的过程中,我们尽量避免消极的、抱怨的、讥讽的观点。

3.分享过程

同样以"信任背摔"为例,在培训师分享回顾时可依照以下几点进行:

①对所有学生完成挑战任务给予鼓励。

②鼓励每一名同学都讲一讲自己的感受并给予肯定,注意鼓励完成不够成功的学生与表现突出的学生。

③通过项目谈谈自信和互信的问题,在什么情况下能够增加信任。

④通过身体不自主地弯曲,谈谈"本能"是什么,为什么有时候本能并不一定全对,以及如何突破本能。

⑤运用背摔绳、手臂接人、弓步接人、海绵垫等多重保护对于增加信心的价值,谈谈监督、保障制度对于信任的作用。

⑥谈谈是否闭眼,有何感受,躺在他人手臂上的感觉以及接人的感受。

⑦谈谈顺序、榜样以及激励对于团队完成任务有什么帮助。

⑧谈谈分工协作与关键岗位的价值,不同位置都有各自不同的作用。

⑨每一个人都尽力是获得安全的基本保障,只靠个人的力量是很有限,必须把每一个人的力量汇集在一起,汇聚成巨大的力量,团结的力量。

最后,培训教师需要把握的原则就是,对于引导性的语言组织,不能过于复杂高深,简单的故事、含蓄的寓言、真实的案例往往能起到更好的学习效果,使学员产生更强烈的心理认同。

(二)拓展培训机构自身的回顾与总结

回顾与总结不仅适用于学员,同样适用于拓展培训机构和拓展训练指导教师。

拓展训练指导教师在训练结束后要认真写好训练总结,教师之间要进行分享交流,从中总结经验、吸取教训,以利于今后把培训工作做得更好。

拓展培训机构要注意做好回访工作,既可以帮助受训部门巩固训练结果,也可以用类似于售后服务的人文关怀让受训部门的训练成果增值。受训部门的口碑效应反过来又可给自己树立品牌。

【经验性训练】

如何做拓展训练分享回顾

在体验式培训中,一直强调以学员为中心,作为一个培训师主要的职责就是营造一个平台,让学员在上面发挥。体验式培训的项目本身充满了魅力,对很多学员,尤其是初次尝试的学员有很大的冲击力,每做完一个项目都会有独特的体会。作为培训师来讲,我们关键是要营造一个分享和学习的气氛,针对不同学员的感受,强化他的体验,给予理论的养分,从而达到培训的目的。

1.项目的回顾从培训前开始

每个体验式培训的项目都是一个道具,或者说是一种方式,培训组织者希望能通过这样的形式,达到他们培训的目的,这个目的是和企业的要求相关联的。所以做好回顾的第一步是了解培训目的和了解培训对象。而这两者又是不可分的,因为目的和企业本身的现状息息相关。除了参考客户经理的班前资料外,培训师还应该自己去收集一些资料,以咨询顾问的眼光去看待这一次培训,从而达到真正帮助企业成长的目的。

收集的资料包括:

＊ 企业所从事的行业和主要业务;

＊ 历史和未来计划;

＊ 文化和价值观;

＊ 在同行竞争中的地位;

＊ 目前面临最大的挑战;

＊ 参训员工的构成,包括文化背景、性别;

＊ 参训部门在企业中的地位;

＊ 工作性质和特性 。

2.项目操作对回顾的影响

有一句话非常正确,回顾不是在项目结束后才开始的。的确,项目的不同操控对学员来讲有不同的感受。比如,在一些项目中允许学员用时间购买资源,可以让学员领悟到所有资源的获得都是要有代价的。

另外,培训师在项目进行过程中一定要密切关注学员的表现,尤其是有突出表现的学员,这实际上是在积累回顾中的素材。

3.回顾的操作

体验式游戏和体验式培训最大的区别就在于,在回顾中学员领悟了什么?有没有孕育出团队相互学习的气氛,学员能否真正完成体验式学习圈中"发表""反思"和"理论"三个阶段的学习。打个比方,过山车很好玩、很刺激,但是为什么大多数人玩过后说不出什么呢?因为缺少了"回顾"这个阶段,刺激体验的保留的东西很少,更不用谈能达到"应用"了。回顾操作一般有下面四个阶段:

(1)自然发挥阶段

这可以说是一个从"活动"到"发表"的过渡阶段。因为刚刚完成项目,学员的身心还沉浸在活动给他带来的冲击当中,或者兴奋,或者沮丧,或者满足……在这个阶段,培训师应该留有一定的时间给学员梳理心情,以顺利代入回顾的状态,并营造一个轻松、自然的气氛,以便学员放松心情投入回顾当中。

——对项目的介绍引导。

我们刚刚完成的项目叫作"×××",为什么会有这样一个名字呢?大家都体验过了,请谈谈。

——鼓励和赞扬引导。

在刚刚的那个项目中,我们队所有的队员都成功完成了挑战,证明了我们的能力和毅力。大家给自己一些掌声。

——自由议论引导。

如学员已经养成回顾习惯或者某些项目使他们情不自禁地发表议论,可以任其自由议论一段时间,如有条件,可以将其所说的话写在白板上。

（2）学员发表阶段

这个阶段主要是让学员把自己的体验讲出来与其他人分享,培训师在这个过程中应该引导学员开口。在整个培训过程中,培训师大部分时间是运用"漏斗式"的提问方式引导整个回顾。

在发表阶段,最常用的提问方式有:

——个人感受式提问。

刚才的那个项目,你最大的感受是什么?

刚才你看到了什么?听到了什么?

——项目评价式提问。

刚才的那个项目,你认为我们做得怎么样?

大家觉得我们做得如何?

——突出重点式提问。

如果在项目进行过程中对学员进行了观测的,可以针对其不同的表现而提问,同时将"漏斗"收窄。

作为第一个做的人,你最大的感受是什么?

你是最后一个做的人,感觉如何?

在发表过程中,有几点需要注意的:

①可以挑选比较活跃,或者比较喜欢表现的学员首先进行回顾,比较内向的学员放在中间。而领导等人一般不安排在第一个,因为往往领导定下了基调,其他人就未必肯把自己的真实感受说出来了。

②在这个阶段,应对学员的分享予以回应,但不应在这个阶段评价,或者只做简单的评价。如学员对自己克服困难,完成项目有自豪感,可以带领团队用掌声予以肯定。

③当学员没有领悟到项目进行中的错误或者观念不符合培训目标时,可以重复学员讲的原话,表示重视,也提醒其他的学员重视。如有学员之间产生了争论,不宜马上表明观点,可以给予争论的时间,但是要注意控制,不可产生不良的后果,影响培训。

（3）反思阶段

在这个阶段中,培训师的"漏斗"越收越窄,带领团队发掘"行为"背后的"态度"。从"怎么做到的",到一个"为什么这样做"的阶段。使项目和我们日常的工作相结合起来。这是决定整个培训是否成功的关键步骤,反思得好,学员能够从中领悟到在现实中有用的东西,否则不但回顾的目的没有达到,甚至还会使学员产生抵触情绪,影响整个培训。

——陈述事实法。

我注意到了,在第 20 分钟的时候,有××××的现象,为什么呢?

刚才大家的行动停顿了约 5 分钟,在做什么? 有什么作用?

——直接提问法。

你为什么会感到信任呢? 信任对团队工作有什么影响?

——联系法。

这和我们平时的工作有没有相类似的地方?

——反思法。

为什么会有这种现象呢? 问题在哪里?

——隔山打牛法。

在说到一些团队暴露的问题的时候,可以照顾学员的感受,运用故事或者案例来予以说明。 实际上不只是不足的方面要"反思",好的方面也要知道为什么好,使好的行为成为习惯和制度。

(4)理论提升阶

这个阶段培训师主要根据培训目的和学员项目执行过程中的表现,对这个项目所诉求的学习点相结合,给予理论模型或者指导。

——归纳总结法。

谢谢大家刚才的发言,其中我们谈到信任的问题,以及信任对团队的作用。 让我们来看看……

——故事、案例引导法。

有个训练师朋友跟我讲了一个禅与马兰花的故事……

——对比法。

在我带过的一个团队中,他们做这个项目时……

这个阶段,是最能展示培训师风采的环节,培训师的水有多深往往在这个阶段就能试出来。

在反思阶段,有几点需要注意:

①时间不可以太长,以 5 分钟左右为佳;点不可太多,1～2 个点为益。

②可以将理论内容与学员实际工作相结合,用他们平时工作中的事例予以说明。

③以一两句名言或者发人深省的话结束理论提升。

4. 应用"环节"过渡

到此为止,个别项目回顾的环节已经结束,可以创造一些条件,让学员能将本项目中学到的东西马上应用到下一个项目中,可以采用以下的一些方法。

(1)团队合同法

从刚才那个项目中,我们总结出在领导、沟通方面的问题,请大家制定一些原则,指导我们团队。

(2)鼓励法

大家有没有信心把这个优秀成绩一直保持下去?

如果没有了回顾,培训中的活动只是游戏,只有靠培训师的带领,让学员发掘感悟和心得,才能让他们真正有所收获。

【复习思考题】

1. 破冰理念主要体现在哪些方面？

2. 拓展训练中建立团队文化的要诀是什么？

3. 如何对拓展训练进行项目分类？

第四章

拓展训练项目

实操案例

　　具体项目在教学中只是工具,但不同的项目对学员锻炼目的不同。例如,高空项目对学员来说是以锻炼自我的心理适应能力为主,而在以地面活动为主的全员参与的项目中,锻炼团队协作的能力也就必然成为侧重点。按照项目分类的原则,对学员锻炼的针对性和教学过程所关注的直观性进行分类,兼顾不同类别的项目都能让学员获得体验的机会,对高空项目、中低空项目、地面与心智项目、户外项目、综合项目进行具体介绍和分析,按照近几年来在拓展培训中学员的学习效果反应和多位培训师的筛选,列举常用的项目主要有以下内容。

　　①高空项目:高空断桥、空中单杠、垂直天体、合力过桥、沿绳下降等。

　　②中低空项目:高台演讲、翻越障碍、信任背摔、鳄鱼潭等,包括求生电网、荆棘取水、孤岛求生墙、泰山绳等。

　　③地面项目/心智项目:雷阵图、交通堵塞、盲人方阵、击鼓颠球、有轨电车等/沟通造桥、红黑博弈、背对背等。

　　④户外项目:自然取火、取水、扎营、结绳与保护等。

　　⑤综合项目:挑战150、运输比赛、生死99秒、趣味运动会等。

　　在进行项目划分时各个学校会有一定的偏重,有时介于两类之间的项目,可以在计算时将其一分为二列入两个类别中,例如,"求生墙"有些学校将其归为高空项目,有些学校将其归为中空项目。国内的求生墙高度一般没有统一标准,绝大多数为4米左右。国外有些机构将其命名为14英尺墙,高度会略高过4米,国内有些特殊专业院校的求生墙高度达到5米多。由于高度的增加,即使有连接保护绳索,鉴于活动特点,也需要增加较厚的海绵垫作为安全装备。

第一节　高空项目

【经验性训练】

一、高空断桥

（一）项目概述

高空断桥是一个以个人挑战为主的项目，它属于高空类心理冲击的项目，整个过程需独立完成。"断桥一小步，人生一大步"浓缩了这个活动的精华。

（二）场地器材

①组合训练架或专项训练架，高 7～12m（从避免身体伤害角度考虑，有时候越低越危险）。

②直径 10.5mm 的动力绳 2 条，连接后下垂，一根与桥上人员齐膝长，供拓展教师使用；另一根至腰，用于桥上保护学员。静力绳一根，与训练架高度相等或略长，用于攀爬保护的上升器引绳。

③D 型锁或 O 型锁 4 把，用于连接在两条平行的钢索上（有安全滑轮装置可省），主锁 4 把。

④上升器 2 把（拓展教师可用主锁与 80cm 长的扁带代替）。

⑤至少准备 3 条坐式安全带，3 顶安全帽。

⑥40cm 应急扁带 1 条，雨天大毛巾 1 块。

⑦足球护腿板 2 副。

（三）学习目的

①培养克服恐惧、勇于面对困难的态度；

②学习认识自我、挑战自我、战胜自我的方法；

③学习自我说服与自我激励，认识鼓励他人与获取鼓励的重要性；

④培养团队面对困难时的互助精神和团队意识；

⑤学习分析风险和化解风险的能力。

（四）布课过程

①所有学生必须学会头盔、安全带、止坠器与主锁的使用方法，掌握护腿板的使用方法。

②连接好安全装备，接受全体队友的队训激励后，沿立柱爬上高空的断桥桥面，换好连接保护装备后沿板走到桥板的板头，两臂侧平举，然后大声地问队友："准备好了吗？"当听到"准备好了"的回答之后，自己大声喊"1、2、3"，同时跨步跳到桥板另一端。单脚起跳，单脚落地，然后按同样的要求再跳回来。

③在桥面上不允许助跑,跳跃时最好两手不抓保护绳,确实紧张时可以一只手轻扶绳子以维持身体平衡,但不允许紧拽保护绳;完成后换连接保护装备,沿立柱慢慢爬下,落地时避免下跳。

④完成后休息片刻,解下安全带并开始帮助队友穿戴头盔与安全带,随后加入加油的队伍。

（五）安全监控

①有严重外伤病史,或有严重心脑血管、精神病、慢性病及并发症或医生建议不适合做此类挑战项目者,可以不做此类挑战项目。

②摘除身上穿戴的所有硬物,穿安全带、戴头盔、连接止坠器时要进行多遍检查,指定一名队友帮助,一名队友负责检查,队长再做一遍全面检查。

③一名学生在挑战时,另一名学生开始穿戴安全装备并接受辅导,前一名学员完成项目后,准备的学员开始挑战。

④上断桥后,拓展教师先理顺保护绳,让学员背靠立柱,并为其扣上保护绳主锁,然后摘取上升器连接主锁,同时观察学员身体反应（摘锁顺序一定要先挂后摘）,再次检查学员安全带、头盔的穿戴情况。

⑤在板端时,提醒学员将支撑脚脚尖探出板端少许,然后果断跃出。

⑥挑战结束学员下去时先扣上上升器主锁,再摘保护绳主锁。

⑦当学员不敢过桥时,拓展教师可先将其引至桥的一端,自己到另一侧引导学员过桥。

⑧如学员在断桥的另一侧中心不稳定、摇晃、不敢前进时,引导其放松稳定的同时,拓展教师用背部靠住立柱,直到训练架不再共振为止。

⑨拓展教师必须戴头盔,学员要戴足球护腿板。

（六）项目控制

①布课时找最先挑战的学生参与,边演示边讲解,要求语言准确,重点突出,按照时间与空间顺序讲解。

②按照"挑战基于选择"的原则鼓励所有的学生参与挑战,确认不适合参加此项活动的学员的身体状况。

③桥面间距要有针对性,要适合个体跨越能力的差异,观察学员个体情况调整板距。

④心理辅导时机与方式要适时和正确。例如,运用层递效应鼓励学生不断接近目标。

⑤必须将保护学员安全放在首位,学员身体反应明显不适合继续挑战的不得强求。

⑥教师在学生受阻时,除了自己要对他进行心理辅导外,一定要让他的队友参与鼓励,让他在受到鼓励后的最佳时机跨越。

（七）回顾总结

①按照"成功取向原则"对所有完成挑战任务的学生给予鼓励。

②鼓励每一名同学都讲讲自己的感受并给予肯定,注意鼓励完成不够出色的同学。

③按照学生的分享要点,对已出现的理念或学生并未讲清的部分给予补充。

④从团队学习与团队发展角度,讲讲顺序、榜样以及激励。

⑤对比在地上跨越的感觉和在高空上跨越的感觉,学生的心态有什么变化?

⑥当学生想要放弃时,是靠什么说服自己完成项目的?

⑦在激励面前,有人喜欢队友们的鼓励,以达到外在激励的作用,有人喜欢让自己处于相对安静的情况下,自己激励自己,没有对错之分,但合适的激励是需要支持的,假如你一个人参加这种活动,你会怎样做?

⑧人生一步一步前进的途中难免会出现困难和意外,用什么心态去面对?

⑨"断桥一小步,人生一大步",讲一讲身边人面对"困难"时,渡过难关的故事。

二、空中单杠

(一)项目概述

空中单杠是一个以个人挑战为主的项目,它属于高心理冲击的跳跃类项目,整个过程需独立完成。机会就在眼前,经过努力纵身一跃抓向它,不管是否抓住都无怨无悔。

(二)场地器材

①能够满足人员开展活动及保护需求的场地和海绵垫,8～12m高的专项训练架;

②25m长、直径10.5mm动力绳两根;

③丝扣铁锁4把,钢索4把;

④长的绳套2条,手套4双;

⑤8字环或ATC两个,最好使用8字环;

⑥安全头盔2顶,全身式安全带和半身式安全带各两套。

(三)学习目的

①培养学生克服恐惧、勇于挑战的信心并在其中激发潜能。

②学习用积极的心态去争取和获得机会。

③增强团队精神,面对困难时互相鼓励,互相帮助。

④学会目标管理与自我说服。

⑤学习对分析风险和把握能力的机会。

(四)布课过程

①学习安全带的使用方法,了解主绳、锁具与头盔等安全设备的使用方法。

全身式安全带:在拓展训练的高空项目中最常使用,主要用于跳跃类项目。

半身式安全带:一般分为"短裤式"和"裹尿布式",由于腿环和腰环所需大小不同,可分为全可调和半可调式的。培训师必须在开展活动前向学员演示使用方法,并要求将腰带系在骼骨以上。

胸式安全带:可以和坐式安全带结合使用,不得单独使用。

②全体学习"五步收绳保护法"并要求主保护演示,每组有两位副保护。

③学生穿戴好保护装备,接受队友激励。由地面通过立柱扶手爬到顶端,通过自己的努力,站到立柱顶端的圆台上,站稳后两手侧平举并大声地问自己的队友和保护员:"准备好了吗?"当听到"准备好了"的回答之后,自己大声喊"1、2、3",同时奋力跃出,双手虎口抓向单杠,完成之后松开双手,在保护绳的保护下慢慢回到地面。

④至少 6 位同学组成两个保护组。

（五）安全监控

①有严重外伤病史，或有严重心脑血管、精神病、慢性病及并发症或医生建议不适合做此类挑战项目者，可以不做此项目。

②摘除身上穿戴的所有硬物，穿安全带、戴头盔，要进行多遍检查，指定一名队友帮助，一名队友负责检查，队长再做最后一遍全面检查。

③学生攀登时保护绳要跟紧，当学生跃出时要及时收绳。

④禁止戴戒指、留长指甲，长发学生应将头发盘入头盔。

⑤跳出后不要抓保护绳索及主锁，用尼龙搭扣将身后的两根保护绳包裹在一起。

（六）项目控制

①布课时找最先挑战的学生参与，边演示边讲解，语言精练，重点突出，逻辑清楚。

②在"挑战基于选择"的原则基础上鼓励所有的学生参与挑战。

③"秋千杠"的距离针对学生身体特征适当调整。

④按照成功导向的方法进行鼓励和心理辅导。

⑤项目开展要因人而异，假如有学生脸色发白，呼吸急促，动作僵硬迟缓，两腿颤抖，呕吐或表现出呕吐状，两眼发黑不能见物，声称自己已无法坚持的，或因个人原因强烈抵触，不要勉强其完成。对于有心脏病、高血压、脑血管病史的，不参与此项活动。

⑥要求拓展教师在设置保护点时，要合理确定 2 个保护点的位置，最好前后独自受力都不至于将学员单摆到前后的柱子上，以学员松手时绳与上方保护点形成正三角形为佳。

⑦尽量由同组学生进行攀爬与站起的技术指导，教师关注保护攀爬者之间的协调过程。

⑧密切注意所有参训学员的器械状况以及动作的规范性。

（七）回顾总结

①对所有学生完成挑战任务给予鼓励；

②鼓励每一名同学都讲一讲自己的感受并给予肯定，注意完成不够出色的同学与完成出色的学员，可以联系生活实际谈体会；

③按照学生的分享要点，对相对模糊的理念或学生并未讲清的部分给予补充和提炼。

④从团队学习与团队发展角度，讲讲顺序、榜样以及激励。

⑤挑战前后的心理有什么变化？整个挑战活动中最困难或最害怕的是什么时候，为什么？

⑥机会的出现往往伴随着风险，等到没有风险时也许就错失了机会，你怎么看待这个问题？

⑦分享"冰山理论"，分析关于人的潜能问题，包括可激发出的显性潜能和隐性潜能。在海面上的冰其实只是冰山的一角，更大的冰山其实在海面以下。我们的能力也是如此，平时看到的和用到的大多是显性能力，而我们还有更多没有被发现的潜在能力，这些能力通过激发可以表现出来，为我们在需要时提供帮助。潜能包括易于激发和难以激发两种，平常生活中只要能够激发出那些易于激发的潜能的就可以超越自我，但在生死关头需要

激发各种潜能。

⑧在生活中，要积极向上，当有机会出现时，尽力去争取，只要我们努力过，不论成功与否，至少无怨无悔。

三、垂直天梯

（一）项目概述

垂直天梯也叫巨人梯，这是一个以2人共同挑战和团队配合相结合的项目。项目具有一定的难度和心理冲击力，相对需要消耗较大的体力。想要获得新高，就需要互相帮助，既要有甘为人梯的精神，也要做到吃水不忘打井人。

（二）场地器材

①室外：组合训练架或专项训练架；

②长度不少于25m的10.5mm动力绳2条；

③40cm扁带（绳套）6条，上保护点4条，下保护点2条；

④D型锁或O型锁4把，用于上保护点，主锁6把；

⑤坐式安全带4条，头盔4顶；

⑥保护学员用的手套6副。

（三）学习目的

①全力以赴、合理分工、互相鼓励、充满信心、克服心理障碍是实现目标的保障。

②培养学生相互协作、不离不弃的共同体意识。

③体会团队内部人员合理搭配对实现整体目标的价值。

④了解阶段性目标对于实现最终目标的重要意义。

⑤学会共同探索、总结经验与彼此传授经验对提高整体工作效率的重要性。

⑥珍惜别人的帮助，懂得感恩是能够继续前进的无形助力。

（四）布课过程

①所有学生学会头盔、安全带和主锁的使用方法。

②保护组一同学习"五步收绳保护法"并要求主保护演示，每组有两位副保护。如果采用下方保护，要求保护者站在主绳左侧，右手在8字环后。

③连接好安全装备，接受队训激励后，按照要求2或3人一组，向上攀登，到达课上要求的目标即宣告任务完成。

④在攀登过程中，可以利用的只能是横木和队友的身体以及团队的智慧。

⑤保护者在不影响攀爬者活动的情况下适当收紧保护绳，但不得将绳绷紧。

（五）安全监控

①有严重外伤病史，或有严重心脑血管疾病、精神病、慢性病及并发症或医生建议不适合做此类挑战项目者，可以不做此项目。

②摘除身上穿戴的所有硬物。

③拓展教师亲自检查学员穿安全带、戴头盔、连接保护点的情况，并亲自给学员摘挂

铁锁,挂锁前应将保护绳的拧转去除。

④发现学员拉拽胸前的保护绳及利用两边的钢缆(铁缆)、保护学员拉保护绳帮助等情况时应立即制止。

⑤拓展教师在每位学生开始攀爬之前必须要求收紧保护绳,学生攀上第一根横木前,教师应站在攀爬学生身后进行保护。保护绳应当跟紧攀爬者。

⑥确认学生攀爬前的站位,攀爬时如果绳交叉需要再次梳理清晰。

⑦天梯下禁止站人,学生完成挑战下降时(可以组织其他非保护学员站在对面将天梯固定或略拉向下降学员的另一侧),禁止两人同时下降。

（六）项目控制

①布课时找最先挑战的学生参与,边演示边讲解,语点突出,逻辑清楚。

②鼓励所有的学生参与挑战活动,确认不适合参加此活动的学员的身体状况。

③适当建议和调整人员搭配,尽量不要把身体素质都很好的或者相对较差的两人分在同一组。

④讲解保护装备的正确穿戴方法,确保护具穿戴到位,反复强调保护到位。

⑤适时地给予鼓励和指导,如:一个人踩着另一个人的腿先上去时,请踩在大腿根部;上面的人抱横木时十指交叉扣紧;两个人站在同一条垂直线上;下面的人可以抓住上面人腰间的安全带上去等。

⑥对于非体能原因准备放弃的学生,利用"层递效应"设定阶段性目标进行尝试。

⑦拓展教师不得和学员一起攀爬,不允许学员尝试一个人攀爬,注意下降时的安全。

⑧必须将保护学生安全放在首位,学生身体反应明显不适合挑战时不可强求。

（七）回顾总结

①对所有学生完成挑战任务给予鼓励。

②鼓励每一名同学都讲一讲自己的感受并给予肯定。

③分组与搭档和完成任务之间的关系,相互合作的重要性,有些时候是一个人无法完成的,要正视这种事实的存在。

④对最先挑战的学员的选择与他们的努力给予肯定,第一组学员总结的经验对于随后挑战的学生有重要的价值与影响,成功在于成功模式的不断复制与改善。

⑤不同人爬上去时的先后顺序与技巧分析,信心和鼓励对完成挑战的影响。

⑥阶段性目标对于实现最终目标的重要意义。

⑦珍惜别人的帮助,懂得感恩是能够继续前进的无形助力。

⑧经过艰苦努力登上高峰时的成就感。

⑨有时候互相帮助是基于共同利益,有时是彼此的需要,有时候又会是什么呢?

可参照的典故:一个人想要了解天堂和地狱的差别,他透过地狱的窗户看到里面的人围坐在一桌美味佳肴前,手持一根三尺长筷,夹起饭菜却无法送入自己口中,而天堂里每一个人都在吃着对方递到嘴里的饭菜。

四、合力过桥

（一）项目概述

这是一个典型的个人挑战与团队相结合的项目,个人挑战的成败除了自身的努力外,团队的支持起着至关重要的作用,想要成功,最佳的方法就是融入团队。相信队友,目标一致,相互配合,不怕困难才是获胜的关键。合力过桥也经常作为拓展训练团队建设初期的项目让学员投入其中,感受生活中的每一步都与许多默默支持自己的人分不开。

（二）场地器材

①足够大的场地,能满足人员活动及保护的需要;

②专项训练架;

③25m 长、直径 10.5mm 的动力绳两根;

④丝扣铁锁 4 把、钢索 4 把;

⑤全身安全带 2 套、半身安全带 2 套,头盔 2 顶;

⑥8 字环 1 个或 ATC 两个,最好使用 8 字环;

⑦60cm 绳套 2 条,足够数量的手套。

（三）学习目的

①训练团队内部的相互信任。

②增强学员克服恐惧、勇往直前、挑战自我和激发潜能的勇气。

③增强团队意识和面对困难时互相帮助的精神。

④培养学员换位思考的意识。

⑤以积极的心态去争取和获得前进的动力。

⑥挑战顺序与团队的组织方法的关系。

（四）布课过程

①学习安全带、主绳、锁具和头盔的使用方法。

②保护组一同学习"五步收绳保护法"并要求主保护演示,每组有两位副保护。

③讲解拉拽吊板下方保护绳的方法,并且尝试以上方吊索为支点寻求平衡的用力感受。

④安全要求的讲解,包括摘除饰品及佩戴的硬物,活动中的注意事项以及影响心理安全的沟通方式等。

⑤学员穿戴好保护装备,接受队友激励后,由地面通过扶梯爬到起点,做好准备,通过有三块 30cm 宽,不同长度摇晃不平衡的吊板,其他学员分组抓住吊板垂下的绳子,掌握平衡,让高空的学员顺利通过。

⑥通过之后从另一侧扶梯爬下,休息到直到下一位学员挑战完成后,参加保护。

（五）安全要求

①有严重外伤病史,或有严重心脑血管、精神病、慢性病及并发症或医生建议不适合做此类挑战项目者,可以不做此项目。

②摘除身上的所有硬物,穿安全带、戴头盔,连接保护点时要进行多遍检查,学会安全护具的穿戴方法和保护方法。

③保护学员应该跟随桥上学员,并在其相对平行位置的后方进行保护。

④拉绳学员要有一名机动学员,以防止个别学员无法坚持。

⑤教师要通观全局,既关注桥上学员也要注意保护人员的情况,当出现不合理动作时及时提醒与叫停。

⑥提醒学员严禁脚踩绳索,不得将锁具跌落在硬地上。

⑦拓展教师不得强求不愿参加者。

（六）项目控制

①布课时找最先挑战的学员参与,边演示边讲解,语言精准,要点突出,逻辑清楚。

②鼓励所有的学员参与挑战活动,确认不适合参加此活动的学员的身体状况。

③学员要有合理的轮换顺序,适当提醒桥上学员积极努力,不在桥上停留太长时间,防止拉绳人员产生疲劳。

④密切注意负责保护学生的器械状况及动作的规范性,观察并简单记录每一名学生的表现,便于回顾总结。

⑤合理使用不同风格的语言进行指导,保持学生的挑战积极性。

（七）回顾总结

①对所有学员顺利完成任务给予鼓励,调动拉绳学员的情绪防止产生消极情绪。

②鼓励每一名同学都讲一讲自己的感受并给予肯定,可以与现实生活联系进行分享。

③请学员谈谈挑战前后的心理变化。

④自信和互信的分享,信任问题已经在生活中受到越来越多的关注和认可。

⑤团结合作与他人的帮助对完成任务的重要作用,想通过困难和考验,在许多情况下仅靠个人的力量和勇气是无法达成的,只有全体学员齐心协力才能到达胜利的彼岸,从中体会一个人成功的背后有太多人在默默地付出,成绩绝对不是一个人的。

⑥当够不到前面的吊索时,只有一边放开了,才有机会抓住另一边,从中懂得取舍之间的关系。

⑦时间对于我们来说也是完成挑战的重要影响因素,如果在上面逗留太久,下面的人会因为疲劳而加大困难。

五、沿绳下降

（一）项目概述

这个项目的名称叫沿绳下降,我们习惯上叫它下降或速降,它起源于瑞士,盛行于欧美。下降是很多极限爱好者喜欢的运动,有时在城市高耸的建筑物上也会看到有人挑战这项运动。上去不易,下来也是对勇气的一种考验。

（二）场地器材

①户外运动场地,包括人工岩壁、山崖或训练架;

②足够长度的登山静力绳 2 根(直径大于 10mm),其中一根备用;

③丝扣主锁 4 把;

④40cm 的绳套 4 根;

⑤8 字环 6~8 个,主锁 10~12 个;

⑥半身式安全带 6 条,安全头盔 6 顶;

⑦手套准备要充足,毛巾若干,医用胶布若干。

(三)学习目的

①学习并掌握沿绳下降的技术要领。

②克服恐惧,勇往直前,挑战自我,激发潜能。

③以积极的心态去迎接挑战。

④培养团队意识和面对困难时的互助精神。

(四)布课过程

①本项目是一个以一个人挑战为主的项目,任务是从场地的顶端,连接好安全装置后,自己控制绳索和身体下降到地面。

②学习安全带的穿法,学会安全头盔、8 字环与主锁的使用方法。

③安全到达顶点的要求,整个过程要求严肃认真。

④所有学员学习保护方法,在挑战学员失控或速度过快时可以适当拉近绳子。

⑤学习下降的技术要领,如蹬踩岩壁两腿略分开,防止身体向两边倾倒;身体后倾,略为顶髋;前手远离 8 字环,手臂略直;后手固定于臀部,虎口向前,松紧适度。

⑥空降时手抓 8 字环后面的绳子(接近顶端的为前面),双腿分开,上身微后倒,不能趴在前绳上,脸部离开绳子,前手可以轻扶前绳或协助后手握 8 字环后的绳。

⑦接近地面时速度不能过快,双腿要主动触地。

⑧拓展教师进行活动的演示与讲解,可以讲解并演示常见错误及危害。

(五)安全监控

①学生如有严重外伤病史,或有严重心脑血管及精神疾病、慢性病及并发症或医生建议不适合做此类挑战项目者,可以不做项目。

②所有学生摘除身上佩戴的硬物,并学习安全护具穿戴方法及帮助保护的方法。

③项目有一定的高度和挑战性,所有学员必须严格按照培训教师的要求规范操作。

④教师必须检查学生是否正确穿戴安全带、头盔。

⑤学生下降之前,必须由教师连接保护装置,检查完毕,挂好下降装置后才可以拆除保护,整个过程要符合全程保护原则。

⑥整个活动器械要有备份,符合器械备份原则。

⑦至少 3 名学生进行保护,下方保护的人必须戴头盔。保护学生不要站在下降学生的正下方。

⑧上方保护点最好比站立点高一些。

⑨下降距离较长或野外场地上下保护点必须各有一位拓展教师。

（六）项目控制

①语言精练,讲解清楚,及时反馈,确保学生了解任务要求并激起学生挑战的激情。

②鼓励所有的学生参与挑战活动,对所有学生顺利完成任务给予鼓励。

③提示学生互相帮助,确保护具穿戴安全。

④合理使用不同风格的语言进行指导,保持学生挑战的积极性。

⑤长距离下降时,可以戴手套,或在食、中与无名指指肚上沾两层医用胶布,也可以在拇指内侧和手掌易磨的地方做些保护,但不建议使用护掌。

（七）回顾总结

①对所有学生都顺利完成任务给予鼓励。

②对活动中出现的困难和学生发现的问题进行回顾。

③鼓励每一名学生都讲一讲自己的感受并给予肯定,回顾每名学生在下降过程中的心态。

④顺序、榜样以及激励。

⑤在激励面前,有人喜欢队友们的鼓励,以达到外在激励的作用,有人喜欢让自己处于相对安静的情况下,自己激励自己,没有对错之分,但合适的激励是需要的,当你一个人参加这种活动,你会怎样?

第二节　中低空项目

【经验性训练】

一、信任背摔

（一）项目概述

信任背摔是最为经典的拓展训练项目之一。许多时候拿它作为第一个训练项目。这个项目看似简单,但也属于高风险的项目。但是如果操作规范,安全是能够得到保障的。参训者从这一项目中可以体会到彼此的信任来源于责任和关爱,以及团队的支持是人敢于挑战的基础。

（二）场地器材

①1.4～1.6m 的标准背摔台(有扶梯或半角围栏更好);

②0.8m 长、0.02m 径宽的背摔绳一根;

③海绵垫一块。

④物品整理箱一个,供上台的队员放置物品。

（三）学习目的

①培养团队内部的相互信任。

②增强学生挑战自我的勇气和良好的心理素质。

③发扬团队精神、互相帮助以及团队责任感。

④通过挑战懂得突破本能的重要意义。

⑤感悟制度的制定与保障对完成任务的价值。

⑥培养学生换位思考的意识。

（四）布课过程

1.个人挑战部分的学习

①调整好心态后接受队友的"队训"激励,然后沿梯子慢慢爬上背摔台,站到指定的安全区域。

②两臂前举,双手外旋,十指交叉相扣,内旋然后紧紧地靠向身体,由教师绑上背摔绳。

③在教师的引导下移向台边背向"人床"站立,脚后跟超出台面少许,两脚并拢,脚尖相靠,膝关节绷紧,臀肌收紧,下颌微收略含胸。

④调整呼吸,大声地问队友:"准备好了吗?"当听到队友齐声回答"准备好了"后喊"1、2、3",同时直体向后倒向"人床"。

2.团队接人部分的学习

①身高体重比较接近的两人伸出右脚成前弓步面对面站立,两脚左右间距略比肩窄,脚尖内侧相抵,膝关节内侧相触,保持重心稳定。上体正直略向后倾,腰部收紧。

②双臂向前平举与肩同高,双手搭在队友右肩前,掌心与肘窝都向上,手指伸直,手臂自然伸展进入用力状态。与对面的人的双臂平行或者双臂夹对面队友的左肩,放在对方肩前,两人四臂夹紧,略含胸,胳膊尽可能均匀分布减少空隙。

③抬头看着后倒队友的背,避免砸到头部,当队友倒下时将其接住。

当大家接住队友后,慢慢地放下,先放脚,站稳才可以松手,解开背摔绳后换另外一位。

地面上演练一人后倒,一人在其身后40cm处进行支撑的练习,要求后倒者脚不能后撤。

（五）安全监控

①学员如有严重外伤病史,或有严重的心血管及精神疾病、高度近视等则不适合做此项目。

②拓展教师应强调安全事项,关注学员动作的规范性。

③拓展教师试压接人学员的双臂,并强调每一个位置的重要性。

④学员上背摔台后应安排其靠护栏站立。

⑤学员背摔过程中,教师应一手拉住护栏,紧贴学员的手握住背摔绳随着学员的重心移动,保持学员的后倒方向,适时松开。必要时可以不松手或将其拉回。

⑥拓展教师安排接人学员由背摔台自外向内按弱、较弱、强、较强、最强来排列,其中

3、4组尽量安排男士。

⑦学员倒下被接住后,拓展教师下蹲控制学员的脚,学员落地站起时防止头前冲,碰到背摔台。

⑧摘除戴、装的所有硬物,雨天雨衣必须脱下。

⑨任何时候都不能在1.8m以上的背摔台后倒,由此导致头和肩先落会极其危险。

（六）项目控制

①语言精练,突出重点,讲解清楚,及时反馈。

②提高学员对风险的认知,严格要求遵守项目规则。

③观察挑战学员的同时,要密切注意接人队伍的队形。

④对退缩的学员要加以鼓励。

（七）回顾总结

①对所有学员完成挑战任务给予鼓励。

②鼓励每一个同学都讲讲自己的感受并给予肯定。

③通过项目谈谈自信和互信的问题,可以引申提高。

④突破本能——学习与工作。

⑤安全备份——背摔绳、手臂接人、弓步接人三重保护,此外谈谈监督保障制度。

⑥分工、顺序与"边际效应",岗位的不同,并非是重要性的区别。

二、孤岛求生

（一）项目概述

这个项目的名字叫作孤岛求生,这是作战训练针对企业管理设计的最经典的项目之一,看似简单的活动所蕴含的道理、揭示的问题、对人的震撼,能够让我们回味无穷。在孤岛上发生的场景,在生活中随处可见,但愿我们以此为鉴,扬长避短,对真实生活有所帮助。

（二）场地器材

具体物品如下:60cm×60cm×25cm的木质方箱12个左右、25cm×25cm木箱1个、2块木板(木板横向叠放在盲人岛上)、1个塑料桶、羽毛球5个左右、任务书1套、白纸2张、生鸡蛋2个、筷子2双、一段50cm透明胶带缠在筷子上、1支笔、眼罩为$N/3+1$个(N为参训人数);

场地要求:平坦,方箱摆放紧密平稳;三座岛之间的距离以木板可以平板搭上为准。

器材要求:木板无裂纹,哑人岛、珍珠岛相对大一些。

（三）学习目的

①层级之间、部门之间以及不同角色人员的有效沟通;领导艺术与领导力的学习;突破思维定式,培养创新与风险意识。

②信任与合作。

③时间管理与80/20法则。

（四）布课过程

①所有队员随机报数分成 3 组，人数不平均或有针对性地在小范围内适当调整。

②先将一人组带至哑人岛，告诉他们："从现在开始你们就成了哑人，任何人不许从嘴里发出任何声音（包括你们内部），如果违规，将进行'惩罚'或取消资格。"

③将一组人带至珍珠岛（三组上岛顺序可以适当调整）。

④请最后一组人戴上眼罩、带至盲人岛。

将严格消毒后的眼罩发给学员，如有戴眼镜者则请其先摘下眼镜交给拓展老师。佩戴方法为黑面向里，鼻托位置向下，强调一定保证什么也看不见并用手在露缝隙处晃动检查。带至盲人岛的过程中应告知："请大家手拉手跟我走，慢一点，不要着急。"随时告知他们前面的路况，接近盲人岛时："现在先停一下，我们前面有一个大约 25 公分高的平台，慢慢站上去，注意不要磕着腿，站上去后先不要乱动。"逐一将盲人扶上岛，待所有人站上岛后："现在大家可以用脚感受一下边缘和高度，注意不要掉下去。"

⑤将珍珠岛任务书、鸡蛋、笔、白纸、筷子与胶带发给珍珠岛上远离其他岛方向的那个学员。

⑥将任务书交给哑人岛任意一人，最后将盲人岛任务书悄悄塞到一名学员手里，并且将羽毛球分发给不同学员。

⑦宣布项目开始，限时 40 分钟。

（五）安全监控

①重点注意监控盲人岛上的学员，在等待救援时，及时提醒他们注意自己在岛上的位置，不要掉下去；

②在木板搭好后盲人向其他岛移动的过程中严密监控盲人，以防其掉下木板，拓展教师应跟随其一起移动，张开手臂做出保护的姿势，但与学员身体保持适当的距离；

③一个岛上集中人数较多时，尽量将盲人安置在岛的中间部分；

④提醒盲人在摘眼罩时要先闭眼再摘眼罩，捂住眼睛再慢慢睁开眼；

⑤哑人运用杠杆原理搭板时，提醒不要压伤手指，同时注意监控不要压伤学员的脚，木板搭好后防止呈跷跷板状态；

⑥大多数人集中至一个岛上时提醒他们相互保护。

（六）项目控制

项目布置阶段：

①学员人数不应少于 8 人，其中哑人岛不应少于 3 人；

②如团队中有人做过此项目，则将其派至盲人岛并告知他既聋又哑，不用过多参与或安排其做观察员和记录员；

③可采用预先分组的方式，如将团队中人员的职业角色与岛上角色互换，以达到换位思考的目的，采用随机分组的微调也尽量如此；

④男女搭配分开，哑人岛上尽量安排一个力气大的学员。

项目挑战阶段：

①严格按照规则要求学员，如发现盲人摘眼罩，哑人说话时应立刻制止，并告知再违

规将受到处罚；

②密切监控哑人在盲人未投进球前不得挪动木板,告知他们违例或说"不能动"等严厉话语；

③时间过去大半仍无人下岛,建议提醒学员反复、认真、仔细地看任务书；

④项目伊始有人无意落水,建议装作没看见,时间过半可以利用学员偶然落水的机会将其带至盲人岛；

⑤除盲人岛外其他人不得触球,盲人长时间仍无法扔进球时可将桶挪近；

⑥健全人、盲人不得帮助搭放木板,哑人特别努力但木板的一端仍轻微着地时可以不将木板托至盲人岛；

⑦如发现学员有隔岛传递或两岛之间传看任务书的情况则应制止；

⑧项目结束之后,所有器械必须立即复位,回顾结束后任务书必须收回。

(七)回顾总结

①安排同一个岛上学员相对集中整体围坐在一起,谈谈自己的感受,可以让他们自由争辩一会；

②拓展教师不要过早进行总结,可以让他们先理清完成任务的步骤；

③分别把岛上3个学员的任务由各自的岛上人员大声读一遍；

④完成任务的程序确认后,引导学员不再谈完成求救的方法与技术问题,可以谈谈问题出现在哪里,是否影响顺利完成任务；

⑤引导学员比较分析三个岛各代表高层、中层、基层的哪一个层级,并确认理由和获得其他学员认同,如果争议较大可以问问"高层是不是决定、制定整体计划与目标,哪个岛知道最终任务？哪个群体需要别人不断指挥按要求工作,投球的人没人指挥能完成吗？"等问题。

⑥对不同层级的学员重点分析一个层级为主。如针对 EMBA 或企业高管班,可主要就珍珠岛上进行回顾,但如果是来一个公司内部各个层面,则应尽量淡化为什么健全人不分享信息、分不清主次等原因造成的完成任务的障碍,而主要针对盲人岛的主动性、创新、自我发展等其他方面进行回顾,如果有强烈的"仇权心理或仇富心理"的情绪开始蔓延,告知学员这种现象是暂时的,大家都希望成为"百年企业",都在努力追求卓越,一定不要附和学员攻击领导,否则对参训单位和培训机构都会增加不必要的麻烦。

附:孤岛任务书

盲人岛——1号岛

任务：

1.将一个羽毛球或网球投入桶中。

2.将所有人集中到同一个地方。

可用资源：

1.数个羽毛球或网球。

2.你们的聪明才智。

周边地形：

你们现在处在"盲人岛"上，周边是溪流，溪流湍急并布满漩涡，任何欲通过溪流离开孤岛的企图都是徒劳的，只要触及溪流，即会被冲回孤岛；在溪流远处的岩石上固定着一个桶。

规则：

1.为了安全你们不得踏入激流。

2.在整个过程中你们不得摘去眼罩。

哑人岛——2号岛

任务：

1.帮助盲人。

2.将所有人集中到同一个地方。

可用资源：

1.两块木板。

2.你们的聪明才智。

周边地形：

你们现在处在"哑人岛"上，周边是湍急的水流，任何从岛上坠落的物品，都将被激流冲至"盲人岛"（1号岛）。

规则：

1.任何物品、任何人触及激流，都将被迅速冲至"盲人岛"。

2.在盲人岛上的盲人们完成第一项任务前，你们不得使用木板。

3.在完成任务前，你们不得从嘴里发出任何声音。

4.只有盲人可以触球。

5.你们是唯一可以使用木板的人。

珍珠岛——3号岛

任务：

1.外包装设计：使用岛上资源，两张纸、四只筷子、几段胶带、为两个鸡蛋设计外包装。质量要求：站在岛上，双手持包装好的鸡蛋，平伸，然后撒手，落下的鸡蛋着地不碎。

2.集合队伍：将所有人集中到珍珠岛上。

3.孤岛决策：你们正随着一艘游船漂浮在太平洋海面上，一场原因未明的大火已烧毁了船身及大部分内部设备，游船漂流到珍珠岛后下沉。由于关键航海仪器被损坏，你们不知道离所处的位置最近的陆地大约在西南方向上，最乐观的估计，你们距离那里一千五百公里。下面列出15件未被大火烧毁的物品。你的任务：把这15件物品按其在你们求生过程中的重要程度排列。把最重要的物品放在第一位，次要物品放在第二位，依次类推，直到排至相对不重要的第15件（所列物品均为虚拟）。

15 件物品	序号	15 件物品	序号
指南针		小半导体收音机	
剃须镜		驱鲨剂	
一桶 25kg 的水		5 ㎡不透明塑料布	
蚊帐		一瓶烈性酒	
一桶压缩干粮		15m 尼龙绳	
若干太平洋海区图		两盒巧克力	
一个救生圈		钓鱼具	
一桶 9L 油气混合物			

周边情况：你们现处在"珍珠岛"上，周围是湍急的溪流，任何触及的物品将被冲至"盲人岛"（1 号岛）。孤岛中央非常坚固，但当遇到强大压力时，周围的松软土地将崩塌。

规则：

1. 岛不能移动。

2. 岛的边界不能改变。

3. 所有物品、所有人不得踏入溪流，否则将被立即冲至"盲人岛"。可以运用一些物理定理；但是，如果不能准确运用这些定律，将会导致危险的后果。

三、越障

（一）项目概述

这个项目的名字叫越障，是一个需要团队协作进行挑战的项目，这个活动需要较强的动手能力和判断力，也需要一定的勇气、服从和奉献精神。

（二）场地器材

①一块足够大的自然地面，场地避免坚硬的凸起物与尖锐物体，安置或利用可以挂网的直立物挂高 2.5m，宽 6m 的绳编大网一张。

②长 4m 左右，直径约 10cm 的长竹竿 3 根。

③长 2m 左右，直径约 6cm 的短竹竿 1 根。

④6m 左右长绳一条，2.5m 短绳 3 根。

⑤手套 14 副。

（三）学习目的

①培养团队决策能力，并将决策与执行顺利转化的能力；

②体验"从做中学"，提高团队学习能力；

③提高团队的协作能力和成员间的关爱习惯；

④绩效评估在活动中的产生与方法。

（四）布课过程

①这个项目叫"越障"，这是一个以团队协作为主的挑战项目；

②在活动开始前将身上多余的硬物与不用的物品放到一个指定的地方，然后做适量的热身活动。

③在 40 分钟内试用所提供的器材，让所有学员以及提供的器材从网的一侧到达另一侧；

④活动中任何人、任何物体不得触网，否则返回起始点重新开始；

⑤为了大家的安全，在活动中要戴上手套，器材应轻拿轻放、不要耍玩、用完清点；

⑥学员都必须服从指挥，1m 以上高度禁止跳跃。

（五）安全监控

①布课时强调安全，摘掉身上的物品放到指定地点；

②竹竿绑好后，每通过 2～3 个人，检查绳子是否松动，不断提醒重新绑紧；

③学员捆绑竹竿时，可以对捆绑点与捆绑技巧给些指导，学员搭建 A 字形结构时，提醒学员搭的高些；

④建议学员超过障碍后，双手抓竹竿，脚自然下垂触地落下；

⑤学员爬到顶端的时候，监控人员一定要跟随保护。

（六）项目控制

项目布置阶段：

①确认器材的安全性，竹竿有无龟裂，绳子是否结实；

②做项目前确认参加人数和学员整体的体形特征，对完成项目不利的因素要多些准备；

③给学员多一些鼓励，但要提醒学员不要急于求成；

项目挑战阶段：

①不断提示学员应注意竹竿的坚固程度和绳结的结实程度；

②讨论时间过长时可以提示，有时"武断"的决策和勇于尝试也很必要；

③对于学员违反安全规则的行为予以制止；

④必要时进行时间控制、技术指导，记录关键点、关键人物、典型事例用于分享回顾；

⑤注意培养学员的团队精神，要求每个学员自始至终保持对活动的参与热情。

（七）回顾总结

①对活动中全体学员的努力给予认可和鼓励；

②每个学员都对完成的任务进行回顾，做出相应的简短评价，并谈谈自己当时的内心感受；

③对活动中决策的形成进行回顾，争取结合生活中身边类似的情形与大家分享；

④队长在活动中的领导能力表现，如何授权与如何总结成败的经验教训对不同活动的帮助；

⑤学员可对其他人的表现进行评价，尤其是对那些表现好的学员要多一些鼓励；

⑥活动绩效评估的产生与方法，包括安全性、实用性和经济性，总结规律并能够传承和使用。

四、高台演讲

（一）项目概述

高台演讲是在设定的高台上，面对下面的众多人，按照既定题目利用规定的时间方式进行演讲，以此锻炼自己在特殊情境下的逻辑思维和语言表达能力。有人说："演讲就是生产力。"也有人说："演讲就是领导力最重要的组成要素。"

（二）场地器材

①室外开阔宽敞的开放场地；

②一个不低于 2m 的高台，最好有 3 面护栏，可利用背摔台加木箱代替；

③秒表一块，用于简单记录的笔和本。

（三）学习目的

①在公众面前的语言表达能力；

②对时间的掌控和感觉能力；

③对主题任务的全面掌握和分配能力；

④学习和倾听的能力。

（四）布课过程

①我们现在要做的项目名字叫高台演讲，这是一个个人挑战项目，为了表现特殊压力下的情境，所有的人轮流站到高台上进行演讲；

②演讲从双脚站到台上开始，时间是 3 分钟，到 3 分钟必须停止；

③用 1 分钟讲讲你的过去，用 1 分钟讲讲你的现在，用 1 分钟讲讲你想象中的未来（拓展教师强调一分钟，并可以将过去、现在、未来无规律重复一遍）；

④如果演讲结束而时间未到，请继续留在台上，可以随便讲些其他话题。

（五）安全监控

①要求上下演讲台注意安全，不得跳下演讲台；

②不得使用不文明用语。

（六）项目控制

项目布置阶段：

①语言精练，重点突出，讲解清楚，及时反馈，确保学员了解任务要求；

②安全要求讲解清楚，确保学员的安全；

③可以提示学员要勇于讲话、讲真话、讲负责任的话。

项目挑战阶段：

①严格按照时间要求进行，最后 15 秒给予提示；

②提前通知下一位准备演讲的学员，确保交接顺畅；

③要求听众不要长时间鼓掌和设置提问影响演者；

④安排一名学员负责健康时间，安排一名记录员，用一句话总结记录演讲内容，重点记录三段时间的分配和顺序；

⑤在时间允许的情况下,可以安排 2～3 名渴望补充和完成演讲的学员返场 2 分钟。

（七）回顾总结

①对学员们的口才给予肯定和鼓励;

②巨大的压力,对自己的语言表达能力和逻辑思维能力有影响吗?

③前面学员的演讲对你的影响是什么? 在多次的活动中发现,后上台演讲学员容易受到前面学员的话题影响,比如:曾经有一个队的学员在讲到未来时,希望经济能力达到之后去西藏旅游,随后的学员中有 5 人都说自己也会去西藏、云南旅游,在北大的课堂上有一队 5 个人的理想都是创办"NGO",当然诸如"小时候不爱学习,后来醒悟了所以成绩突飞猛进"等可能引起攀比的话题会影响学员的既定思路;

④社会学家的研究结果表明,"在公众面前讲话"是人们最害怕的 8 个事物之一。曾经有一个男学员上台后一直不语,后来说了一句"我终于在这么多人面前讲话",然后就"羞涩"地跑下台来,后来他认为自己收获颇大,队友们也给了他更多的鼓励和赞同;

⑤有人说,"演讲就是生产力";也有人说,"演讲就是领导力",请就此交流分享;

⑥在一个"计划方案"的讨论会上,小王本想提些"批评性的意见",随着时间推移,几个老同志发言完毕后,小王只想提些"建设性意见",再后来又有几位发言完毕,小王暗自庆幸没有过早发言,轮到自己发言时只得说些"附和性意见",你怎么认为?

⑦时间的把握能力和敏感度也是一种素养,3 分钟任务中的各自 1 分钟的任务为什么总在"怀旧"中用去大部分,留给"现在和未来"的时间这样少? 希望能够给面试、述职、论文报告、讨论发言不会合理分配时间的人提个醒,平时要刻意练习一番为好。

⑧对先讲未来和现在的学员给予特殊鼓励。

五、荆棘取水

（一）项目概述

这个项目的名称叫作荆棘取水,这是一个以团队挑战为主的项目,挑战我们团结协作的能力。感受团队中每一个学员都有特殊的价值,在不同情况下成员之间优势与弱势是相对的,如果合理使用,它们之间可以互相转换,这会提高团队完成任务的能力。

（二）场地器材

相对开阔的小场地一块,25m 长的保护绳 2 根,15m 长的一根尼龙绳用于围出荆棘区;纸杯一个或矿泉水瓶的上半截;手套 3 双备用。

（三）学习目的

①感受特殊情况下完成任务的分工与合作方式;

②了解团队特殊人才对完成任务的影响和重要作用;

③培养全体学员各尽所能,共同完成任务的能力。

（四）布课过程

①这个项目的名称叫作荆棘取水,挑战我们团结协作的能力;

②在直径 5m 左右的"荆棘"丛中有一杯水,你们需要在 40 分钟之内,将它取出;

③活动中任何人和任何物体不得触及"荆棘"地带,否则将会受到处罚,人触荆棘将成盲人,物触"荆棘"后"荆棘"放出毒气,每回都将造成一人变成哑人;

④我们可以利用仅有的2根绳索,在取水的过程中水滴不得溅落出来,否则将视为失败,如需重新开始将每人罚俯卧撑5次;

⑤活动中注意安全,将手上佩戴的饰物摘除,身上不利于活动的装、戴硬物摘除放在安全的地方;

⑥活动过程中出现危险动作或拓展教师叫停时,活动需立刻停止。

（五）安全监控

①检查场地是否有尖锐物体,确认保护绳的使用安全;

②要求学员把身上带的所有硬质物品放在旁边安全的地方;

③学员在编织绳网时可以要求适当检查其牢固性;

④学员拉绳时不要将绳缠在手上,如果有学员提出无法坚持时应要求其他学员帮助或立即停止;

⑤不允许学员将水喝进嘴里,不可触及杯中的水;

⑥如果是女学员在网上取水,注意将衣服扎入腰带,长发必须扎紧避免与绳交缠在一起。

（六）项目控制

项目布置阶段:

①做项目前评估学员的挑战能力并适当设置"荆棘"范围;

②周边避免有影响活动开展的树木等,如果在附近有树木,要告知学员不可借助树木等捆绑绳索;

③准备好眼罩等备用物品;

项目挑战阶段:

①活动开始后,违规行为要严格监督,以提高学员对规则的要求认知;

②学员在结绳网时争取让更多的人参与其中;

③在"荆棘区"外所进行的试验阶段,拓展教师要适当关注绳网上的学员并做好保护准备;

④活动中不断提醒不要踏入"荆棘区",注意拉绳的用力变化;

⑤除非学员将水杯碰翻或溅出,否则拓展教师不要轻易进入"荆棘区"内;

⑥如果学员讨论时间过长而不采取行动可以适当提醒;

⑦如果完成速度过快可以在出现失误时给取水学员蒙上眼罩和要求换人尝试。

（七）回顾总结

①对学员完成任务的情况用一两句话进行点评;

②鼓励每一个学员谈谈自己的感受,并对发表的意见给予肯定,对完成任务的关键学员给予特殊的表扬;

③起初面对这个任务时,我们的第一感觉是什么？是否产生了轻视任务的心理？

④在选择取水学员时,我们的评价指标是怎样确定的？在完成活动中,有时看似弱势

的资源在特殊情况下是可以转变为优势的,在团队中优势互补是极其重要的一部分,可以就此结合生活详细谈谈;

⑤引导学员对讨论、决策、执行的各个环节进行分析,结合实际生活与学习、工作进行分享;

⑥对分工的方法和效果进行点评;

⑦对关键人、关键方案的产生进行鼓励性的点评。

第三节　地面与心智项目

【经验性训练】

一、盲人方阵

(一)项目概述

这个项目的名称叫盲人方阵,也叫黑夜协作,这是一个以团队挑战为主的项目。

(二)场地器材

边长不小于25m的平整开阔场地一块,长3m、5m、15m左右,粗1～1.5cm的绳子各一根,并预先打结揉乱,眼罩14只或与学员人数相等。

(三)学习目的

①培养团队成员的沟通意识,提高沟通技巧和决策能力;

②感受特殊情境下完成任务的合作方式;

③了解团队领导人的领导风格对完成任务的影响和重要作用;

④培养学员科学的思维方式和对知识的运用能力;

⑤使学员理解角色定位及尽职尽责地完成本职工作的重要性;

⑥理解"失与得"的辩证关系。

(四)布课过程

①这个项目的名称叫盲人方阵,也叫黑夜协作,这是一个以团队挑战项目为主的项目,为了真实地表现情境,所有的人现在戴上一个眼罩,为了使我们的活动有价值,所以必须确认完全不能看到亮光;

②现在我向大家介绍你们的任务,在你们附近不超过5m的范围内有一堆(捆)绳子,在我宣布开始后把它找到,并在40分钟内,把它围成一个最大的正方形,组好后,所有人相对均匀地分布在这个正方形的四条边上;

③你们所做的这个正方形是一件价格极高的产品,其他许多队伍也做了同样的正方形,你们要和他们一起竞标,并以足够的理由证明产品的优势;

④整个活动中任何人不得摘去眼罩,戴上眼罩后应将双手放置身前,不得背手行走,严禁蹲坐在地上;

⑤当你们确认提前完成任务后,将绳踩在脚下,并通知拓展教师,得到准许后才可以按照拓展教师的要求摘下眼罩。

（五）安全监控

①要求地面平整,周围没有障碍物,以保学员的安全;

②学员戴上眼罩后应将双手放置胸前,不得背手行走,严禁学员蹲坐在地上;

③不要让绳子绊倒学员,不要猛烈甩动绳子以免打到学员面部;

④及时阻止学员向不安全地带移动;

⑤提醒学员摘下眼罩时背对阳光,先闭一会再慢慢睁开眼睛;

⑥尽量避免在暑季烈日下或其他恶劣天气下完成任务。

（六）项目控制

项目布置阶段:

①语言精练,重点突出,讲解清楚,及时反馈,确保学员了解任务要求;

②安全要求讲解清楚,确保学员的安全。

项目挑战阶段:

①可以适当地运用技巧增加或降低找绳的难度,比如拓展教师在学员找绳时先抱着不放在地上,可以把绳子放在比较沉默的学员面前,或在寻找困难时适当将绳移近学员,一般找绳在2～4分钟为佳,最好将绳放在训练场地相对中间的区域;

②可以适当干扰进程过快的团队,但切忌弄巧成拙破坏了整个活动;

③特殊情况下,可以稍加改变,如盲阵图形做得很好,可以先领到回顾地点再摘眼罩,让学员在不知结果的情况下回顾(这种情况可以用在拓展教师的再培训活动中),对于初体验学员一般不建议使用。

（七）回顾总结

①对学员完成任务给予肯定或鼓励(慎用赞美之词);学员回顾完成情况,由于比较激动,拓展教师要帮助协调发言顺序,争取让每个学员有发言机会。

②学员回顾完成正方形的方法,怎样确认正方形:四边长相等、四角为直角、对角线相等,他们是怎样操作的,模糊的变量来量边长是不可取的办法,比如拉成四边形用脚步量,相对来说用手臂量的理念已比较接近,只有用定量来衡量是相对精确的方法,如对折。联系生活比如评优评奖,用业绩判断还是用"感觉"判断更有说服力。

③学员摘去眼罩后会觉得眼前的"方阵"没有之前感觉得那么大,这与心理学中人在相对不安的情况下更希望靠近一样,这可以和生活中许多情况相联系。

④怎样用不擅长的沟通方式表达或接收信息,如有些人在活动中提出正确的方法却没人注意,自己也就不再表达了。

⑤民主讨论与决策,个体决策与群体决策,可以简单介绍群体决策所做的试验方法。

⑥合理分工,4～6人梳理绳子、组方阵足矣,其他人想办法制定方案、确定检测方法。

⑦领导(队长)合理授权给"专家",并维护"专家的领导",确保任务完成。

⑧暂时的放弃是一种勇气,也是为了长久的利益,可以引入"缺勤理论",有把握者可以联系到"下岗政策"。

⑨拥有的知识只有运用才能转化成有用的能力,如确认四边形的方法,简单的知识但在完成任务中有时就想不到。

⑩可以让学员复述拓展教师布置的任务,并让大家介绍自己的产品优势,在现有的条件下自己做的是最好的。

⑪对当时出现的其他情况进行应变分析与联系,如在四角的人是否能够始终握住绳角位置不松手,坚守自己的岗位等。

二、有轨电车

(一)项目概述

这个项目的名称叫有轨电车,这是一个以团队挑战为主的项目,挑战我们协调一致、团结合作的能力。

(二)场地器材

户外空场地一块,电车一套。

(三)学习目的

①培养学员获取胜利的信心和勇于向前的精神;

②了解协作的一致性与指挥方式的作用;

③理解个人、小团队、大团队的相互关系。

(四)布课过程

①这个项目的名字叫有轨电车,这是一个团队挑战的项目;

②学员按照电车上绳的数量站在电车上,听到发令后让电车开动起来;

③活动过程中要保持步调一致,否则请尽快调整,如果调整不及时出现摔倒的情况,手要扔掉绳子,同时大声地叫停告知同伴;

④不要把绳子缠绕在手上,失衡后脚要向两侧踏,不要向中间。

(五)安全监控

①学员如有严重外伤史和不适合剧烈运动的可以不做此项目;

②尽量安排在平整的场地上;

③避免学员在过程中速度太快;

④如果安排拐弯,此处地面要防侧滑;

⑤拓展教师一定要跟随在电车侧前方1.5m左右观察学员,做好防护准备。

(六)项目控制

项目布置阶段:

①语言精练,重点突出,讲解清楚,及时反馈,确保学员了解任务要求;

②人数多时可以交替使用,建议一名拓展教师只使用一套电车。

项目挑战阶段:

①可以分开进行模拟练习；

②没有参与的学员可以在旁边保护，可以让其留心观察行进的队伍；

③如果有指挥，最好是参加活动的学员指挥，不要在不默契的时候由旁观学员指挥；

④如果出现拐弯要提醒减慢速度。

（七）回顾总结

①对所有人齐心协力完成项目给予肯定和鼓励；

②对活动中存在的问题进行简单的回顾，尤其是那些起到关键作用的学员；

③完成任务的方法需要所有人共同协商，就此和队友们分享自己的感受；

④经验是在不断地尝试与失败中总结出来的，强调积极的尝试对完成任务的重要作用；

⑤统一的指挥对完成任务的重要作用，指挥者和领导者的异同是什么？

⑥团结就是力量。

三、击鼓颠球

（一）项目概述

这个项目的名称叫击鼓颠球，也叫鼓上飞球，这是一个以团队挑战为主的项目，挑战我们团结协作的能力。

（二）场地器材

平整空旷场地 1 块，拴有 14 根 3m 细绳的大鼓一面；

排球或同类用球 1 个。

（三）学习目的

①培养全体学员取长补短、团结协作完成共同目标的能力；

②培养学员不怕挫折、不断进取、争创佳绩的意识；

③感受互相鼓励对完成任务的积极作用。

（四）布课过程

①这个项目的名字叫击鼓颠球，这是一个团队配合的项目，要求我们在保证安全的情况下，尽可能多地创造更多的颠球记录；

②每人牵拉一根鼓上的绳子，如果人多绳少可以轮流替换，如果人少绳多可以让某些学员牵拉两根；

③颠球时学员必须握住绳头 30cm 以内的地方，绳头有把手的只能握住把手；

④颠球开始后，鼓不得落地，球飞离鼓面后，不得将鼓摔落在地上，放下要慢；

⑤每组学员的最低纪录不应少于 N 个，数量看鼓面的大小而定，一般 100 个为佳；

⑥球颠起的高度不低于鼓面 20cm，否则此球不计数或从头计数；

⑦颠球过程中注意安全，拓展教师叫停时必须停止，因场地原因停止的，可以根据情况决定是否累加。

（五）安全监控

①必须所有的绳子都有学员牵拉，防止落在地上绊倒学员；

②要有足够大的平坦场地，检查场地上不要有石头、木棍等硬物；

③学员需穿运动鞋参加颠球活动。

（六）项目控制

项目布置阶段：

①语言精练，重点突出，讲解清楚，及时反馈，确保学员了解任务要求；

②确认人数与鼓绳的数量关系；

③安全要求讲解清楚，确保学员的安全。

项目挑战阶段：

①拓展教师可以帮助将球放在鼓面上，也可以由学员选派一名或随机安排放球的学员；

②学员在屡次受挫后注意提醒他们要加强协作，不要将不良情绪发泄到鼓上；

③不断提醒在关注排球的同时，也要关注自己的脚下和身边的队友；

④从颠起第一个球开始，球不得落在地上，否则从 0 开始计数；

⑤如果完成较好，可以告知这个活动最近的最好成绩是 N 个，通常在 80 个左右。

（七）回顾总结

①通过团队成员的协作，体验目标管理；

②民主的讨论之后如何形成决策的，是否每一个人都了解决策的结果，这对于执行有何帮助？

③如果在短时间内无法制定出方案，懂得先做后说比纸上谈兵要重要得多；

④和预料的结果不同时如何调整与应对是很重要的；

⑤现在是一个以结果论成败的时代，我们关注过程，但也注重结果。

第四节　户外项目

【经验性训练】

一、信任之旅

（一）项目概述

这个项目的名称叫信任之旅，这是一个个人挑战与团队相结合的项目。

（二）场地器材

适合活动的室外场地一块，设用于跨过、绕过、钻过不同障碍的场地一块，准备和学员人数等相等的眼罩和 A4 白纸。

（三）学习目的

①培养团队成员的沟通能力，提高沟通技巧；

②感受互相帮助与关爱；

③体验信任对于我们完成任务的作用。

（四）布课过程

①这个项目叫信任之旅，是一个团队合作项目；

②我们是一群丧失了视力的盲人朋友，现在需要共同努力通过一段充满荆棘的路途；

③选定一名学员做引导员，一名安全记录员，其余学员全体戴上眼罩；

④戴上眼罩之后，全体盲人学员在 2 分钟内，不发出任何声音，在原地利用手上的一张 A4 白纸折叠一个最能代表你手工能力的作品，这个时段由安全记录员负责监督；

⑤利用 2 分钟时间带领引导员迅速对穿越路径进行一次探路活动，并简单告知易出危险之处；

⑥收集手工作品，并由记录员记录它的主人，然后旅程开始；

⑦全体学员在开始时有 3 分钟时间可以讲话，此后直到完成任务盲人不得发出任何声音；

⑧活动中注意安全，严格按照规则进行挑战，不得摘下眼罩，不得在禁声期讲话，否则将受处罚；

⑨盲人依次牵手（或双手搭在前一位学员肩上）前行，拓展教师叫停时全体学员必须立刻站在原地停做动作。

（五）安全监控

①要求道路地面平整，障碍物设置明显，不要设置尖锐的障碍物；

②学员戴上眼罩后不要随意移动；

③引导员严禁有意加大难度或开玩笑；

④提醒学员摘下眼罩时先闭一会再慢慢睁开眼睛。

（六）项目控制

项目布置阶段：

①语言精练，重点突出，讲解清楚，及时反馈，确保学员了解任务要求；

②要求引导员和安全监督员作特别交代，确保学员严格按照项目规则完成任务；

③选择相对具有责任感、有一定表达能力、做事认真的学员做引导员和安全监督员；

④路径长度应该在 200～300m，障碍依难度设定 7～10 个，难易结合。

项目挑战阶段：

①要求学员注意安全，每一处障碍拓展教师都应在此等待，并提供帮助和保护；

②对那些逡巡者多一些鼓励和安慰；

③提醒引导员不要催促学员，不要急于求成；

④安全监督员在不发出声音的情况下监督队伍中等待或移动的学员。

（七）回顾总结

①对大家完成任务活动给予肯定和鼓励；

②鼓励每一个人谈谈自己的感受，盲人先谈，引导员和安全员尽量安排在回顾的后半段；

③关于沟通，我们采取了什么办法？那 3 分钟是怎样运用的？

④根据学员的回顾和大家交流关于活动中信息的传递和接受是怎样进行的；

⑤互相信任对于完成活动的重要意义；

⑥让引导学员谈谈他们对于责任的认识，可以结合领导力问题细致交流，分享韦尔奇在央视"对话"栏目中谈到的"中国企业领导人要多一些责任和爱"。

⑦盲人学员谈谈各自的弱势和困难，获得帮助也是他人努力排除困难的结果，可以引导学员懂得以感恩之情看待成功。

二、扎筏

（一）项目概述

这个项目叫扎筏，也叫扎筏泅渡，这是一个团队协作型项目，活动中需要我们共同努力打下坚实的基础，建造一个可以承载全体学员的竹筏，同舟共济，开创未来。"百年修得同船渡"，学员们日后一定会不断记起这次不同寻常的活动。

（二）场地器材

足够大的自然水面，要求选择的堤岸坚硬、平坦、开阔，避免湿滑、蚊虫过多和有水草的水域，气温为 20～35℃，水温最好在 15℃ 以上，暑天避免在烈日下做此活动。

①在人工游泳池中最好穿适合游泳的服装；

②大纯净水桶 6 只或高 80cm 左右，直径 50cm 左右的大塑料圆桶 6 只；

③长 4m 左右，直径约 10cm 的毛竹 4 根；

④长 2m 左右，直径约 6cm 的毛竹 5 根；

⑤0.5～1cm 粗，6m 左右长绳 6 根，2.5m 左右短绳 8 根；

⑥船桨 6 把，救生衣每人一件；

⑦备用救生圈、绳索（一端系好漂浮物）、长竹竿、浮板。

（三）学习目的

①培养团队决策能力与团队成员的动手能力；

②提高学员的学习兴趣以及协作能力；

③在特殊环境下，增强团队凝聚力；

④使学员理解工作绩效的产出的标准，包括安全性、实用性和经济性。

（四）布课过程

①这个活动叫扎筏，也叫扎筏泅渡，这是一个水上团队协作项目，对于不会游泳的人更具挑战；

②在 90 分钟内使用提供的材料，扎成能一个能容纳全体组员的竹筏；

③全体人员一同划动竹筏到指定地点拿取"羊皮书",然后返回起点交上"羊皮书"为完成任务;

④团队绩效考评依据为竹筏质量、完成时间等指标;

⑤活动前后必须将所有的器材清点一次;

⑥器材搬运过程中一定要轻拿轻放,不要让器材碰伤队友;

⑦活动开始时,所有的学员必须按规定穿好救生衣,特别要注意救生衣腰带是否系好;

⑧禁止在划筏过程中跳离筏子游泳,在筏子上不得嬉闹。

（五）安全监控

①分析学员的身体的整体状况,了解不会游泳的学员人数,并以此确认是否需要另外的安排救生员;

②要检查好救生衣的状况,学员扎筏时,拓展教师全程跟随观察;

③提醒学员在扎筏过程中不要被竹刺或绳子伤手;

④拓展教师必须穿游泳衣裤,并且做好救生准备;

⑤竹筏散落时,必须保持冷静,注意观察,重点监控不会游泳者的位置,出现紧急情况,立刻进行器材救护或直接入水救护;

⑥出发和返回时必须清点人数,非本队学员不得参与本项活动;

⑦根据水情,指导学员学习自救方法,如在有水草的地方筏子散落时的应急方法;一旦竹筏散落,不会游泳的学员会十分紧张,告知学员不要惊慌失措,尤其不要大喊,可以举手或迅速抓住散落竹竿。如果拓展教师离得不远并在浅水区,首选是将手中的竹竿伸到落水学员手臂下,帮助站立,然后迅速观察其他学员并进行救助;如果筏子倾翻,要求会游泳的学员尽量帮助不会游泳者将手搭到筏子的竹竿上,学员间不要互相蹬踹,不要无目的地拉拽;不论在什么情况下保持相对的冷静是非常重要的,拓展教师不要轻易下水,否则将会失去观察全局的机会,只有救援目标较少而且比较危机且没有其他人能够救助时再迅速跨入水中游向目标。

⑧注意保持竹筏的承重平衡,开始与停靠时学员尽量站在竹筏的中部;

⑨学员因健康或身体不适合入水可以不参加划竹筏环节的活动。

（六）项目控制

项目布置阶段:

①确认器材的安全性(包括救生衣);

②找出学员中不会游泳的人,多做鼓励;教授落水屏息方法;手臂上举后要下压至侧平举,不要急起急落;讲解穿上救生衣后完全可以漂在水面上,消除心理压力;

③讲解要清楚,接受学员提问,确保学员了解任务要求;

④安全要求讲解清楚,确保学员了解,可以适当提问,要求学员重复;

⑤强调团队合作,强调入水后对筏子牢固性的检查;

⑥消除学员急于求成的心理,重要的是完成全员往返任务,而不是一味追求速度。

项目挑战阶段:

①拓展教师在活动的过程中关注学员的行动并进行必要的记录,必要时进行时间控制和技术指导;

②适当提示学员在无法制定出确切方案时可以动手做多种尝试,而不要一味地讨论,占用太多时间;

③在扎筏时要有必要的质量要求和检查手段,可进行简单的绳结技术指导;

④竹筏下水散落的话,如有剩余的时间组织再次扎筏,不要轻言放弃;

⑤出现安全隐患和学员违反安全规则的行为予以及时制止;

⑥注意培养学员的团队精神,要求每个学员自始至终保持对活动的参与。

（七）回顾总结

①学员上岸后及时、迅速整理衣装并组织回顾;

②提示每个学员都对本队的任务完成过程进行回顾,做出相应的简短评价;

③队长对本项目以及自己在本次活动中的领导表现进行回顾,总结成败的经验教训;

④学员可对其他人的表现进行评价和发表自己的看法;

⑤对表现特别好的学员应该给予更多的鼓励。

三、抽板过河

（一）项目概述

抽板过河是一个真实情境下完成的项目,在河上有一座没有桥板的绳桥,利用两块木板经桥通过河流,这是团队协作的真实考验。

（二）场地器材

①室外宽 4～5m 的水域,水深不超过 0.5m。在岸的两边架起两条 2m 左右的钢索,钢索上每隔 2m 左右有一条垂直的绳兜。

②打磨光净的木板 2 块,手套 4 双备用。

（三）学习目的

①培养学员合理计划、有效组织、积极协作的意识;

②增强学员合理利用资源和分析资源的配置属性的能力;

③认识合理分工与服从组织安排的重要性;

④培养团队的科学决策方法和严谨细致的工作作风;

⑤合理节约时间的意义和作用。

（四）布课过程

①这个活动叫抽板过河,从活动名字就可以了解活动的内容与方式,它考验我们团结协作的能力;

②利用现有的 2 块木板和我们的聪明才智,保证所有学员从河的一边到达对岸;

③活动中不得抓桥上的钢缆,绳索可以抓扶;

④过河时任何人不能离开木板,否则当时在桥上的人必须重新回岸边开始;

⑤每次过河人数不限,过河过程中,木板不能掉到水中（在绳桥上站人后没入水中除外）;

⑥可以脱掉鞋子,但要注意不要刺伤、滑伤自己的脚;

⑦在40分钟内完成有效,成绩以过河单位人次用时计算;

⑧活动中必须注意安全,并将身上装、戴的多余物品摘除。

（五）安全监控

①检查场地不要有坚硬物品,包括水中的安全检查,确认器械牢固可靠;

②要求学员把身上带的所有硬质物品放旁边安全的地方;

③学员每次通过人数应控制在一定数量以内,避免人数过多无法抽板;

④如果木板叠压上面站着学员,不得硬抽下面的木板,防止绳索从板头滑脱;

⑤拓展教师要注意安全,时刻做好保护准备;

⑥关注上岸后的脚步安全;

⑦女学员身体不适可以自愿参加,不得强求。

（六）项目控制

项目布置阶段:

①做项目前确认参加学员的身体健康;

②布置项目时讲解清楚,接受学员的提问并做合理的辅导,辅导时重心理轻技巧;

③如果条件允许可以在河底铺细沙或粗麻布。

项目挑战阶段:

①活动开始后,严格按照规则要求监控,以提高学员的严肃性和警惕性;

②第一批学员过河后,拓展教师可以运用赞美的语言给予鼓励;

③严格监控抽板学员的动作,避免急躁与赌气类的动作,防止出现不计后果的冒险行为;

④木板过河后不得扔回对岸,搬运者必须沿原路返回,如此继续;

⑤注意保护学员的安全,坚决制止违反安全规则的动作和行为;

⑥留心观察每个学员的表现(包括语言、行为、表情、时间、结果等),在分享回顾阶段使用;

⑦项目进行中,要保持对团队每个成员的每个动作的高度关注,尽量近距离进行观察和监督。

（七）回顾总结

①对学员顺利完成任务后给予肯定和鼓励;

②鼓励每个学员谈谈自己的感受,并对发表的意见给予肯定,对完成任务的关键学员给予特殊的表扬;

③当面对没有桥面的桥时,我们的第一感觉是什么？对通过的信心如何？

④我们可利用的资源是什么？时间、身体、智慧、木板,如何分配和利用这些资源;

⑤合理的分组与全局观的合理运用与提高;

⑥引导学员对讨论、决策、执行的各个环节进行分析,结合实际生活与学习、工作进行分享;

⑦前一步为后一步做好准备。

第五节 综合项目

【经验性训练】

数字传递

(一)项目概述

这个活动的名字叫作数字传递,又叫驿站传书,这是一个考验团队沟通能力的项目,活动中信息传递的准确和迅速性同样重要,要想成功挑战需要我们在沟通的技巧上不断磨炼,如果是在比赛中完成这个项目,它将带给我们更多的刺激与乐趣。

(二)场地器材

室外比较开阔的场地,夏天找一个阴凉处也是不错的选择,另外带上白纸、笔和秒表。

(三)学习目的

①对团队成员沟通能力中信息源、传递方法和接受能力的培养;

②培养学员的学习能力和积极参与的态度;

③感受多环节合作中每一个环节都起决定作用的重要意义。

(四)布课过程

①这个活动名字叫数字传递,是一个团队沟通活动;

②在接到数字后,各队学员排成一列纵队,如果多个队伍,适当保持距离;

③队尾的学员将得到一组数字,你们必须把这组数字通过肢体语言传递给你们前面的学员,然后由前面的学员继续向前传,一直到最前面一名学员,并将数字写在拓展教师指定的纸上,看哪个小组传的准,传得快;

④传递过程全体学员不允许说话,后面学员的手臂不能伸到前面学员面前,前面学员不能回头看;

⑤比赛进行三局,传对且不超过5分钟为有效,都传对则时间快者获胜,都传错为平局,如果平局则继续加赛一局决出胜负(如果全错全体受罚);

⑥每次比赛前有5分钟讨论,比赛过程违规即宣判失败。

(五)安全监控

①暑天不要在烈日下进行;

②学员传递中动作不得过重,尤其不得使用敲打头部和掐、捏等动作。

(六)项目控制

项目布置阶段:

①语言精练,讲解清楚,确保学员了解任务要求;

②注意队形的排列,选择便于拓展教师观察和监控的合适距离。

项目挑战阶段:

①第一次比赛前可以适当多练几分钟,后面的挑战如果沟通顺畅可以适当压缩练习时间;

②每次给的数字要有变化,并且适合团队当时的能力;

③要求学员遵守规则,并严格要求数字传递之后的学员遵守规则;

④队形可以适当调整,可以适当打破他们的传递规律,比如队伍全体后转或随机选出一名学员来接受数字并做第一个传递者,提高学员的应变能力;

⑤制造合理的竞争气氛。

(七)回顾总结

①各队学员根据自己队伍的表现进行简单的分享回顾。

②当我们对计划进行讨论与决策时,是采取思维全盘考虑还是习惯思维、我行我素。

③在有障碍的情况下怎样解决沟通问题?怎样提高沟通效率及沟通的准确性?

④我们的沟通是相互的吗?有及时反馈吗?

⑤有时候细节决定成败,在传递的过程中我们会观察到一点,就是失败源于忽略细节,成功也源于认真留意细节,大家就此谈谈。

⑥俗话说:"没有规矩不成方圆",只有大家在统一的规则下,团队所有成员都按共同的方式和方法去做事,我们才能够成功。在团队决策的阶段一定要达成共识,在统一标尺下才有利于结果的统一。

⑦选择怎么样的沟通方式,是以自己擅长的还是以对方熟悉的,结果会截然不同,换位思考的问题也很重要。

⑧沟通是双向的,有呼有应,有去有回,要注意信息的接受和反馈。

⑨经验是宝贵的财富,每一轮活动之后我们是如何改进的?失败的经验很重要,成功的经验对下一次成功一样重要,正如"失败是成功之母,成功是再成功之父"。

【复习思考题】

分别试述高空项目、中低空项目、地面项与心智项目、户外项目、综合项目等五大类项目中任意一项目的项目概述、场地与器材要求、学习目的、布课过程、安全监控、项目控制和回顾总结。

<<< **第五章**

拓展训练的安全保障

实操案例

2009 年 6 月某活动中,某单位在进行拓展训练时,背摔学员肘关节砸伤队友鼻梁骨,培训师操作失误占主要原因。背摔是考验培训师动手能力的最主要项目,要多加考核,在备课时培训师之间要多加练习。有经验表明,大凡测评考核培训师中,2 年内的新人绝大多数存在操作环节缺失的问题。所以培训师本人多加体验和练习是提高能力的主要途径,基本要求是 2 年内的或带课经验少于 40 次的新培训师每个月至少亲身体验一次。

第一节 安全是拓展训练的命脉

对于一个活动的领导者、组织者或是指导者,安全意识是非常重要的,对此我们要极其注意和重视。

由于学员大多是初次接触拓展训练,许多人在完成项目时的顾虑来自于活动是否安全,即使组织方做出了承诺,但是安全的疑虑还是会伴随学员直到课程结束。当然,拓展中的挑战性很大程度上就来自于其风险性,例如"空中单杠""垂直速降""高空断桥"等项目,的确会使人产生危险的心理感受。但拓展活动其实是对学员心理上的挑战,而不存在真正意义上的危险。因此,在训练过程中对安全的注重和考量是非常重要的,甚至可以说是拓展训练的命脉。因为,一旦出现事故,其伤害程度较大,后果将会非常严重,也会给受伤者身心造成不良的影响。

了解到潜在的风险对开展拓展培训将有积极的效果。在安全可以实现的范围里,真正的安全也决不能仅仅依照固定的模式来执行,有时仍需要采取随机应变的方法,通过实地的特点和条件来制定安全预案,从而避免危险出现时的慌乱,将不安全的可能性消除掉。

第二节　安全原则

拓展训练因其选择的场地、器械的特殊性,活动内容的未知性以及特有的心理挑战等,决定了拓展训练具有一定的风险性,如何获得最大的安全保障,如何让参训学员在身体、心理上获得安全保障,是拓展训练课程更好地发展甚至进入学校教学课程中至关重要的一环。

一、备份原则

任何需要的器械保护之外,都必须安置备份器械。例如:跳跃冲击性项目必须有两套独立的绳索与主锁保护。空中单杠在进行保护的时候,需要在单杠的前后方各打一个保护点,两条独立的保护绳各自连接一个主锁,主锁锁门一侧挂在连接点上,确保其中的任何一个都能起到保护的作用。

除了器械上的备份,保护手法也需要双重准备,以确保其中任一保护都足以保证在项目实施过程中学员的安全。例如:在完成信任背摔时,在每一个环节上都要有双重保护。当学生站在背摔台上后,拓展教师一定要将其引带到正确的位置上,绑好背摔绳。学员后倒时教师必须确认了方向后才能松背摔绳,倒下后首先是队友的双臂接住,要确保学员即使体重很大,也会安全落在队友的弓步上,绝不会落在地上。因此,接人队员在接人之前的队形和站姿的安排也非常重要。

二、行为原则

拓展教师对项目进行中可能遇到的安全问题必须进行全程监控,坚决杜绝任何安全隐患。例如在做求生墙项目时,拓展教师与安全监护人员要一刻不停地监护整个过程,不合理动作一出现就要及时叫停、随时提醒,不仅要关注上爬的队员,也要留意在墙上的队员,整个过程要全方位、多角度地监护。

此外,在高空项目中还要遵循换锁"先挂后摘"原则,项目过程中"互相保护"原则。

三、复查原则

所有的安全保护器械合理使用,完成后必须再复查一遍,操作中大部分保护措施要多次检查,消除操作失误的可能性。例如,我们在做高空断桥项目时,在学生上去前,教师首先要自己检查,然后队长与队友再检查一遍,当上到断桥上时,拓展教师再次检查安全带是否穿戴正确,安全头盔是否扣好等等。

第三节　安全保障

　　"科学系统的课程设计、随时随地的安全意识、国际认证的器材装备、严格规范的操作方法、丰富实用的教学经验、灵活有效的安全预案"是拓展训练获得安全的保障。所有参与的人员都必须认真地对待，正视项目的特点及风险性，在教学中消除安全隐患，杜绝疏忽大意，这样就能够获得更大的安全保障。

一、人员安全意识保障

（一）拓展训练前的准备工作

①拓展出发前需要准确填报自己的姓名、民族、身份证号、既往病史、有无伤病等。

②检查自己是否有意外伤害与医疗保险。

③检查随身携带的物品衣物是否符合拓展的要求。

④携带一些常规药品。

（二）拓展训练时应具有的安全意识

　　拓展中安全的概念是"在拓展的活动内外，所有参与者与其所处的环境能够受到保护，从而获得身体、心理与环境的正常状态。"拓展中安全的概念是在"大安全观"指导下的概念，在拓展活动中我们也应当按照"大安全观"对学员进行安全教育。

　　拓展中所指的安全不单单指身体的安全，而是全方位的安全，它包括：

①身体安全，即保护自己的身体不受伤害。

②心理安全，即自己可接受的、伤害阈值前的心理压力。

③行为安全，即不做违反道德、法律的活动。

④器械安全，即器械与活动道具的保护。

⑤环境安全，即环保习惯与意识的培养。

　　安全意识是拓展中非常重要的部分，安全与不安全之间没有过渡，只要踏出 100% 的安全一点即进入 100% 的不安全。将安全意识融入日常生活习惯之中，以此获得训练的附加价值，从意识深处认可拓展的安全操作规范是对拓展的尊重。

二、组织管理安全保障

①按时作息，这是保证正常参加拓展训练的先决条件。

②拓展训练中各队队长有义务和责任保证在集体活动时每一位学员及时准确地到达集合地点。

③在完成项目期间不允许出现不合时宜的玩笑和打闹，有时这将会导致不必要的事故和危险。一旦拓展教师要求停止某种行为或暂停项目时，要即刻服从。

④所有器械与高空器具未经允许不得擅动及使用。

⑤活动期间,不得擅自离队。出于团队协作,统一行动及保证参训者个人安全的考虑,在拓展训练期间,不允许参训者随意地远离队伍或营地,更不允许聚众赌博等行为出现。如果有人掉队,必须全体等待,除非有特殊情况,经拓展培训师批准,专人负责管理相关队员。如无特殊情况出现迟到、早退的需在其归队后,全队接受"惩罚"。

⑥活动期间严禁吸烟与用火。由于所有用于保护的绳索与安全带都属于易燃物,即使只是因为火星而形成的轻微损伤,都将给参加培训的学员带来安全上的隐患。因此,严禁用火,是出于对参训者人身安全的重视。

⑦参训期间不得饮酒。因为拓展训练会有部分高空或有一定风险的项目,可能会引起人生理和心理上的激动、恐惧、兴奋及小的眩晕等,如果饮酒将会增加以上表现,从而使心脑血管的压力进一步增加,甚至会影响判断力、反应力以及分析和抵御风险的能力,这些都将会造成危险情况的出现。

⑧活动期间要提醒队员注意环境保护,不要随意丢弃垃圾、踩踏场内的花草。

三、操作安全保障(法式五步法)

空中单杠、断桥、缅甸桥、天梯、高空相依等项目为了避免被保护者坠落时受力太大,或保护者需随着被保护者移动,要将保护器械直接固定在保护者身上。将绳索甲端系于攀登者安全带上,甲端向上延伸通过上方保护点绕下,则成为乙端。将乙端绳索按"8"字形缠绕在 8 字环上,将 8 字环挂在保护者安全带上。以右手为主要用力手为例,则左手握住从上方下来的绳索,右手握紧从 8 字环绕出来的绳索。保护者两腿前后分立,重心略向后,随着攀登者的逐渐向上运动,保护者要不断将绳索收回。收绳时,注意以下动作要领:

①左手根据攀登者的上升速度向下拉绳,右手同时将通过 8 字环绕出的绳端向上收紧,这时右手离 8 字环较远;

②右手向下翻至右胯后部;

③左手过来抓住通过 8 字环绕出的右手前的绳索;

④右手换到 8 字环与左手之间抓紧绳索;

⑤恢复第一步姿势,如此反复操作。此乃"法式五步保护法"。

注意:必须始终有一只手抓紧从 8 字环绕出的绳端。当攀登者达顶后或需放下时,则将右手背于胯后紧贴躯干,手握力略松将绳逐渐放出。一旦攀登者失误脱落,则在两脚站稳的基础上,重心后移,用右手迅速用力抓紧绳子背于胯后,利用 8 字环的摩擦力使绳索停止滑动而将攀登者固定在空中,使其得到保护,然后再将其慢慢放下。以上保护技术,左利手者操作则正好相反。空中单杠因冲坠较大,应有两人保护。

四、器械保障

器械的选择、采购、使用、保养与维护,对于拓展的活动保障非常重要。各种器械质量和使用方法对于教师和学生的安全都不容忽视,对于完成活动增长经历也有特殊价值。

下面对一些常用器械进行介绍。

（一）头盔

不论我们参加场地拓展的高空项目，还是野外拓展中的攀爬与下降项目、水上项目或者绳索课程，都应该带上头盔。值得一提的是，许多拓展教师虽然十分注重学生对头盔的使用，但自己却常常忘记戴上头盔。拓展教师戴头盔在确保自身安全的同时，也在向学生传递一种安全的理念。

1. 如何选择拓展头盔

拓展中我们一般选择一些质量较好，功能简单的传统头盔，这类头盔仍然保持款式经典、重量轻、舒适性、透气性好的特点。它们大多数都采用聚乙烯材料外壳，内层采用尼龙材料，外壳与内层之间采用无铆钉连接，使总体舒适感增加，简单快速的颈部收紧系统，可以随时将头盔调到一个最舒适的松紧度。紧贴皮肤处采用速干、透气材料，以及两侧的通风孔，可以降低头盔内温度并帮助排汗。

2. 头盔使用时的注意事项

头盔不仅仅能够保护我们的头顶，有时候还会保护我们的眼睛与脸部，尤其是流线型较好的头盔，有的还会有一个前遮，这样的头盔并不是因为好看或时髦，在一些快速移动的项目中，树枝或绳索有可能会伤到脸部，流线型较好的头盔可以起到很好的保护作用。

使用头盔时需要注意以下几点事项：

①尽量使用安全可调的头盔，包括头围与颈部的收紧装置。

②不要将头盔的前后戴倒了。头盔有前后之分，尤其是那种非流线型的半圆头盔，如果无意间戴倒了，这样会觉得很不舒服，而且很容易遮住自己的眼睛。

③将长发盘在头盔里是最好的选择，头发上的装饰物应该摘下。如果长发在头盔外飞舞，很有可能会和安全带或绳索缠绕在一起，尤其在类似"空中单杠"这样的项目，全身式后挂安全带一定会给长发带来危险，戴头盔时最好将长发盘起来或用橡皮筋扎住，戴在头盔里。头上佩戴的饰物应该摘下，饰物有时候会和头盔里的震荡缓冲装置"纠缠"在一起，让自己陷入不该出现的麻烦中。

（二）安全带

安全带是人与装备的连接枢纽，一般分为全身式安全带、胸式安全带、坐式安全带。

1. 全身式安全带

全身式安全带在拓展的空中跳跃项目中使用，它的优点是可以防止人在空中的翻转。一般由45mm的宽带制成。全身可调，一种尺码。胸围最大尺寸108cm，腿围最大尺寸90cm，常见的全身式安全带前后各有一个挂点，有的有装备环。

2. 胸式安全带

在某些特殊情境下，使用胸式安全带是非常必要的，胸式安全带可让使用者在出现意外时不至于头下脚上。使用胸式安全带代替全身式安全带的缺点是，冲击力较大时，身体的上半身承受的力过大，有时会造成危险的后果，尤其对于儿童，不可使用胸式安全带。

3. 坐式安全带

坐式安全带也叫半身式安全带，主要由腰带和腿带构成，可分为全可调和半可调两种。

(三)拓展用绳

拓展绳索的作用是非常重要的。通常运用的绳索有:全程保护学员的上升、通过或跳跃、下降的动力绳,如"空中单杠"用绳;固定在场地器械上的,用于连接上升器或自动制动器,保护学员攀爬时上升或下降的静力绳,如"高空断桥"立柱上连接上升器或自动制动器的用绳。用于双手抓握的不同粗细的麻绳,沿绳攀爬或摆动时使用,如"飞越急流"的秋千绳。

许多时候绳索的作用只是在出现意外时才能够使用得上,比如在"高空断桥"的项目中,在断桥上时,绳索只是起到意外失手的保护作用,有的时候我们可以假想绳索并不存在。但是要提醒大家的是,无论我们有多大的"把握",绳索是绝对不可以摘除的,我们不仅不能摘除,而且还要有更加安全的保障。

拓展常使用的保护用绳和登山与攀岩活动中的用绳相同,所有的高空项目都会用到保护绳,拓展行业中所说的保护绳也就是攀登中的登山绳,也被称为动力绳(Dynamic Rope),在这里我们对拓展的保护绳进行较细致的介绍,也是为了最大限度地降低高空项目的风险性,使拓展具有更高的安全性。保护绳在拓展中是最重要的器械装备,上升、下降和跳跃等各项活动都需要保护绳的保护。铁锁、安全带等众多用品也只有和保护绳联系在一起时才能发挥作用。

保护绳的使用要点:

①认清动力绳与静力绳的区别。用来攀登和跳跃保护的活动绝对不能使用静力绳。用静力绳攀爬是对自己和别人的生命极其不负责任的表现。

②选择合适的长度。绳子长度一般以米(m)来计算,整条绳的一般长度是 50m、55m、60m、70m 几种规格,场地拓展的高空项目一般用绳在 25~30m 即可,将其从中间截为两段即可在拓展中使用。

③选择合适的直径。直径一般用毫米(mm)表示。直径大的绳子保险系数和耐用性会好些,拓展最好选用 10.5mm 的绳子。

④保护绳的保养。绳子基本不用洗,如果污渍严重可以用清水或肥皂水清洗,平时还要注意保持干燥,避免长期暴晒。使用时不能踩在上面,最好不要让保护绳和沙石地面接触。用完要整理收存,保持干净整齐。特别强调在保护绳附近不能抽烟与用火。

⑤使用要有规律。一般保护绳两端的 1m 处较柔软,易于打结,其他部分重在耐磨,如果是裁成两段的绳子,最好每次都能分清中段与绳头。如果可能,不同项目使用的绳最好专用,这样可以按不同项目对绳子的使用程度进行合理评估和淘汰。

⑥保护绳的顺畅使用。保护绳从学生经保护支点至保护者之间,不能扭曲,不能互相纠缠。保护绳在经过 8 字环后,有时按照一个方向拧转,出现这种情况需要在给学生更换连接点时让绳回转几圈,同时让保护者将绳从 8 字环和主锁中抽下并卸去拧转力。

⑦保护绳索更新换代。保护绳子受过冲坠系数 2 的冲坠、正常使用 3 年后就应该更换,即使很少使用,由于材料的老化,4 年也到了淘汰期。绳子在使用通过 5000m 后要更换,包括用于上升、下降、跳跃等所有形式的绳子。假设在"巨人梯"项目中,上方保护点离绳端的距离为 9m,到达最高点后离绳端 2m,即使略去学生完成过程上下反复尝试过程,每一次攀升距离为 7m,下降距离为 7m,那么一根保护绳的使用范围应该在 350 人以内,

由于上升阶段对绳的拉力较小或者没有拉力,那么最多也不应超过700人。当然如果绳子受到较大的磨损,应该提前退役。

除此以外,记住千万不要购买任何二手装备,不管是锁具还是保护绳,因为你不知道上任主人的使用情况。更不要轻易地借用装备,以免发生危险。

（四）锁具

铁锁在使用前必须要仔细检查是否有龟裂或裂痕,开口的开启、闭合要平顺没有阻碍,在承受一个人的重量时,开口能够打开。记住铁锁在使用一段时间之后,开口易粘住打不开,可能是开口或锁口有损伤的刻边,也可能是污物积在枢纽或弹簧处。损伤的刻边可用锉刀小心磨掉。开口生锈、枢纽或弹簧处的污物可用煤油、溶剂或汽油等滴在枢纽弹簧的孔内,并开闭开口直到平顺为止,然后把铁锁放在沸水内煮,除去清洁油剂。如果打不开是由于开口弯曲造成,这把铁锁就无法再使用了。在使用过程中,需要注意:

①由于铝合金与钛合金的特殊材质,铁锁如果从1m多的高空平落在坚硬的地面或快速撞击在硬物上,铁锁就必须放弃使用了,以防铁锁内部产生裂痕,在受到强大拉力时断裂。

②多数锁门开口朝向外侧,防止多次摩擦后丝扣会打开。

③高空跳跃项目中,由于冲击拉力较大,学员身上的保护点与保护绳间必须用两把铁锁,锁门方向相反。

④连结支点和保护绳索不能连结三个以上的铁锁一起使用,因为这样的连结会使铁锁纠缠并且扭开。

⑤高空换锁时一定要先挂上锁再摘下另一把锁,不论是否站在高台或是参训者抱住固定物,任何时候都不可以出现保护点完全摘除的现象。

⑥在选择铁锁时要了解不同种类的铁锁承受负荷的拉力,锁具自身重量和价格都不同,在选择时要根据实际需要而选择。如普通的登山和攀岩用的D型铁锁一般重量为50g左右,而带保险丝扣的保护铁锁重量在100g左右,价格上差距也很大。除了使用UIAA字样的铁锁外,建议使用同一个品牌的铁锁和配套保护器械,因为不同品牌的产品有时并不匹配。

（五）8字环

8字环是最普遍的保护器械。它经常用于拓展的高空项目,通过主绳的连接保护人员在下方保护学员的安全,学员在上升、跳跃、通过与下降时,能够感受到来自地面的保护,而保护中非常重要的一个器械就是制动装置,其中最常用的就是8字环。8字环的作用是利用主绳的摩擦力来确保同伴和自己下降时的安全。

（六）上升器与止坠器

上升器和止坠器都是在拓展高空活动中爬上高架时经常使用到的安全保护器械,它们一般需要在高架上下两端固定连接的"路绳"上使用。上升器一般都是手柄式上升器,在上升时用手推动就可使其沿绳上升,遇到人员脱落下坠时通过棘轮与绳的阻力起到阻止下坠的功效。上升器主要为拓展教师摘挂保护装备时使用,由于使用不当会发生安全隐患,一般不建议初学者使用上升器。

止坠器在攀爬保护时无须人工操作就可以沿路绳跟随攀爬者上下移动,无论是在垂直还是斜拉的路绳上都可以很好地发挥功效,它最好在10.5~13mm 的静力绳上使用。止坠器可以在瞬间制停下跌、下滑和不受控制的下落,好的止坠器可以在 30cm 的滑动距离内有效阻止下跌。许多时候止坠器必须和原配的 O 形锁和势能吸收器联合使用。

第四节　安全认证

目前国内户外安全装备,很多方面还需要完善,还没有权威性或者官方性的安全认证。目前国际上有三个关于安全方面的装备认证:

一、UIAA 认证

UIAA 的全名是:Union International Alpine Associations,即国际登山组织联盟,它是国际公认有权威能为攀岩器材订立标准的组织。UIAA 标识是指这项产品通过 UIAA 规定的测试,并达到 UIAA 所订的标准。

二、CE 认证

CE 则是比 UIAA 更常见的标识,因为它的范围不限于攀岩器材。CE 表示本产品适合于依照它所设计的用途使用。(This product is fit for its intended use.)

三、EN 认证

"欧洲标准"——European Norms,简称 EN,正逐渐为世界上许多国家接受,作为产品适用性的指针。在攀岩器材方面,EN 的大部分标准虽然根据 UIAA,但界定更严格,也更先进。对于攀岩绳应如何构造及在控制条件的情况下,绳子应达到如何的表现水准,EN 都做了额外的要求。

【经验性训练】

构建高校拓展训练安全保障体系

1. 国家标准的场地器材

高校在开展素质拓展训练教学的过程中,如果是为了满足正常的教学,那么只需部分地面项目即可,但要提高教学水平,进一步丰富教学资源,可根据学校的实际需要合理开发拓展训练基地。为确保基地建设的安全性,就必须从基地调研开始着手,到标书拟订、施工勘查、工程验收及售后服务的完整过程,尤其是基地的硬件设施要符合国家体育总局出台的《体育场所开放条件与技术要求》GB19079 第 19 部分(拓展场所)和 UIAA(国际登山联合会标准)所规定的要求进行施工。如传统型钢制的高空项目立柱钢管标准要达到材料是 Q235,直径 165 mm,厚 4 mm;横梁钢管要达到直径 114 mm;钢丝绳 10 mm 并采用热镀锌,链条 8 mm 并采用热浸镀锌处理。

2.科学合理的课程设计

根据课程现有的资源、课程确立的目标,结合季节特点和学生差异进行合理的素质拓展训练的内容设计,需要拓展老师在上课之前做好前期的调查与分析。调查内容主要围绕学生专业、年级、人数、性别等特点,然后进行合理的课程安排,再到拓展场地的器材准备和布置。在教学过程中要严格以课程设计的方案为主线进行授课,不要因场地器材等因素而随意改变方案。

3.严格缜密的项目管理

素质拓展活动项目管理是指在特定的组织环境中,为有效实现项目的特定目标而进行的策划、组织、实施、协调、监控和评价等一系列活动规律的统称。安全的项目管理是将素质拓展训练方案分成模块化进行管理的一种有效的手段,主要包括项目的准备阶段、项目的实施阶段和项目的总结阶段。项目的准备阶段又叫安全排查阶段,主要包括器材检测、安装,场地的布置,见习生的安排及有关安全事项提醒等等;项目实施阶段又称安全防范阶段,主要包括安全知识讲解、安全操作规范、安全意识察觉等等;项目的总结阶段主要包括场地器材维护、保养以及报废等等。

4.系统规范的评价体系

评价是人类所特有的一种认识活动,它是人类对自身实践活动自觉的鉴定和反思的过程,其实质在于促使人类实践活动日趋完善,从而更加符合事物发展的客观规律。安全评价体系共分为五个评价项目,即基地文化、场地器材、项目操作、应急设施及其他。

5.经验丰富的培训师资

素质拓展训练是以学生为中心,以学为主,先行而后知的体验式教育模式。该模式是在拓展教师的指导下,经过精心设计特定的场景,对学生进行思想政治教育、心理挑战、自信培养等体验教学,拓展培训师在教学的过程中,不仅是知识的传授者,更是一名组织者、引导者、安全保护者。考虑到素质拓展训练基本上是利用户外项目进行体验式教学,户外项目包括高空项目、中空项目、野外生存及水上项目等等,所以课程对安全提出了很高的要求。这就需要拓展教师在授课之前必须经过正规、系统的培训教育。目前由于国内尚未对拓展师资培训机构进行统一管理,导致拓展师资培训机构鱼龙混杂。无论是哪种培训机构,课程一定要设有安全知识讲解、器材操作规范流程等有关内容。拓展教师在授课的过程中不断总结和提炼,形成自身的丰富经验,从而为素质拓展教学的安全开展提供必要的保证。

6.完善配套的应急预案

应急预案是针对素质拓展培训过程中特定的意外突发事情而制定的实际操作方案,其目的在于事先明确拓展训练中行之有效的、科学的应对措施、流程、方法与途径。制定应急预案能够提高预防和应对安全事故的综合能力,也是拓展训练的一项管理工作。高校素质拓展机构应制定《拓展训练的突发事故应对办法》等制度,并配备专业的医疗救护人员、医药求救物品和紧急交通工具。

7.必要有效的安全保险

拓展训练中有许多项目都属于高危项目,培训学生是否安全会受其心理素质、方法掌

261

握程度以及器械自身的条件等方面因素的影响。安全保险是发生意外伤害的最后一个"保护伞",因此在拓展培训之前购买意外伤害的保险是必不可少的。目前保险公司关于拓展训练的保险条例还未出台,市场上针对拓展培训的需要,一般购买人身意外伤害险和意外医疗险两种。拓展教师可根据学生的需要,收集学生姓名和身份证号码购买所需要的险种。特别注意的是,购买保险时一定要仔细阅读该保险的免责条款。

【复习思考题】

1.拓展训练的安全原则是什么?

2.如何实现拓展训练的安全保障?

3.简述"法式五步保护法"要意。

4.保护绳的使用要点是什么?

参 考 资 料

【主要参考文献】

[1] 王小源.户外运动用品与装备手册[M].北京:中国水利水电出版社,2005.

[2] 陶宇平.户外运动与拓展训练教程[M].北京:电子科技大学出版社,2006.

[3] 钱永健.拓展训练[M].北京:企业管理出版社,2006.

[4] 李冈崳.做最好的拓展培训师[M].北京:企业管理出版社,2008.

[5] 经理人培训项目编写组.拓展培训游戏全案[M].北京:中国国际广播出版社,2005.

[6] 张建新,牛小洪.户外运动宝典[M].武汉:湖北科学技术出版社,2009.

[7] 克里斯.拜格肖.户外运动终极手册[M].杨雪,译.沈阳:辽宁科学技术出版社,2005.

[8] 董立.大学生户外运动[M].成都:西南交通大学出版社,2010.

[9] 柴松,王洪武.大学生野外生存生活指南[M].合肥:中国科技大学出版社,2008.

[10] 王桂忠,邱世亮,范锦勤.野外生存教育教程[M].广州:暨南大学出版社,2009.

[11] 李舒平,邹凯.户外运动的风险管理[M].广州:广东科技出版社,2009.

[12] 邹纯学,李远乐.户外运动[M].长沙:湖南科学技术出版社,2005.

[13] 王奉安.云——气象万千[M].北京:气象出版社,2007.

[14] 刘伟石,赵怀东.户外不完全手册[M].北京:中国林业出版社,2004.

[15] 李一新.最新遭祸遇险求生手册[M].北京:石油工业出版社,2007.

[16] 毛振明,王长权.学校心理拓展训练[M].北京:北京体育大学出版社,2004.

[17] 韩云钢.中国户外用品2009年度调查报告[J].纺织报告,2010(6):8—14.

[18] 周红伟.我国户外运动安全保障系统的构建研究[J].南京体育学院学报,2010,24(2):92—96.

[19] 齐震.论我国户外运动安全保障体系的构建[J].管理观察,2009(4):190—192.

[20] 高航,何婕.学校高空拓展训练课程高空项目的安全因素分析——以高空断桥为例[J].北京体育大学学报,2009,32(110):94—96.

[21] 杨芳.试论拓展训练与团队精神的培训[J].商场现代化,2009(22):101—102.

[22] 张明达,曾扬.职场竞争的心智储备——在大专生中开展体验式拓展训练的案例研究[J].华东经济管理,2006,(20)9:111—114.

[23] 赵兵辉.试论拓展训练中的安全管理[J].成功:教育,2011(14):284—285

【参考网站与资料】

[1] 天择户外网站 http://www.51outdoor.com/

[2] 装备之都网站 http://www.gearok.com/

[3] 乐途拓展训练机构 http://blog.sina.com.cn/u/1867257243

[4] 西祠胡同 http://www.xici.net/d1222296.htm

[5] 第一频道新闻网 http://health.v1.cn/n/2010-11-26/1290735244949.shtml

[6] 平安健康网 http://jbk.panjk.com/show/12555.shtml

[7] 爬行天下网 http://bbs.pxtx.com/thread-1211-1-1.html

[8] 驴友互助联盟 http://hzlx.5d6d.com/thread-1332-1-1.html

[9] 荒野求生 http://blog.sina.com.cn/s/blog_5d648b3d0100cat7.html

[10] 中国培训资讯网 http://www.e71edu.com/0/Article/ShowArticle.asp?ArticleID=570

[11] 三夫户外 http://bbs.sanfo.com/showtopic-102918.html

[12] 豆瓣网 http://www.douban.com/group/topic/1632726/

[13] 贵港论坛 http://bbs.gg163.net/forum.php?mod=viewthread&tid=172466&page=1

[14] 哈巴雪山的博客 http://blog.sina.com.cn/s/blog_53dacbc90100bi9b.html

[15] 豆瓣网 http://www.douban.com/group/topic/6075674/

[16] 教练工具屋 http://guoruishi.blog.163.com/blog/static/10728320720092162 4230231/

[17] 品牌中国网 http://www.brandcn.com/conf/qypx/201102/272221.htmlp

[18] 陈志强的日志 http://chen278419892.blog.163.com/blog/static/54470596200982 781854499/

[19] 野玩儿 http://www.yeoner.com/p/52972.html

[20] 似是故人来的博客 http://blog.sina.com.cn/s/blog_4e0bc6c701000at6.html

[21] 拓展训练安全手册(人众人成都分公司)

[22] 明阳天下拓展培训(训练器材安全标准和使用方法)